刘守君不动产登记实务系列丛书

不动产登记中的
民法原理与实务

刘守君 ○ 著

西南交通大学出版社
·成 都·

内容提要

作者结合自己多年研习民法、房屋登记、不动产登记的认识、感悟和实务经验，按《民法典》的体系，归集了与不动产登记相关的民法原理和制度，其中，有对民法原理和制度的论述，也有对《民法典》等法律、法规条文的阐释，以期让读者在不长的时间内熟悉与不动产登记相关的民法原理和制度。

图书在版编目（CIP）数据

不动产登记中的民法原理与实务／刘守君著. —成都：西南交通大学出版社，2020.10（2022.6 重印）
（刘守君不动产登记实务系列丛书）
ISBN 978-7-5643-7678-9

Ⅰ. ①不… Ⅱ. ①刘… Ⅲ. ①不动产–产权登记–民法–研究–中国 Ⅳ. ①D923.24

中国版本图书馆 CIP 数据核字（2020）第 187661 号

刘守君不动产登记实务系列丛书
Budongchan Dengji Zhong de Minfa Yuanli yu Shiwu
不动产登记中的民法原理与实务
刘守君 著

责 任 编 辑	孟秀芝
封 面 设 计	何东琳设计工作室
出 版 发 行	西南交通大学出版社 （四川省成都市金牛区二环路北一段 111 号 西南交通大学创新大厦 21 楼）
发行部电话	028-87600564　028-87600533
邮 政 编 码	610031
网　　　　址	http://www.xnjdcbs.com
印　　　　刷	四川煤田地质制图印刷厂
成 品 尺 寸	170 mm × 230 mm
印　　　　张	18
字　　　　数	256 千
版　　　　次	2020 年 10 月第 1 版
印　　　　次	2022 年 6 月第 2 次
书　　　　号	ISBN 978-7-5643-7678-9
定　　　　价	59.80 元

图书如有印装质量问题　本社负责退换
版权所有　盗版必究　举报电话：028-87600562

作者简介

刘守君，男，1969年9月出生，党校大学文化，高级经济师职称。中国注册房地产估价师和中国注册房地产经纪人资格。乐山市首批学术和技术带头人。

原全国房屋登记官考试命题专家库成员，参加2011年全国房屋登记官考试命题，参加2012年、2013年全国房屋登记官考试审题。

1993年9月至2014年5月，在犍为县房地产管理所从事房屋登记工作，现从事不动产登记研究、咨询和教学工作。

主要学术兼职：北京城市学院众城智库中国不动产（自然资源）登记研究院研究员。

主要荣誉：四川省优秀人民陪审员、乐山市社会科学优秀成果二等奖、"无锡产监杯"《物权法》与房地产权属管理知识竞赛二等奖、乐山市房地产管理先进个人。

主要研究兴趣：民法物权，不动产登记。出版专著《〈不动产登记暂行条例实施细则〉条文理解与适用》《不动产登记典型问题解析》《不动产登记收件实务》《不动产登记典型案例剖析》《不动产登记典型判例解析》等7部。有150多篇有关不动产登记的论文、案例剖析文章发表在《中国国土资源报》《中国不动产》《中国房地产》《房地产权产籍》《四川房地产》等专业报纸期刊上。

前言
PREFACE

不动产登记，是指国家法定的登记机构，依照法定程序，将申请人申请登记的不动产物权和其他相关事项记载在登记簿上的行为。质言之，不动产登记不是对不动产物权和其他相关事项的确认，而是将申请人基于民事活动设立、变更、转移和消灭的不动产物权和其他相关事项依法记载在登记簿上，在保护当事人合法权益的同时，供与之相关的其他人查阅、知晓，抉择是否与登记簿上记载的权利人产生交易。

在不动产登记实务中，登记机构和登记人员虽然不对申请人申请登记的不动产物权和其他相关事项进行确认，但应当在力所能及的范围内保证记载在登记簿上的不动产物权和其他相关事项的合法性、真实性和有效性。因此，不动产登记机构和登记人员应当对申请人依照法律、法规和登记规则的规定提交的登记申请材料的合法性、真实性和有效性进行审核、判定，如：用于房地产权利转移登记的买卖合同是否已经生效；共有的土地承包经营权及地上林木所有权的分割协议是否符合相关法律规定等。

要对申请人提交的产生于民事活动中的登记申请材料的合法性、真实性和有效性进行正确的判定，登记人员须熟悉相关的民法原理和制度。笔者于 2010 年根据自己研习民法、房屋登记的体会，对与房屋登记相关的民法原理和制度进行了归集和阐释，出版了《房屋登记中的民法原理与实务》（知识产权出版社出版）。此书出版后深受房屋登记人员的喜爱，更有北京大学、清华大学等高校订购为其图书馆的馆藏图书。10 年过去了，我国的民事立法有了很大的发展，特别是《民法典》的颁布，在我国民事立法上具有里程碑式的意义。2021 年 1 月 1 日《民法典》将实施，作为撰写《房屋登记中的民法原理与实务》依据的《民法通则》《合同法》《物权法》等法律将失效。笔者认真研读了《民法典》中与不动产登记相关的条文，结合自己研习民法理论和不动产登记的体会、感悟，以《房屋登记中的民法原理与实务》为蓝本，紧扣不动产登记实务的需要，对《房屋登记中的民法原理与实务》中的一些认识进行了修正，补充了一些必要的民法原理，将书更名为《不动产登记中的民法原理与实务》，即本书为《房屋登记中的民法原理与实务》的升级版。

本书继承了《房屋登记中的民法原理与实务》一书的体例安排，即首先就民法原理或制度进行论述，其次列出法律条文相映证，最后列举案例予以说明。在具体的阐释中，本书也继承了《房屋登记中的民法原理与实务》一书的方法，即博采法学家们的经典论述，以保证阐释的准确；力求语言通俗易懂，让人读起来不费力；注重说理、法律条文、案例间的相互关联，使人理解起来不费劲；也注意了民法原理阐释与不动产登记程序相结合，理论与实务相融。笔者此举：一是让刚刚从事不动产登记的新朋友在极短的时间内熟悉与业务相关的民法原理和制度，以适应工作的需要。也让曾经从事房屋登记、现时从事不动产登记的老朋友温故而知新,有所裨益。二是作抛砖引玉之用,希望看到更多、更好的与不动产登记实务相关的民法著作出现。限于笔者的能力和水平,书中的疏漏和不足在所难免,敬请读者、专家、学者和仁达贤翁批评指正。

本书在撰写过程中得到了我亲爱的妻子范晓容女士的真情陪伴和倾心相助,谨以此书向她致敬。在本书出版之际,我的女儿刘默涵同学已经结束在四川大学华西临床医学院的硕士研究生生活,获得硕士学位,谨以此书向她表示祝贺,并与之共勉,祝她未来的生活、工作愉快,课题研究、论文撰写和发表顺利并事业有成。

刘守君

二〇二〇年六月,犍为

主要法律规范性文件缩略语

1. 《中华人民共和国民法典》——《民法典》

2. 《中华人民共和国城市房地产管理法》——《房地产管理法》

3. 《中华人民共和国土地管理法》——《土地管理法》

4. 《中华人民共和国民事诉讼法》——《民事诉讼法》

5. 《中华人民共和国行政诉讼法》——《行政诉讼法》

6. 《中华人民共和国公证法》——《公证法》

7. 《中华人民共和国拍卖法》——《拍卖法》

8. 《中华人民共和国仲裁法》——《仲裁法》

9. 《中华人民共和国海域使用权管理法》——《海域使用权管理法》

10. 《中华人民共和国村民委员会组织法》——《村民委员会组织法》

11. 《中华人民共和国农村土地承包法》——《农村土地承包法》

12. 《最高人民法院关于贯彻执行〈中华人民共和国民法通则〉若干问题的意见（试行）》——《民法通则司法解释》

13. 《最高人民法院关于适用〈中华人民共和国担保法〉若干问题的解释》——《担保法司法解释》

14.《最高人民法院关于贯彻执行〈中华人民共和国继承法〉若干问题的意见》——《继承法司法解释》

15.《最高人民法院关于行政诉讼证据若干问题的规定》——《行政诉讼证据规则》

16.《最高人民法院关于适用〈中华人民共和国物权法〉若干问题的解释（一）》——《物权法司法解释（一）》

目 录
CONTENTS

第一章　民事法律关系/...1
　　　　第一节　民事法律关系概说/...1
　　　　第二节　民事权利/...14
　　　　第三节　民事义务/...23
　　　　第四节　民事责任/...25

第二章　民事主体/...29
　　　　第一节　民事主体概说/...29
　　　　第二节　民事权利能力/...41
　　　　第三节　民事行为能力/...49
　　　　第四节　民事责任能力/...54

第三章　民事法律行为和代理/...57
　　　　第一节　民事法律行为/...57
　　　　第二节　代　　理/...81

第四章　物　　权/...92
　　　　第一节　物权概说/...92
　　　　第二节　所　有　权/...106
　　　　第三节　共　　有/...116
　　　　第四节　用益物权/...124
　　　　第五节　担保物权/...144

第五章　民法上的时间/…160
　　　　第一节　期　　间/…160
　　　　第二节　诉讼时效/…167

第六章　债　　权/…175
　　　　第一节　债/…175
　　　　第二节　债的发生和履行/…184
　　　　第三节　债的转移和终止/…188

第七章　合　　同/…193
　　　　第一节　合同的概念和特征/…193
　　　　第二节　合同的成立和生效/…196
　　　　第三节　合同的分类/…205
　　　　第四节　合同的内容/…210

第八章　继　　承/…212
　　　　第一节　继承权/…212
　　　　第二节　法定继承/…221
　　　　第三节　遗嘱继承/…227
　　　　第四节　遗赠和遗赠扶养协议/…231

第九章　善意取得制度/…233

第十章　公证制度/…239

第十一章　拍卖制度/…249

第十二章　仲裁制度/…254

第十三章　几种司法文书/…261

主要参考书目/…273

后　　记/…275

第一章　民事法律关系

第一节　民事法律关系概说

一、民事法律关系的概念

民事法律关系，是平等主体之间发生的、符合民事法律规范的、以权利义务为内容的社会关系，是民法对平等主体的人身关系和财产关系加以调整的结果[①]。民事法律关系以民事权利和义务为其内容。其中，权利处于民事法律关系中的核心地位[②]。民事法律关系，首先是一种法律关系，即法律上的权利义务关系[③]。物权与债权作为民法中的两大基本财产权，是现代社会经济运行的最基本的要素[④]，更是民事法律关系中最基本的权利。据此可知，不动产物权以及以设立、变更、转移和消灭不动产物权为目的的债权均属于财产权。因此，设立、变更、转移和消灭不动产物权的法律关系是当然的财产法律关系。概言之，由于不动产登记以作为财产权的不动产物权为主要登记对象，因此，一般情形下，与不动产登记相关的民事法律关系主要是财产法律关系。

财产法律关系是指因财产的流转所形成的、满足民事主体财产利益需要的民事法律关系[⑤]。如前所述，不动产物权是民事法律关系中最基本的财产性权利之一，民事主体因设立、变更、转移和消灭不动产物权建立的民事法律关系，是民事法律关系中财产法律关系的具体体现，主要有不动

[①] 彭万林：《民法学》，中国政法大学出版社2002年版，第55页。
[②] 王利明：《民法学》，复旦大学出版社2004年版，第29页。
[③] 梁慧星：《民法总论》，法律出版社2001年版，第55页。
[④] 王利明：《民法学》，复旦大学出版社2004年版，第219页。
[⑤] 王国征：《中国民法原理》，山东人民出版社2004年版，第21页。

产物权买卖关系、赠与关系、继承关系、抵押关系等。在不动产登记实务中，这些法律关系是不动产物权设立、变更、转移和消灭的原因。因此，不动产登记，实质上就是登记机构通过法定的行政程序，依法运用行政权力，对设立、变更、转移和消灭不动产物权的法律关系是否与欲申请登记的内容相对应，是否满足登记要求予以确认，使民事主体设立、变更、转移和消灭不动产物权的目的实现且合法、有效，从而得到国家法律的保护的行为。

民事法律关系中的调整，是指运用民法的基本原则和各项具体规定，对现实生活中发生的属于民法调整范围的各种财产关系和人身关系，分别予以确认、保护、限制，旨在保障民事主体的合法权益，建立和维护竞争公平、统一的经济生活秩序及和睦、健康、亲情的家庭生活秩序[①]。民事主体间因不动产物权的设立、变更、转移和消灭而建立的法律关系，就是一种对彼此权益的有效保护方式，通过这种方式使设立、变更、转移和消灭不动产物权的法律关系得到彼此的确认，从而明确彼此的权利和义务，也为权利的行使和义务的履行建立了彼此应当遵守的规则，使不动产物权的设立、变更、转移和消灭能够公平、有序地进行。《民法典》第二百零九条第一款规定，不动产物权的设立、变更、转让和消灭，经依法登记，发生效力；未经登记，不发生效力，但是法律另有规定的除外。据此可知，按我国《民法典》的规定，不动产物权登记生效主义为不动产物权变动的原则。即不动产物权的设立、变更、转移和消灭都应当进行依法登记，登记后始能产生法律效力，未经依法登记的不产生法律效力。因此，民事主体间建立了设立、变更、转移和消灭不动产物权的法律关系后，须向登记机构申请登记，登记机构受理并查验后，将设立、变更、转移和消灭的不动产物权记载在不动产登记簿上后，其合法权益才能够得到法律的充分保护。如：张三从李四处购得住房一处，张三与李四须订立房地产买卖合同。在合同中，张三就受让李四的房屋所有权及房屋占用范围内的国有建设用

---

① 梁慧星：《中国民法典草案建议稿附理由：总则编》，法律出版社2004年版，第7页。

地使用权的行为予以确认,李四对将房屋所有权及房屋占用范围内的国有建设用地使用权出让给张三的行为予以确认。以此为中心的房地产买卖关系建立后,张三取得了事实上的房屋所有权及房屋占用范围内的国有建设用地使用权,即法律意义上的债权,但张三和李四还须按买卖合同行使接受购房款、接受房地产权利和履行支付购房款、交付房地产的义务,向登记机构申请转移登记(俗称过户登记)。登记机构将张三受让的房屋所有权及房屋占用范围内的国有建设用地使用权记载在登记簿上后,张三才能获得受让的房屋所有权及房屋占用范围内的国有建设用地使用权,即法律意义上的房屋所有权及房屋占用范围内的国有建设用地使用权(简称房地产物权),其权利才能得到法律的充分保护。房屋所有权及房屋占用范围内的国有建设用地使用权的赠与亦如此。基于房屋所有权及房屋占用范围内的国有建设用地使用权设立的抵押权,也是抵押当事人先签订抵押合同,建立合法的抵押关系后,向不动产登记机构申请登记,不动产登记机构将抵押权记载在登记簿上,以向不特定的社会公众公示,使其知晓该房屋所有权及房屋占用范围内的国有建设用地使用权上有他人的抵押权存在,欲与之为交易的人慎重为之,因为基于交易取得该房屋所有权及房屋占用范围内的国有建设用地使用权后,其上的抵押权仍然存续,即《民法典》第四百零六条第一款规定:"抵押期间,抵押人可以转让抵押财产。当事人另有约定的,按照其约定。抵押财产转让的,抵押权不受影响。"

二、民事法律关系的特征

1. 民事法律关系是平等的主体之间的关系

所谓平等,主要是指参加民事活动的当事人,无论是自然人或法人,无论其所有制性质,无论其经济实力强弱,其在法律上的地位一律平等,任何一方不得把自己的意思强加给对方,同时法律也对双方提供平等的法律保护[①]。简言之,因不动产物权的设立、变更、转移和消灭而建立法律

---

① 梁慧星:《中国民法典草案建议稿附理由:总则编》,法律出版社2004年版,第9页。

关系的民事主体的法律地位一律平等，如：国有资产管理局将闲置的国有房地产转让给自然人而建立的转让民事法律关系中，作为转让方的国有资产管理局不因其是国家机关而受到法律的特别保护，而是与作为受让方的自然人一样，平等地享受权利、履行义务。依法定继承程序分配林权份额的继承关系中，一般情形下，各继承人无论年龄大小，社会地位高低，经济实力强弱，均享有平等均分的权利，若其中有恃强欺弱，侵占他人应继承的林权份额的，将要承担停止侵占、返还财产、赔偿损失等侵权的法律后果，因侵占行为取得的林权份额自然不能被登记机构核准转移登记，即使采用欺诈手段被核准了转移登记，在被查实后，也会被登记机构通过更正登记消灭其效力，或通过诉讼被人民法院判决撤销该转移登记。在商品房销售中，处于强势地位的房地产开发企业与处于弱势地位的购房户之间签订的购房合同，如果房地产开发企业利用其强势地位，违背购房人的意愿，采用欺诈或胁迫的手段，与购房人订立"霸王条款"，则该条款无效，该条款影响整个合同效力的，若当事人因此而起诉，合同也会被人民法院以违反诚实信用或显失公平等为由判决无效而终止买卖关系，更不能作为申请房屋所有权及房屋分摊取得的国有建设用地使用权转移登记的证据材料。

2. 民事法律关系以权利和义务为主要内容

民事主体建立法律关系，其目的就是通过相互履行义务，使各自的权利得到实现，整个过程就是义务履行、权利实现的体现，但权利处于核心地位。如：土地承包经营权登记中的土地承包合同，是发包方与承包方建立的土地承包经营关系，发包方主要履行向承包方提供承包土地的义务，使承包方取得土地承包经营权。因房地产转让产生的转移登记中的合同关系中，受让方履行支付购房款的义务，使出让方实现取得购房款的权利，而出让方履行交付房地产并协助办理转移登记的义务，使受让方掌管房地产并取得房屋所有权及房屋分摊（占用范围内）的国有建设用地使用权。继承人间关于海域使用权的遗产分割法律关系中，各继承人实现基于继承取得相应份额的海域使用权是核心,故各继承人履行自己的义务,是为了促使相互间的继承权实现,以顺利办理因继承产生的海域使用权转移登记。在房地产借款抵押关系中,抵押权人履行发放借款的义务,使债务人(抵押人)实现得到借款的权利,而抵押人履行协助办理抵押权登记的义务,使抵押权人实现得到抵押权的权利。

3. 民事法律关系的维持有国家权力作保障

民事法律关系的主要特征是,当事人相互独立,法律地位平等,大多数情形民事法律关系的发生取决于当事人的意思,且民事法律关系由民事法律责任作为保障[1]。民事法律关系的正常秩序,是建立在平等的民事主体相互自觉履行义务的基础上的,其中一方不履行或不充分履行义务,便会使民事法律关系的正常秩序被破坏,从而使对方权利的实现或充分实现受到阻碍而损害其权益,对此,法律对破坏民事法律关系秩序者课以民事责任,即《民法典》第一百七十六条规定,民事主体依照法律规定或者按照当事人约定,履行民事义务,承担民事责任。据此可知,民事主体不履行或不充分履行法律规定的义务、民事主体间约定的义务的,应当承担民事责任。民事责任是违反民事义务的行为所引起的不利法律后果。所谓不利法律后果,既包括原应履行的义务的继续履行,也包括追加一个新的法律义务[2]。如:张三将房屋转让给本村民小组的无房户李四,双方签订房地产买卖合同约定了权利义务。李四依约定向张三履行了支付购房款的义务后,张三却不依约定履行向李四交付房屋并协助李四办理宅基地使用权及地上房屋所有权转移登记的义务。李四与张三交涉半年未果,遂向人民法院起诉张三,请求人民法院判决张三履行房地产买卖合同并支付半年的房租。人民法院生效的判决支持了李四的诉讼请求。其中,张三履行向李四交付房屋并协助李四办理宅基地使用权及地上房屋所有权转移登记是其原应履行的义务,张三向李四支付半年的房租则是追加的一个新的法律义务。

---

[1] 梁慧星:《民法总论》,法律出版社2001年版,第55页。
[2] 王利明:《民法学》,复旦大学出版社2004年版,第124页。

《民法典》第一百七十九条规定："承担民事责任的方式主要有：（一）停止侵害；（二）排除妨碍；（三）消除危险；（四）返还财产；（五）恢复原状；（六）修理、重作、更换；（七）继续履行；（八）赔偿损失；（九）支付违约金；（十）消除影响、恢复名誉；（十一）赔礼道歉。法律规定惩罚性赔偿的，依照其规定。本条规定的承担民事责任的方式，可以单独适用，也可以合并适用。"法律规定的承担民事责任的方式中，与不动产登记实务直接相关的是返还财产和恢复原状。如：按《民法典》第一百五十七条规定，民事法律行为无效、被撤销或者确定不发生效力后，行为人因该行为取得的财产，应当予以返还。质言之，基于无效民事行为之无效合同取得财产的一方当事人，应当向失去财产的对方当事人返还财产，申言之，基于无效的房地产买卖合同取得房屋所有权及房屋分摊的国有建设用地使用权的买方，应当向卖方返还房屋所有权及房屋分摊的国有建设用地使用权。再如：《民法典》第五百六十六条第一款规定，合同解除后，尚未履行的，终止履行；已经履行的，根据履行情况和合同性质，当事人可以请求恢复原状或者采取其他补救措施，并有权请求赔偿损失。其中的恢复原状，笔者认为，就是恢复到合同履行前给付物原来的状态。对于不动产，恢复原状是指合同当事人中的乙，向对方当事人甲原样交还不动产实体，同时，将基于被解除的合同完成转移登记的不动产物权恢复到转移登记前的登记状态，即将该不动产从乙名下转移登记到甲名下。

民事责任的落实，有民事主体主动承担的，但更多的时候需要司法权这种国家权力作保障，即民事责任的承担在最后往往需要借助国家的公权力[①]。国家权力的保障，主要体现在民事主体中的一方当事人不承担责任或不充分承担责任时，对方当事人申请仲裁机构裁决，或向人民法院起诉，请求人民法院判决、裁定，最终的保障是人民法院的强制执行。如：最高人民法院在"上诉人湖南某国企集团有限公司（以下简称某国企集团）因与被上诉人湖南某物业发展有限公司、长沙某建材贸易有限

---

① 王利明：《民法学》，复旦大学出版社2004年版，第124页。

公司房屋买卖合同纠纷一案"中，判决维持一审法院湖南省高级人民法院关于"湖南某物业发展有限公司应于本判决生效之日起 30 日内将某大厦-103 号房的房屋产权过户至湖南某国企集团有限公司名下"的判决[①]。《民事诉讼法》第二百三十六条规定，发生法律效力的民事判决、裁定，当事人必须履行。一方拒绝履行的，对方当事人可以向人民法院申请执行，也可以由审判员移送执行员执行。调解书和其他应当由人民法院执行的法律文书，当事人必须履行。一方拒绝履行的，对方当事人可以向人民法院申请执行。该法第二百三十七条第一款规定，对依法设立的仲裁机构的裁决，一方当事人不履行的，对方当事人可以向有管辖权的人民法院申请执行。受申请的人民法院应当执行。该法第二百三十八条第一款规定，对公证机关依法赋予强制执行效力的债权文书，一方当事人不履行的，对方当事人可以向有管辖权的人民法院申请执行，受申请的人民法院应当执行。概言之，当事人可以申请人民法院执行的主要有民事判决书、民事裁定书、民事调解书、仲裁裁决书、仲裁调解书、经过公证的依法赋予强制执行效力的债权文书。申言之，民事主体中的一方当事人不承担民事判决书、民事裁定书、民事调解书、仲裁裁决书、仲裁调解书、经过公证的依法赋予强制执行效力的债权文书确定的民事责任的，对方当事人可以通过申请人民法院强制执行的方式保障民事责任的落实。如：前述判决中，如果湖南某物业发展有限公司自愿履行判决义务，在该判决生效之日起 30 日内将某大厦-103 号房的房屋产权过户至某国企集团名下自无可言。若湖南某物业发展有限公司不履行判决义务，某国企集团可以向人民法院申请执行，一般情形下，由实施执行的人民法院向登记机构送达协助执行通知书，要求登记机构将某大厦-103 号房的房屋产权转移登记（过户）至某国企集团名下，使湖南某物业发展有限公司承担其民事责任。

[①] 最高人民法院："上诉人湖南某国企业集团有限公司（以下简称某国企集团）因与被上诉人湖南某物业发展有限公司、长沙某建材贸易有限公司房屋买卖合同纠纷一案"，http://wenshu.court.gov.cn/，访问日期：2018 年 5 月 16 日。

三、民事法律关系的要素

民事法律关系有三个方面，主体、客体、内容。所有民事法律关系，必须包括这三个方面，因此我们也把它称为民事法律关系的三要素，缺一不可[①]。

1. 民事法律关系的主体

民事法律关系的主体，即民事法律关系的参与者，也是民事法律关系中享有权利、履行义务的当事人，包括自然人、法人及非法人组织。如：因房地产权利转移而建立的买卖关系中的买方和卖方；林权抵押关系中的抵押人、抵押权人；地役权设立关系中的供役地人和需役地人；土地承包经营权设立关系中的承包方与发包方；海域使用权继承关系中的继承人等。在不动产登记实务中，登记机构通过对民事法律关系中民事主体的查验，确定不动产物权或相关事项的登记申请人是否适格，谁应当是登记簿上记载的权利主体。如：通过对买卖关系中的民事主体的查验，确定买方和卖方是转移登记的申请人，转移登记完成后买方是登记簿上记载的权利人；通过对抵押关系中的民事主体的查验，确认抵押人和抵押权人为抵押权登记的申请人，抵押权人为登记簿上记载的权利人；通过对地役权设立关系中的民事主体的查验，确认地役权登记的申请人为供役地人和需役地人，需役地人是登记簿上记载的权利主体等。

2. 民事法律关系的客体

民事法律关系的客体，即民事法律关系中权利和义务的载体。对于民事法律关系的客体不可一概而论，应区分不同的关系、不同的民事权利而论其客体[②]。因此，与不动产登记相关的客体是承载设立、变更、转移和消灭物权或相关事项的不动产。如：在以国有建设用地使用权作价出资建立的民事法律关系中，客体就是承载国有建设用地使用权的国有建设用地宗地，虽然申请登记的是国有建设用地使用权，但国有建设用地宗地实体

[①] 佟柔、周大伟：《佟柔中国民法讲稿》，北京大学出版社2008年版，第130页。
[②] 梁慧星：《民法总论》，法律出版社2001年版，第57页。

是国有建设用地使用权的物质载体，权利的有无与物质载体的客观状况有直接的因果关系。在不动产登记实务中，《不动产登记暂行条例实施细则》第十六条规定："不动产登记机构进行实地查看，重点查看下列情况：（一）房屋等建筑物、构筑物所有权首次登记，查看房屋坐落及其建造完成等情况；（二）在建建筑物抵押权登记，查看抵押的在建建筑物坐落及其建造等情况；（三）因不动产灭失导致的注销登记，查看不动产灭失等情况。"据此可知，登记机构办理房屋等建筑物（构筑物）所有权首次登记、在建建筑物抵押权登记、因不动产灭失产生的注销登记时，应当查看承载申请登记的权利的不动产物质实体是否客观存在，能否满足登记的要求等。如：房屋物质实体已灭失，则附于其上的权利随之灭失，申请首次登记的权利因没有承载的客体而不能被核准，但申请因权利消灭产生的注销登记可以被核准。再如：作为在建建筑物抵押权标的物的是该在建建筑物中的已经完工部分，则基于抵押法律关系设立的在建建筑物抵押权有了承载的客体等。

3. 民事法律关系的内容

民事法律关系的内容，即民事主体基于民事法律关系产生的权利和义务。《民法典》第三百四十一条规定，流转期限为五年以上的土地经营权，自流转合同生效时设立。当事人可以向登记机构申请土地经营权登记；未经登记，不得对抗善意第三人。按该法第三百六十八条规定，设立居住权的，应当向登记机构申请居住权登记。

《不动产登记暂行条例》第五条规定："下列不动产权利，依照本条例的规定办理登记：（一）集体土地所有权；（二）房屋等建筑物、构筑物所有权；（三）森林、林木所有权；（四）耕地、林地、草地等土地承包经营权；（五）建设用地使用权；（六）宅基地使用权；（七）海域使用权；（八）地役权；（九）抵押权；（十）法律规定需要登记的其他不动产权利。"据此可知，集体土地所有权、房屋等建筑物（构筑物）所有权、居住权、森林（林木）所有权、耕地（林地、草地等）土地承包经营权、土地经营权、建设用地使用权、宅基地使用权、海域使用权、地役权、抵押权及法律规定需要登记的其他不动产权利是登记机构应当或可以在登记簿上记载的权利。因此，在不动产登记实务中，登记机构应当通过对当事人建立的民事法律关系材料的查验，确认民事主体享有的不动产权利是否是可以在登记簿上记载的权利。如：在因房地产买卖建立的买卖法律关系中，权利主要是买方取得房屋所有权和房屋分摊（占用范围内）的国有建设用地使用权（宅基地使用权、集体建设用地使用权）以及卖方取得购房款，义务主要是买方支付购房款和卖方移交房屋并协助办理房地产权利转移登记手续，其中买方取得的房屋所有权和房屋分摊（占用范围内）的国有建设用地使用权（宅基地使用权、集体建设用地使用权）是可以在登记簿上记载的权利；在因家庭承包方式建立的土地承包经营权法律关系中，权利主要是承包人取得的土地承包经营权，义务主要是发包人按约定供地和申请土地承包经营权登记，其中承包人取得的土地承包经营权是可以在登记簿上记载的权利；在因不动产抵押建立的抵押法律关系中，权利主要是抵押权人取得的抵押权，义务主要是抵押权人支付借款和抵押人协助办理抵押权登记，其中抵押权是可以在登记簿上记载的权利等。概言之，在不动产登记实务中，登记机构根据民事主体的权利和义务，确定谁应该设立权利，权利是什么，该权利可否被记载于登记簿上，权利份额是多少，权利怎样变更或转移等。

四、民事法律关系的变动及原因

1. 民事法律关系的变动

民事法律关系的变动，是指民事法律关系的发生、变更和消灭[①]。

（1）民事法律关系的发生。

民事法律关系的发生，是指民事主体间建立权利义务关系，但是，民事法律关系的发生，与民事权利的发生不尽一致。通常情形，民事法律关系发生时，民事权利和民事义务即行发生。但在附停止条件或附始期的法律行为，其民事法律关系虽已发生，但其权利须待条件成就或期限

---

① 梁慧星：《民法总论》，法律出版社2001年版，第58页。

届至，方才发生①。如：借款合同签订于 2020 年 1 月 1 日，但该借款合同约定贷款人于 2020 年 1 月 3 日—2020 年 1 月 5 日向借款人发放贷款。据此可知，借款法律关系虽然于 2020 年 1 月 1 日发生，但借款债权却并不在该日发生，而是在 2020 年 1 月 3 日—2020 年 1 月 5 日，贷款人向借款人发放贷款后才发生，如果当事人据此于 2020 年 1 月 3 日前申请一般抵押权登记的，一般情形下，由于债权的存在是一般抵押权设立的前提，登记机构应当在 2020 年 1 月 3 日后才可以核准申请人申请的一般抵押权登记。民事法律关系的发生，是使不动产物权设立、变更、转移和消灭的前提。民事法律关系发生后产生的材料，是不动产物权设立、变更、转移和消灭的证明材料。

（2）民事法律关系的变更。

民事法律关系的变更，是指民事法律关系的内容或客体发生变化，也可以是民事法律关系的内容和客体同时发生变化，但民事法律关系的主体不变。如：抵押法律关系中，抵押当事人经过协商可以减少被抵押权担保的主债权的数额和减少抵押的不动产，也可以只减少抵押的不动产等。在不动产登记实务中，当事人据此申请的是抵押权变更登记。但是，如果增加抵押不动产时，增加的不是抵押法律关系中的抵押人的不动产，而是抵押法律关系之外的人的不动产，则不属于抵押关系的客体变化，而是抵押权人与他人新建立抵押法律关系，当事人据此申请的应当是抵押权首次登记，而非抵押权变更登记。

（3）民事法律关系的消灭。

民事法律关系的消灭，是指民事法律关系的终结。如：张三、李四签订林权转让合同并申请转移登记后，在转移登记记载于登记簿上前，张三、李四签订转让合同解除协议而使原林权转让法律关系消灭，张三、李四可据此向登记机构申请撤回转移登记申请。王五向银行履行还本付息义务后使借款合同终止而消灭，产生了申请抵押权注销登记的事由等。

---

① 梁彗星：《民法总论》，法律出版社 2001 年版，第 58~59 页。

2. 民事法律关系变动的原因

民事法律事实是引起民事法律关系发生、变更和消灭的原因。民事法律事实分为自然事实和行为①。行为包括法律行为、事实行为、违法行为。基于不动产登记实务，笔者只介绍其中的法律行为、事实行为和自然事实。

（1）法律行为。

《民法典》第一百三十三条规定，民事法律行为是民事主体通过意思表示设立、变更、终止民事法律关系的行为。据此可见，所谓民事法律行为，是指以意思表示为要素并以设立、变更、终止民事权利义务关系为目的的行为②。民事法律行为是引起民事法律关系变动的主要原因之一。它遵循意思自治原则，通过意思表示来实现。所谓意思自治原则，亦称私法自治原则，其基本含义是：经济生活和家庭生活中的一切民事权利关系的设立、变更和消灭，均应取决于当事人自己的意思，原则上国家不作干预③。如：甲为了得到乙的海域使用权，乙为了把海域使用权转让给甲，双方通过协商，达成协议，建立了海域使用权转让法律关系，乙依约定收取了转让款。甲、乙同时到登记机构申请转移登记并被记载于登记簿上后，乙向甲实地交付了宗海，甲取得了法律意义上的海域使用权，民事法律关系遂终止。A、B、C同为某一宅基地使用权及地上房屋所有权的合法继承人，继承刚开始时，A、B、C订立遗产分割协议，建立了遗产分割关系，临到申请继承转移登记时，A考虑到自己尽的家庭义务少，自愿放弃应得份额归B、C，A、B、C订立遗产分割协议变更协议，A做出放弃继承权的意思表示，使原已建立的遗产分割关系发生了变更。张三与银行签订抵押合同，约定用登记在自己名下的林木所有权为其贷款作抵押担保，建立了抵押关系，张三与银行共同申请抵押权登记并被记载于登记簿上后，银行的抵押权依法设立。在不动产登记实务中，民事主体通过法律行为从实体上确定不动产物权的设立、变更、转移和消灭，即建立以设立、变更、转移和消灭不

---

① 王国征：《中国民法原理》，山东人民出版社2004年版，第33页。
② 梁慧星：《中国民法典草案建议稿附理由：总则编》，法律出版社2004年版，第139页。
③ 梁慧星：《中国民法典草案建议稿附理由：总则编》，法律出版社2004年版，第9页。

动产物权为目的的债权，登记机构依法运用行政权力，通过法定的行政程序，对基于民事法律行为设立、变更、转移和消灭不动产物权产生的登记是否满足登记要求予以确认。对满足登记要求的，记载于登记簿，即通过登记簿的记载赋予民事主体一方设立、变更、转移和消灭的不动产物权生效的效力。

（2）事实行为。

所谓事实行为，是指与法律行为相对应的，无须通过民事主体的意思表示，依法直接产生相应的法律后果的行为。事实行为属于人的行为，不同于自然事实。《民法典》第二百三十一条规定，因合法建造、拆除房屋等事实行为设立或者消灭物权的，自事实行为成就时发生效力。据此可知，自然人、法人或非法人组织依法建造的房屋竣工后，自竣工的行为完成时起，建立起财产法律关系；自然人、法人或非法人组织自拆除房屋的行为完成时起，消灭财产法律关系。在不动产登记实务中，按《民法典》第二百三十一条的规定，基于合法建造房屋、拆除房屋设立和消灭不动产物权的，均无须通过民事主体的意思表示，更无须登记机构登记，由此产生的设立和消灭不动产物权的后果，从事实行为成就之时起，即具有法律上的效力。但权利人若要处分基于此行为取得的不动产物权，应该在处分前先行办理登记，将该不动产物权记载在登记簿上后，才可以进行处分，否则不产生物权效力（按《民法典》第二百三十二条规定），但此类物权登记不同于因法律行为取得的物权登记。因事实行为取得的物权是将已经生效的物权申请记载在登记簿上，让他人能够查阅、知晓，并不创设物权，只起宣示作用，为在此基础上产生的变更登记、转移登记等后续登记建立前提，故又称之为宣示登记；而因法律行为取得的物权则是创设物权的登记，即非经登记，物权不生效，故又称之为设权登记，当然，设权登记也有权利宣示的作用。

（3）自然事实。

自然事实是指非基于人的所为而使民事法律关系发生、变更、终止的客观情况。如：风灾、水灾、地震等自然事实的具备，使房屋实体灭失或局部灭失，导致房屋权利随之全部灭失或局部灭失，从而使已建立的财产法律关系终止或变更。自然人死亡，终止原来建立的法律关系，产生新的房屋权利继承法律关系。在不动产登记实务中，登记机构凭申请人提交的合法有效的证明，查验已发生的事实是否客观、真实，从而决定登记申请可否受理，如何受理，是注销原有的登记，还是变更该登记，抑或办理权利转移登记？

第二节　民事权利

一、民事权利的概念

民事权利，是指民事法律规范赋予民事主体满足其利益的法律手段[①]。其含义有三：一是民事权利的取得须法律赋予，此处的法律是指由全国人民代表大会及其常务委员会制定并颁布的法律；二是民事权利的存在须有待满足的利益；三是民事权利是实现利益的手段。

《民法典》第一百一十三条规定，民事主体的财产权利受法律平等保护。该法第一百一十四条规定，民事主体依法享有物权。物权是权利人依法对特定的物享有直接支配和排他的权利，包括所有权、用益物权和担保物权。据此可知，物权是国家法律赋予民事主体的基本的财产权。在我国现阶段，不动产物权是民事主体最重要、最基本的财产权之一。民事主体可以依法享有的不动产物权包括：不动产所有权、不动产用益物权和不动产抵押权。

《民法典》第二百四十条规定，所有权人对自己的不动产或者动产，依法享有占有、使用、收益和处分的权利。据此可知，不动产所有权人对其不动产利益的满足方式主要有占有、使用、收益、处分。

《民法典》第三百二十三条规定，用益物权人对他人所有的不动产或者动产，依法享有占有、使用和收益的权利。据此可知，不动产用益物权人对其用益物权利益的满足方式主要有占有、使用、收益。

《民法典》第三百八十六条规定，担保物权人在债务人不履行到期债务或者发生当事人约定的实现担保物权的情形，依法享有就担保财产优先受

---

① 魏振瀛：《民法》，北京大学出版社、高等教育出版社2000年版，第37页。

偿的权利，但是法律另有规定的除外。据此可知，一般情形下，担保物权人对其担保物权利益的满足，是在债务人不履行到期债务或者发生当事人约定的实现担保物权的情形下依法就担保财产优先受偿。

法律为了保护民事主体采用上述方式满足其不动产所有权、不动产用益物权和不动产担保物权带来的利益：一是赋予了民事主体可以对不动产享有所有权，并将占有、使用、处分、收益作为所有权的权能；二是赋予民事主体可以对不动产享有用益物权，并将占有、使用和收益作为用益物权的权能；三是赋予民事主体可以对不动产享有担保物权，并将担保债务履行作为其特性。据此可知，在以不动产为客体的财产法律关系中，所有权、用益物权和担保物权的行使是实现不动产物权利益的手段。在不动产登记实务，所有权、用益物权和担保物权是申请人申请登记的最主要的不动产物权。

我国法律除了赋予民事主体享有不动产物权外，还赋予了民事主体对已建立的以取得不动产物权为目的的法律关系中的"不动产物权"享有期待权，该期待权实质上是以取得不动产物权为目的的债权。如：房屋买卖合同或房地产抵押合同订立后，购房人或抵押权人建立了以取得房屋所有权或抵押权为目的的法律关系，其中的所有权或抵押权只是期待中的不动产物权，即以取得所有权或抵押权为目的的债权，要安全、顺利地把以取得所有权或抵押权为目的的债权转化为所有权或抵押权，民事主体可以向登记机构申请预告登记作保障，在一房多卖或一房多次抵押时，一处房屋上就存在多个以取得所有权或抵押权为目的的债权，此情形下，被登记机构记载在登记簿上的经过预告登记的以取得所有权或抵押权为目的的债权具有优先效力，即《民法典》第二百二十一条第一款规定"当事人签订买卖房屋的协议或者签订其他不动产物权的协议，为保障将来实现物权，按照约定可以向登记机构申请预告登记。预告登记后，未经预告登记的权利人同意，处分该不动产的，不发生物权效力"。质言之，经过预告登记的以取得不动产物权为目的的债权（期待权）有排他的效力，换言之，经过预告登记的以取得不动产物权为目的的债权（期待权）具有准物权的效力。

二、民事权利的种类

民事权利根据不同的分类标准有不同的权利种类。笔者基于不动产登记实务的需要，主要介绍以下几种分类标准情形下的权利。

1. 以权利的作用为标准分为支配权、请求权、抗辩权、形成权

（1）支配权。

支配权，是指权利人直接支配其标的并排除他人干涉的权利。所谓直接支配，是指权利人无须取得他人的同意或批准，无须他人的协助配合，完全依自己的意思表示，对其权利行使占有、使用、处分、收益的权利。作为不动产登记对象的物权是典型的支配权。按《民法典》第三百四十一条和第三百六十八条规定以及《不动产登记暂行条例》第五条规定，集体土地所有权、房屋等建筑物（构筑物）所有权、居住权、森林（林木）所有权、耕地（林地、草地等）土地承包经营权、土地经营权、建设用地使用权、宅基地使用权、海域使用权、地役权、抵押权及法律规定需要登记的其他不动产权利是登记机构应当或可以在登记簿上记载的不动产物权，这些物权均为支配权。支配权的行使方式可以概括为"我能够"[①]。按《不动产登记暂行条例》第二条和第十七条第一款第（四）项规定，申请登记的不动产权利不属于本机构登记范围的，登记机构应当当场书面告知申请人不予受理并告知申请人向有登记权的机构申请。据此可知，在不动产登记实务中，申请人申请登记的不是集体土地所有权、房屋等建筑物（构筑物）所有权、居住权、森林（林木）所有权、耕地（林地、草地等）土地承包经营权、土地经营权、建设用地使用权、宅基地使用权、海域使用权、地役权、抵押权及法律规定需要登记的其他不动产权利等支配权的，登记机构应当作不予受理处理。

（2）请求权。

请求权，是指权利人请求他人为一定行为或不为一定行为的权利。请求权在权利体系中居于枢纽之地位。请求权系由基础权利而发生，必先有

[①] 王利明：《民法学》，复旦大学出版社2004年版，第37页。

基础权利，而后始有请求权。因此，请求权以其基础性权利之不同，可分为债权上请求权、物权上请求权、准物权上请求权、知识产权上请求权、身份权上请求权①。与不动产登记实务相关的请求权主要有：① 债权上请求权，如：在因房屋所有权及房屋分摊（占用范围内）的国有建设用地使用权（宅基地使用权、集体建设用地使用权）转让产生的转移登记中，受让人要求转让人配合完成转移登记，即要求转让人履行因有效的转让合同产生的义务，受让人行使的就是基于转让合同设立的债权上请求权，目的就是要注销转让人记载在登记簿上的房屋所有权及房屋分摊（占用范围内）的国有建设用地使用权（宅基地使用权、集体建设用地使用权），设立属于受让人自己的房屋所有权及房屋分摊取得（占用范围内）的国有建设用地使用权（宅基地使用权、集体建设用地使用权）；在因遗产分割协议产生的土地承包经营权及地上林木所有权转移登记中，基于遗产分割协议的约定，继承人相互要求彼此配合完成转移登记，亦是行使遗产分割协议设立的债权上请求权，以取得各自应当继承的土地承包经营权及地上林木所有权份额；在因海域使用权作价入股产生的转移登记中，基于作价入股合同的约定，接收股份方要求入股方协助办理转移登记手续，行使的是因作价入股合同设立的债权上请求权，以取得入股海域的使用权；在乡镇企业因集体建设用地使用权及地上房屋所有权抵押产生的抵押权登记中，抵押权人要求抵押人配合完成抵押权登记，行使的是因抵押合同设立的债权上请求权，以取得担保到期债务履行的抵押权。② 物权上请求权。如：一个按份共有人向其他共有人请求分割共有的房屋所有权；被侵害人请求侵害人返还被其采用非法手段登记在其名下的土地承包经营权及地上林木所有权等。请求权的行使方式可以概括为"我可以，你必须"②。在不动产登记实务中，一般情形下，债权上请求权、物权上请求权的体现方式是当事人双方共同申请不动产登记。

另外，在不动产登记实务中，登记申请权与登记请求权是两个不同的

---

① 梁慧星：《民法总论》，法律出版社2001年版，第72页。
② 王利明：《民法学》，复旦大学出版社2004年版，第38页。

概念。登记申请权，是指当事人根据不动产登记法律、法规和规章的规定，将自己基于法律规定或参与民事活动设立、变更、转移、消灭的不动产物权，申请登记机构予以登记的权利，属于行政程序法上的权利。而登记请求权，是指权利人基于与他人建立的关于设立、变更、转移、消灭不动产物权的法律关系，享有的请求义务人协助、配合办理不动产登记的权利，属于民事实体法上规定的债权上请求权或物权上请求权。

（3）抗辩权。

抗辩权，是指权利人享有的对抗他人请求权的权利。抗辩权的目的是阻止他人请求权的实现。如：在因房地产转让产生的转移登记中，转让人以受让人未按约定支付购房款为抗辩理由，拒绝履行协助完成房屋所有权及房屋占用范围内的国有建设用地使用权转移登记的义务。在因海域使用权及海域内的构筑物所有权抵押产生的抵押权登记中，抵押人（债务人）以抵押权人（债权人）未按借款合同约定发放贷款导致贷款债权不存在为抗辩理由，拒绝协助申请一般抵押权首次登记的义务。抗辩权的行使方式可以概括为"你主张，我拒绝"[①]。在不动产登记实务中，应当由双方当事人共同申请的不动产登记，因一方当事人不履行协助申请登记义务的，由对方当事人单方申请的不动产登记，登记机构不得受理。由于抗辩权属于民事主体行使的民事权利，登记机构无须过问，即登记机构无须过问当事人不履行协助登记义务的抗辩理由。

（4）形成权。

形成权，是指当事人凭自己单方的行为，使自己与他人间或他人与他人间的法律关系发生变化的行为。形成权的主要作用是使已经成立的法律关系发生变动。如：限制民事行为能力的人在其监护人不知道的情形下与他人签订房地产买卖合同，按法律规定，此合同效力处于待定状态，若监护人予以追认，则合同生效，法律关系发生；若监护人不予以追认，则合同相对人可以催告法定代理人在1个月内予以追认，未作追认的，视为拒

---

① 王利明：《民法学》，复旦大学出版社2004年版，第38页。

绝，相对人有撤销合同的权利，合同被撤销，法律关系消灭。此撤销合同的权利即形成权。形成权的行使方式可以概括为"我改变"①。在不动产登记实务中，一般情形下，登记机构办理基于合同、协议等法律关系产生的登记时，结合法律关系当事人的身份证明上的年龄，确定法律关系的当事人是否是限制民事行为能力人，若是，基于法律关系产生的登记申请材料上有限制民事行为能力人的监护人签字追认的，则此基于法律关系产生的登记申请材料有效，可以据此办理相关登记，否则不予办理。

2. **以效力所及的范围为标准分为绝对权和相对权**

绝对权，是指权利人可以对一切人主张的权利。集体土地所有权、房屋等建筑物（构筑物）所有权、居住权、森林（林木）所有权、耕地（林地、草地等）土地承包经营权、土地经营权、建设用地使用权、宅基地使用权、海域使用权、地役权、抵押权等不动产登记簿记载的物权均属于绝对权。支配权属于绝对权。

相对权，是指权利人只能对特定的相对人主张的权利，即因合同或协议而建立的债权。在不动产登记实务中，如前所述，权利人基于不动产物权归属的法律关系，享有的请求义务人协助、配合办理不动产登记的请求权，属于相对权。《民法典》第二百二十一条第一款规定："当事人签订买卖房屋的协议或者签订其他不动产物权的协议，为保障将来实现物权，按照约定可以向登记机构申请预告登记。预告登记后，未经预告登记的权利人同意，处分该不动产的，不发生物权效力。"据此可知，以取得不动产物权为目的的合同债权或协议债权，当事人可以向登记机构申请预告登记予以保全，预告登记被记载于登记簿上后，产生保全效力，即以取得不动产物权为目的的合同债权或协议债权，可以是登记簿上记载的内容。

3. **以相互关系为标准分为主权利和从权利**

在不动产登记实务中，只有在抵押权登记中，才出现主权利和从权利，主权利即债权，从权利即抵押权。如前所述，作为从权利的不动产抵押权

---

① 王利明：《民法学》，复旦大学出版社2004年版，第39页。

属于可以在登记簿上记载的物权。

4. 以是否具备全部成立要件为标准分为既得权和期待权

《民法典》第二百一十四条规定，不动产物权的设立、变更、转让和消灭，依照法律规定应当登记的，自记载于不动产登记簿时发生效力。该法第二百一十五条规定，当事人之间订立有关设立、变更、转让和消灭不动产物权的合同，除法律另有规定或者当事人另有约定外，自合同成立时生效；未办理物权登记的，不影响合同效力。据此可知，一般情形下，因合同或协议设立的不动产物权，自记载于不动产登记簿上时起发生效力。未记载于登记簿上的，不动产物权不生效，但以设立不动产物权为目的的合同债权或协议债权自该合同、协议成立时生效。此类具备设立合同或协议和记载于登记簿等全部成立要件的不动产物权，属于既得权。但若欠缺记载于登记簿这个要件的，则成立的只能是以设立不动产物权为目的的合同债权或协议债权，其中将来可能取得的不动产物权是期待权。在不动产登记实务中，已具备登记条件并已记载于登记簿上的集体土地所有权、房屋等建筑物（构筑物）所有权、森林（林木）所有权、建设用地使用权、宅基地使用权、海域使用权、抵押权等属于既得权。而未具备登记条件，只是通过法律行为"取得"的不动产权利，则属于期待权，即将来可能实现的权利。如：签订商品房预售合同，取得该商品房将来可能实现的房屋所有权及房屋分摊的国有建设用地使用权；签定预购商品房抵押合同，取得该房屋将来的抵押权等。

此外，《民法典》第三百三十三条第一款规定，土地承包经营权自土地承包经营权合同生效时设立。按该法第三百四十一条规定，流转期限为五年以上的土地经营权，自流转合同生效时设立。按该法第三百七十四条规定，地役权自地役权合同生效时设立。据此可知，自设立作为用益物权的土地承包经营权、土地经营权、地役权的合同生效时起，土地承包经营权、土地经营权、地役权依法生效，即生效的设权合同是土地承包经营权、土地经营权、地役权的设立要件。登记机构记载于登记簿不是土地承包经营权、土地经营权、地役权的设立要件。

三、民事权利的行使

民事权利的行使，是指权利主体为实现权利内容而采取的行为。民事权利的行使，必须遵循法律、法规的规定，也必须遵循自愿、公平、等价有偿、诚实信用、公序良俗、不得损害国家利益和公共利益以及他人的合法权益等民法的基本原则，最终的落脚点便是不得损害国家利益、公共利益和他人的合法权益。如：在因处分不动产建立的买卖、赠与、抵押等民事法律关系中，某一个共有人若擅自处分其与他人共有的不动产时，便损害了其他共有人的利益；在继承关系中，如果其中的一个继承人侵占他人的继承权，并申请不动产登记，也损害了其他继承人的利益。在不动产登记实务中，登记机构应当根据申请人申请登记的事项，在查验登记申请材料的同时，查阅登记档案或核验登记簿上的记载，确定申请买卖、赠与、抵押等处分不动产产生的转移登记、抵押权登记的申请人有无处分权，申请继承转移登记的继承人有无遗漏等，从而确定申请人是否适格，申请登记的内容可否登记。如：占份额三分之一的共有人将不动产整体抵押给银行，为他人债务履行作担保，因此而申请抵押权登记时，登记机构通过查验登记申请书、抵押合同等申请材料，查询登记簿上记载的共有人及其享有的份额，可以确定占份额三分之一的共有人无权抵押不动产，其作为抵押人不适格，由此申请的抵押权登记应当不予受理。某村民小组的张三，将其宅基地使用权及地上房屋所有权转让给邻村的李四，据此申请转移登记时，登记机构根据买卖双方提交的身份证或户口本，可以判定李四不是合法的买方，即张三出让其宅基地使用权及地上房屋所有权的对象不符合相关法律规定，对此转移登记，登记机构也应当不予受理等。

四、民事权利的保护

民事权利的保护，是指权利主体为排除阻挠民事权利内容的实现而采取的行为。在因不动产登记建立的法律关系中，权利的保护主要有私力保护和公力保护，具体有三种形式：一是直接请求侵权人停止侵害，并返还被侵占的财产；二是向登记机构申请异议登记，以击破登记簿的公信力，阻却他人善意取得不动产；三是申请仲裁机构仲裁、通过诉讼请求人民法院判决保护。如：在一件房屋所有权继承案件中，甲、乙同为一处房屋的继承人，甲有较强的社会、经济地位，乙则反之。继承开始后，甲用伪造的遗嘱侵占乙对房屋享有的继承权，独自持遗嘱等材料申请继承转移登记，登记机构经过查验，认为满足登记要求，在登记机构将继承转移登记记载于登记簿上前，乙发现了，可以直接请求甲停止对其继承权的侵害，返还他应当继承的房屋份额。如果甲停止对乙的继承权的侵害，就会向登记机构申请撤回其继承转移登记申请，与乙协商分割房屋后，共同向登记机构申请继承转移登记。

　　按《民法典》第二百二十条规定，权利人、利害关系人认为不动产登记簿记载的事项错误的，可以申请更正登记。不动产登记簿记载的权利人书面同意更正或者有证据证明登记确有错误的，登记机构应当予以更正。不动产登记簿记载的权利人不同意更正的，利害关系人可以申请异议登记。质言之，更正登记是纠正登记簿记载错误的不动产登记，将错误的登记恢复到该错误登记发生前的登记状态或正确的登记状态。当更正登记不能办理时，当事人才可以向登记机构申请异议登记。据此可知，前述案例中，如果甲不停止侵害乙的继承权，就不会向登记机构申请撤回其继承转移登记申请，在乙不能向登记机构提交足以推翻甲申请的继承转移登记的证据的情形下，登记机构将甲申请的继承转移登记记载在登记簿上后，向甲发放了不动产权属证书。在甲领取不动产权属证书后，如果乙继续向甲请求停止侵害其应当继承的房屋份额，将其应当继承的房屋份额更正登记到其名下，若甲接受乙的请求，甲、乙可以持更正登记申请书和继承人资格证明等材料向登记机构申请更正登记；若甲拒绝乙的请求，乙可以向登记机构申请异议登记。在不动产登记实务中，《不动产登记暂行条例实施细则》第八十四条规定，异议登记期间，不动产登记簿上记载的权利人以及第三人因处分权利申请登记的，不动产登记机构应当书面告知申请人该权利已经存在异议登记的有关事项。申请人申请继续办理的，应当予以办理，但申请人应当提供知悉异议登记存在并自担风险的书面承诺。据此可知，异议登记被记载在登记簿上后，可以暂时击破登记簿的公信力，告知欲与登记簿上的权利人为交易的人，此不动产可能存在权属争议，慎重为交易行为，以阻却他人善意取得该不动产，即乙可以在一定限度内保护自己的权利。

按《民法典》第二百二十条规定，申请人自异议登记之日起十五日内不提起诉讼的，异议登记失效。据此可知，异议登记只是一种有期限的保护措施，异议登记被记载于登记簿上后，异议登记申请人应当即时向人民法院起诉，否则，十五日期限届满后，异议登记自动失效。因此，前述案例中，乙申请的异议登记被记载在登记簿上后，应当在法定的十五日期限内向人民法院提起诉讼，请求保护其应当继承的房屋份额，诉讼期间，异议登记的效力持续。如果人民法院不支持乙的诉讼请求，自无可言。若人民法院支持乙的诉讼请求，则乙可凭生效的确认其因继承享有房屋份额的法律文书向登记机构申请更正登记，将相应的房屋份额更正登记到其名下。必须要说明的是，乙若通过诉讼请求人民法院保护的，可以直接起诉，异议登记并非必要的前置程序。

当然，前述案例中，如果甲所持遗嘱是合法且真实的，甲对乙的直接请求，可以拒绝；对乙向登记机构申请的异议登记，甲可以举证申请注销登记，清除对自己处分房屋可能产生的不良影响；对乙提起的诉讼，甲也会因所掌握的证据合法、有效而获胜诉，其因继承获得的房屋所有权应当受到法律的保护。

第三节 民事义务

一、民事义务的概念

《民法典》第一百七十六条规定，民事主体依照法律规定或者按照当事人约定，履行民事义务，承担民事责任。据此可知，民事义务，是指民事法律规范规定或当事人依法约定，义务人为一定行为或不行为，以满足权利人的利益的法律手段①。（民事）义务之形态，一为作为义务，即义务人必须为一定行为，一为不作为义务，即义务人必须不为一定行为。作为义务，以不作为为义务违反。不作为义务，以作为为义务违反②。因此，民事义务与民事权利是相对应的，民事义务为民事权利的行使、实现提供服务，最后的结果是使权利人的权利实现。如：甲、乙签订地役权合同，约定甲在乙的土地上设立观河望山的观瞻地役权，即乙不得在甲窗外的土地上建造建筑物或其他构筑物，以妨碍甲观望风景。此情形下，乙履行不得在该地上建造建筑物或其他构筑物的义务，使甲的地役权设立。

二、民事义务的种类及履行

从前述民事义务的概念可知，民事义务主要有法定义务和约定义务两种。

1. 法定义务

所谓法定义务，是指法律直接规定的民事主体应当履行的义务。《民法典》第二百一十一条规定，当事人申请登记，应当根据不同登记事项提供权属证明和不动产界址、面积等必要材料。该法第二百二十二条第一款规定，当事人提供虚假材料申请登记，造成他人损害的，应当承担赔偿责任。据此可知，基于民事法律关系设立不动产物权的当事人，协助对方申请不动产登记并提交相关的权属证明和不动产界址、面积等必要材料，并保证这些材料的真实性是法律的规定课以的义务。按《民法典》第三百九十九条第（四）项规定，所有权、使用权不明或者有争议的财产不得抵押。据此可知，在因不动产抵押建立的民事法律关系中，抵押人的主要法定义务就是向抵押权人保证作为抵押标的的不动产所有权、使用权权属清晰并且其拥有合法的处分权，协助抵押权人申请抵押权登记。按《不动产登记暂行条例》第二十二条第（一）和第（二）项规定，登记申请违反法律、行

---

① 王国征：《中国民法原理》，山东人民出版社2004年版，第27页。
② 梁慧星：《民法总论》，法律出版社2001年版，第81页。

政法规规定的，存在尚未解决的权属争议的，登记机构应当作不予登记处理。因此，设立不动产物权的民事法律关系的当事人，确保民事法律关系符合法律和行政法规的规定是其义务，确保基于民事法律关系取得或设立的不动产物权权属清晰且无争议也是其义务。

2. 约定义务

所谓约定义务，是指民事主体通过协商，达成合意后确定的义务。如：房地产转让合同、海域使用权分割协议、林权抵押合同、地役权设立合同中，约定由某一方当事人负责办理不动产登记手续并领取不动产权属证书或不动产登记证明的条款等。

在不动产登记实务，登记机构办理因民事法律关系设立、变更、转移和消灭不动产物权产生的登记时，根据法定义务和约定义务的种类，甄别权利申请人是否适格，确定申请人提交的登记申请材料是否齐全、是否符合法定要式等，从而确定登记申请可否受理或申请人申请的不动产登记可否办理等。

第四节 民事责任

《民法典》第一百七十六条规定，民事主体依照法律规定或者按照当事人约定，履行民事义务，承担民事责任。据此可知，民事权利、民事义务唯有与民事责任相结合，民事权利才受到法律责任的保护。因民事责任与民事权利义务之密切关系，民事权利义务之违反即发生民事责任[①]。因此，民事责任，是指义务人不履行或不充分履行其义务，致使权利人的民事权利不能实现或不能充分实现而产生的法律后果。概言之，民事责任是民事权利得以实现的保障。在不动产登记实务中，常见的民事责任主要有以下三种。

一、不履行法定义务致使他人民事权利受到损害产生的民事责任

《民法典》第一千一百二十一条第一款规定，继承从被继承人死亡时

---

① 梁慧星：《民法总论》，法律出版社2001年版，第64页。

开始。按该法第一千一百五十条规定，继承开始后，知道被继承人死亡的继承人应当及时通知其他继承人和遗嘱执行人。据此可知，知道被继承人死亡的继承人具有即时通知其他继承人的义务。但是，在现实生活中，有部分知道被继承人死亡的继承人因种种原因，在被继承人死亡后，没有履行通知其他继承人的义务，反而瞒报继承人数，侵占其他继承人应当继承的不动产份额而使其他继承人的权利受到损害的情形时有出现。如：继承人甲，隐瞒了还有一个继承人乙的事实，伪造继承材料侵占了乙应当继承取得的土地承包经营权及地上林木所有权份额，申请因继承产生的转移登记并被记载于登记簿上后，甲领取了载明全部土地承包经营权及地上林木所有权的不动产权属证书。《民法典》第一百二十条规定，民事权益受到侵害的，被侵权人有权请求侵权人承担侵权责任。据此可知，本案中，侵权人甲应当向被侵权人乙承担因侵权产生的民事责任。如前所述，民事主体承担的与不动产登记实务相关的民事责任是返还财产和恢复原状。因此，本案中，权利被侵害的继承人乙应当要求侵害其权利的继承人甲承担因侵权产生的民事责任，将登记在甲名下的被侵权人乙应当基于继承取得的土地承包经营权及地上林木所有权份额，恢复（更正）登记到被侵权人乙名下。

二、民事主体一方违反以设立、变更、转移和消灭不动产物权为目的的合同约定的义务产生的民事责任

按《民法典》第五百六十三条第（二）项规定，在履行期限届满前，当事人一方明确表示或者以自己的行为表明不履行主要债务的，当事人可以解除合同。据此可知，合同履行中，当事人一方明确表示不履行主要债务的，双方当事人通过协商可以解除合同。如：张三买李四的国有建设用地使用权及地上房屋所有权，双方协商议定房价70万元人民币，签订房地产买卖合同时，张三付给李四30万元，约定完成国有建设用地使用权及地上房屋所有权转移登记后10日内付清余款。国有建设用地使用权及地上房屋所有权转移登记完成后，张三领取了不动产权属证书一个月后，因种种

原因，张三无力支付余款，合同主要义务不能充分履行，根据前述《民法典》第五百六十三条第（二）项规定，张三、李四经商量解除合同，李四返还张三支付的购房款，张三返还李四的国有建设用地使用权及地上房屋所有权，即《民法典》第五百六十六条款规定"合同解除后，尚未履行的，终止履行；已经履行的，根据履行情况和合同性质，当事人可以请求恢复原状或者采取其他补救措施，并有权请求赔偿损失"。其中的恢复原状和采取其他补救措施，就是本案中的张三应当承担的民事责任，恢复原状的具体体现是张三将国有建设用地使用权及地上房屋所有权返还李四并协助李四将之恢复（转移）登记到其名下。

三、非善意取得他人不动产产生的民事责任

《民法典》第三百一十一条规定："无处分权人将不动产或者动产转让给受让人的，所有权人有权追回；除法律另有规定外，符合下列情形的，受让人取得该不动产或者动产的所有权：（一）受让人受让该不动产或者动产时是善意；（二）以合理的价格转让；（三）转让的不动产或者动产依照法律规定应当登记的已经登记，不需要登记的已经交付给受让人。受让人依据前款规定取得不动产或者动产的所有权的，原所有权人有权向无处分权人请求损害赔偿。当事人善意取得其他物权的，参照适用前两款规定。"据此可知，民事主体非善意取得他人不动产的，该不动产的权利人有权向非善意取得人追回，换言之，非善意取得他人不动产而使该他人权利受到损害的民事主体，承担向权利受损人返还该不动产的民事责任。如：张A与宋B系夫妻，二人共同购买了一间门市经营铝合金门窗生意，房屋所有权及房屋分摊的国有建设用地使用权人登记为张A，登记簿及不动产权属证书均没有记载共有情况。宋B因与张A发生感情纠纷，欲远走，趁张A在外地进货时，将该门市及货物一同转让给妹妹宋C，宋C明知姐姐无权独自卖房，仍以低于市价的价格购得该门市及货物，并让其丈夫陈D伪造了张A的身份证。转移登记时，陈D持伪造的身份证冒名顶替张A，顺利办理了转移登记，宋C领取了

不动产权属证书。不久，张 A 回家，发现权利受到损害后，要求宋 C 返还其非善意取得的门市。张 A 要求宋 C 承担的即非善意取得他人不动产产生的民事责任。

  在不动产登记实务中，这几种民事责任主要体现在：如果民事主体间通过协商承担民事责任的，由责任承担者和责任接受者共同向登记机构申请将原权利人的权利恢复登记到之前的状态。如果通过仲裁、诉讼解决的，权利取得人可以凭生效的法律文书单方申请相关登记。登记机构也可以凭人民法院送达的执行文书直接办理相关登记。

第二章　民事主体

第一节　民事主体概说

《民法典》第一条规定，为了保护民事主体的合法权益，调整民事关系，维护社会和经济秩序，适应中国特色社会主义发展要求，弘扬社会主义核心价值观，根据宪法，制定本法。该法第二条规定，民法调整平等主体的自然人、法人和非法人组织之间的人身关系和财产关系。据此可知，保护民事主体的合法权益是民法的主要目的之一，基于此目的，民法调整作为民事主体的自然人、法人和非法人组织之间的人身关系和财产关系。其中的民事主体，是指能够参与民事法律关系，享有民事权利和承担民事义务的人[1]。如前所述，这里的"人"，不仅仅是指普通的有生命的自然人，还包括没有生命但具有法律地位的非自然人。法律规定的没有生命但具有法律地位的非自然人有法人、非法人组织。

一、自然人

自然人是因出生而取得民事主体资格的人[2]。笔者据此认为，自然人，是指单个的有血有肉的具有生命的人，自然人是民事法律关系的主体。

《民法典》第十七条规定，十八周岁以上的自然人为成年人。不满十八周岁的自然人为未成年人。据此可知，以十八周岁为分界线，自然人分为成年人与未成年人。

---

[1] 王国征：《中国民法原理》，山东人民出版社2004年版，第34页。
[2] 彭万林：《民法学》，中国政法大学出版社2002年版，第41页。

二、法　人

《民法典》第五十七条规定，法人是具有民事权利能力和民事行为能力，依法独立享有民事权利和承担民事义务的组织。该法第六十一条第一款规定，依照法律或者法人章程的规定，代表法人从事民事活动的负责人，为法人的法定代表人。据此可知，法人是基于法律的规定创设的相对于自然人的民事法律关系的主体，法人是组织。法人的法定代表人是代表法人参加民事活动的自然人。简言之，法人不是"人"，是组织，法人的法定代表人才是"人"。

《民法典》第六十一条第二款规定，法定代表人以法人名义从事的民事活动，其法律后果由法人承受。据此可知，法定代表人以法人的名义参与的民事活动，即法人参与的民事活动，法定代表人在该民事活动中行使权利履行义务产生的后果归法人。如：海域使用权抵押合同的抵押人是某法人，但该抵押合同最后只有其法定代表人的签名，而没有盖某法人的公章。表明：抵押合同上的抵押人是某法人，该抵押合同上没有盖某法人的公章，但有该法人的法定代表人的签名，显示该抵押合同是法定代表人以某法人的名义签订的，基于此抵押合同产生的后果归某法人，而不归其法定代表人。换言之，法定代表人以法人名义实施的行为即法人的行为，由此产生的后果归法人。在不动产登记实务中，登记机构办理基于民事法律关系产生的登记时，提交的登记原因文件是以法人的名义办理的，但上面没有法人的公章，却有其法定代表人的签名的，此原因文件可以用作登记的证据材料，基于此原因文件取得或设立的物权的权利主体是法人。

《民法典》第五十八条第二款规定，法人应当有自己的名称、组织机构、住所、财产或者经费。法人成立的具体条件和程序，依照法律、行政法规的规定。据此可知，法人有自己的独立财产或经费，且成立的条件须遵守法律、行政法规的规定。如前所述，法人是组织，法人的法定代表人是自然人，即法人与其法定代表人是平等的两种不同的民事主体，因此，法人的财产不是其法定代表人的财产，法定代表人的财产也不是法人的财产，简言之，法人、法定代表人是两种可以独立享有财产权的民事主体。在不动产登记实务中，法人名下的不动产欲登记到其法定代表人名下，或法定代表人名下的不动产欲登记到法人名下，属于不动产的权利主体变动，适用转移登记，至于转移登记原因，由当事人约定。

按《民法典》第一编第三章规定，法人分为营利法人、非营利法人和特别法人。

1. 营利法人

《民法典》第七十六条规定，以取得利润并分配给股东等出资人为目的成立的法人，为营利法人。营利法人包括有限责任公司、股份有限公司和其他企业法人等。据此可知，营利法人主要指有限责任公司、股份有限公司等以营利为主要目的的企业法人。简言之，营利法人主要指企业法人。《民法典》第七十七条规定，营利法人经依法登记成立。该法第七十八条规定，依法设立的营利法人，由登记机关发给营利法人营业执照。营业执照签发日期为营利法人的成立日期。《企业法人登记管理条例》第三条规定，申请企业法人登记，经企业法人登记主管机关审核，准予登记注册的，领取《企业法人营业执照》，取得法人资格，其合法权益受国家法律保护。依法需要办理企业法人登记的，未经企业法人登记主管机关核准登记注册，不得从事经营活动。据此可知，经营利（企业）法人登记机关核准登记并持有《企业法人营业执照》的企业法人，才是依法成立的营利（企业）法人。

2. 非营利法人

《民法典》第八十七条规定，为公益目的或者其他非营利目的成立，不向出资人、设立人或者会员分配所取得利润的法人，为非营利法人。非营利法人包括事业单位、社会团体、基金会、社会服务机构等。据此可知，非营利法人是相对于营利法人而言的，主要指事业单位、社会团体等以公益或不以营利为主要目的的非企业法人。基于不动产登记实务，笔者主要介绍事业单位法人、社会团体法人和民办非企业单位法人。

（1）事业单位法人。

《民法典》第八十八条规定，具备法人条件，为适应经济社会发展需要，提供公益服务设立的事业单位，经依法登记成立，取得事业单位法人资格；依法不需要办理法人登记的，从成立之日起，具有事业单位法人资格。《事业单位登记管理暂行条例》第二条第一款规定，本条例所称事业单位，是指国家为了社会公益目的，由国家机关举办或者其他组织利用国有资产举办的，从事教育、科技、文化、卫生等活动的社会服务组织。该暂行条例第三条规定，事业单位经县级以上各级人民政府及其有关主管部门（以下统称审批机关）批准成立后，应当依照本条例的规定登记或者备案。事业单位应当具备法人条件。该暂行条例第八条规定，登记管理机关应当自收到登记申请书之日起 30 日内依照本条例的规定进行审查，作出准予登记或者不予登记的决定。准予登记的，发给《事业单位法人证书》；不予登记的，应当说明理由。按该暂行条例第五条第一款规定，县级以上各级人民政府机构编制管理机关所属的事业单位登记管理机构（以下简称登记管理机关）负责实施事业单位的登记管理工作。该暂行条例第十一条规定，法律规定具备法人条件、自批准设立之日起即取得法人资格的事业单位，或者法律、其他行政法规规定具备法人条件、经有关主管部门依法审核或者登记，已经取得相应的执业许可证书的事业单位，不再办理事业单位法人登记，由有关主管部门按照分级登记管理的规定向登记管理机关备案。县级以上各级人民政府设立的直属事业单位直接向登记管理机关备案。据此可知，事业单位，是指国家为了社会公益目的，由国家机关举办或者其他组织利用国有资产举办的，从事教育、科技、文化、卫生等活动的社会服务组织。事业单位法人依法设立的凭证，是经事业单位登记管理机关登记并颁发的《事业单位法人证书》，或者事业单位登记管理机关出具的备案证明。一般情形下，事业单位登记管理机关是指当地人民政府机构编制管理机关所属的事业单位登记管理局。

（2）社会团体法人。

《民法典》第九十条规定，具备法人条件，基于会员共同意愿，为公益目的或者会员共同利益等非营利目的设立的社会团体，经依法登记成立，

第二章　民事主体

取得社会团体法人资格；依法不需要办理法人登记的，从成立之日起，具有社会团体法人资格。《社会团体登记管理条例》第二条第一款规定，本条例所称社会团体，是指中国公民自愿组成，为实现会员共同意愿，按照其章程开展活动的非营利性社会组织。该条例第三条第一款和第二款规定，成立社会团体，应当经其业务主管单位审查同意，并依照本条例的规定进行登记。社会团体应当具备法人条件。该条例第六条第一款规定，国务院民政部门和县级以上地方各级人民政府民政部门是本级人民政府的社会团体登记管理机关（以下简称登记管理机关）。该条例第十二条第一款规定，登记管理机关应当自收到本条例第十一条所列全部有效文件之日起60日内，作出准予或者不予登记的决定。准予登记的，发给《社会团体法人登记证书》；不予登记的，应当向发起人说明理由。据此可知，社会团体，是指中国公民自愿组成，为实现会员共同意愿，按照其章程开展活动的非营利性社会组织。经民政机关登记并领取了《社会团体法人登记证书》的组织，才是依法成立的社会团体法人。

（3）民办非企业单位法人。

《民办非企业单位登记管理暂行条例》第二条规定，本条例所称民办非企业单位，是指企业事业单位、社会团体和其他社会力量以及公民个人利用非国有资产举办的，从事非营利性社会服务活动的社会组织。该条例第三条规定，成立民办非企业单位，应当经其业务主管单位审查同意，并依照本条例的规定登记。该条例第五条第一款，国务院民政部门和县级以上地方各级人民政府民政部门是本级人民政府的民办非企业单位登记管理机关（以下简称登记管理机关）。该条例第十二条第一款规定，准予登记的民办非企业单位，由登记管理机关登记民办非企业单位的名称、住所、宗旨和业务范围、法定代表人或者负责人、开办资金、业务主管单位，并根据其依法承担民事责任的不同方式，分别发给《民办非企业单位（法人）登记证书》、《民办非企业单位（合伙）登记证书》、《民办非企业单位（个体）登记证书》。据此可知，民办非企业单位法人，是指企业事业单位、社会团体和其他社会力量以及公民个人利用非国有资产举办的，从事非营利性社会服务活动的具有法人资格的社会组织。经民政机关登记并领取《民办非企业单位（法人）登记证书》的该类社会组织，才是依法成立的民办非企业单位法人。

（4）其他非营利法人。

《民法典》第五十八条第三款规定，设立法人，法律、行政法规规定须经有关机关批准的，依照其规定。据此可知，其他依法成立的非营利法人，应当持有相关登记管理机关颁发的登记证明或有关国家机关准予其成立的批准文件。

3. 特别法人

按《民法典》第九十六条规定，机关法人、农村集体经济组织法人、城镇农村的合作经济组织法人、基层群众性自治组织法人，为特别法人。

（1）机关法人。

《民法典》第九十七条规定，有独立经费的机关和承担行政职能的法定机构从成立之日起，具有机关法人资格，可以从事为履行职能所需要的民事活动。据此可知，机关法人是指主要从事国家行政管理活动的组织。按《地方各级人民政府机构设置和编制管理条例》第九条规定，地方各级人民政府行政机构的设立、撤销、合并或者变更规格、名称，由本级人民政府提出方案，经上一级人民政府机构编制管理机关审核后，报上一级人民政府批准。据此可知，持有上一级人民政府准予其成立的批文的从事国家行政管理活动的组织，才是依法成立的机关法人。

（2）农村集体经济组织法人、城镇农村的合作经济组织法人。

《民法典》第九十九条第一款规定，农村集体经济组织依法取得法人资格。该法第一百条第一款规定，城镇农村的合作经济组织依法取得法人资格。据此可知，农村集体经济组织虽然是特别法人，在《土地管理法》《土地承包法》《村民委员会组织法》等法律、法规中也有提及，但只是概念性的提及，对农村集体经济组织，法律、行政法规没有定义性或定性性的规定。按《村民委员会组织法》第二条和第二十八条规定，村民委员会、村民小组分别是村、村民小组的农村村民自治组织，代表本级集体经济组织管理财产。乡（镇）人民政府则是我国宪法规定的基层政权，不是集体经济组织。笔者据此认为，由村民小组、村、乡（镇）等以农村集体资产组建的农民专业合作社或其他生产经营性的组织才是农村集体经济组织。按《农民专业合作社登记管理条例》第三条规定，农民专业合作社经登记机关依法登记，领取农民专业合作社法人营业执照，取得法人资格。因此，经登记机关登记并领取农民专业合作社（农村集体经济组织）法人营业执照或其他法人登记证明的，才是依法成立的农民专业合作社法人（农村集体经济组织法人）。依法成立的城镇合作经济组织法人也应当持有相应的法人营业执照或其他法人登记证明。

（3）基层群众性自治组织法人。

《民法典》第一百零一条第一款规定，居民委员会、村民委员会具有基层群众性自治组织法人资格，可以从事为履行职能所需要的民事活动。据此可知，法律规定的基层群众性自治组织法人是指城镇居民委员会法人、农村村民委员会法人。

① 城镇居民委员会法人。

《城市居民委员会组织法》第二条规定，居民委员会是居民自我管理、自我教育、自我服务的基层群众性自治组织。该法第四条第二款规定，居民委员会管理本居民委员会的财产，任何部门和单位不得侵犯居民委员会的财产所有权。该法第六条第二款规定，居民委员会的设立、撤销、规模调整，由不设区的市、市辖区的人民政府决定。据此可知，城镇居民委员会是可以享有财产权利的基层群众性自治组织，可以成为登记簿上记载的不动产物权的权利主体。持有不设区的市（县）、市辖区的人民政府同意设立的批文的城镇居民委员会才是依法成立的城镇居民委员会法人。

② 农村村民委员会法人。

按《农村村民委员会组织法》第二条和第二十八条规定，村民委员会、村民小组分别是村、村民小组的农村村民自治组织，代表本级集体经济组织管理财产。按该法第三条第二款、第三款规定，村民委员会的设立、撤销、范围调整，由乡、民族乡、镇的人民政府提出，经村民会议讨论同意，报县级人民政府批准。村民委员会可以根据村民居住状况、集体土地所有权关系等分设若干村民小组。据此可知，村民委员会、村民小组只是代表本级集体经济组织管理财产，不是代表集体经济组织享有财产权的民事主体，不能成为登记簿上记载的不动产物权的权利主体。持有县级人民政府准予设立的批文的村民委员会是依法成立的村民委员会法人。持有村民委员会准予设立的证明的村民小组，才是依法成立的村民小组。

4. 法人类型的变换

法人类型的变换，主要指此法人通过合法方式转换成另一种类型的法人的情形。简言之，此种类型的法人变成彼种类型的法人。

《中华人民共和国公司法》（简称《公司法》）第二条规定，公司是指依照本法在中国境内设立的有限责任公司和股份有限公司。该法第三条规定，公司是企业法人，有独立的法人财产，享有法人财产权。公司以其全部财产对公司的债务承担责任。该法第九条第一款规定，有限责任公司变更为股份有限公司，应当符合本法规定的股份有限公司的条件。股份有限公司变更为有限责任公司，应当符合本法规定的有限责任公司的条件。据此可知，有限责任公司与股份制公司是公司法规定的两种不同类型的企业法人，且《公司法》对此两种法人的设立条件分别做了规定。因此，如果有限责任公司变更为股份有限公司，或者股份有限公司变更为有限责任公司，属于法人类型的变换，即从此法人变换为彼法人。笔者认为，有限责任公司变更为股份有限公司，是有限责任公司将其法人财产入股到股份有限公司成为此股份有限公司的法人财产。股份有限公司变更为有限责任公司，是股份有限公司将其法人财产入股到有限责任公司成为此有限责任公司的法人财产。因此，在不动产登记实务中，因法人类型变换产生的不动产登记，是因不动产在两个不同的法人间转移产生的登记，即属于因不动产权利主体变动产生的登记，应当适用转移登记。

此外，常见的法人类型变换还有国有企业、集体企业、非法人组织改组设立为公司等。

法人类型是否发生变换，以法人登记证明或法人设立批文上载明的法人类型是否发生变动为准，如果法人登记证明上载明的法人类型变动的，则法人类型发生变换，否则不然。如：股份有限公司的营业执照上载明的企业类型为股份有限公司，变更为有限责任公司后，营业执照上载明的企业类型为有限责任公司。

5. 法人的分支机构

按《民法典》第七十四条第一款规定，法人可以依法设立分支机构。但是，法人的分支机构是否具有民事权利能力呢？

在司法实务中，《最高人民法院关于企业法人分支机构未经授权以登记在其名下的房地产为他人提供的抵押合同的效力应如何认定问题请示之答复》（〔2005〕民二他字第8号）规定，根据我国房地产法律关于登记确权规定之精神，企业法人的分支机构以登记在其名下的房地产为他人债权设定抵押，该抵押设定行为符合担保法规定的抵押权生效条件的，人民法院应当认定有效。据此可知，企业法人的分支机构可以成为不动产登记的权利人，也可以用登记在其名下的不动产实施抵押担保行为，即企业法人的分支机构具有民事权利能力，申言之，法人的分支机构具有民事权利能力。但笔者认为，法人的分支机构不具有民事权利能力。

（1）法人的分支机构不具有民事责任能力。

如前所述，民事责任是指民事主体违反民事义务时应当承担的法律后果。民事责任以财产责任为主，但不限于财产责任[①]。据此可知，民事主体以其依法享有权利的财产作为承担民事责任的主要方式。换言之，如果民事主体没有独立的财产权利，就没有承担民事责任的能力。《民法典》第七十四条第二款规定，分支机构以自己的名义从事民事活动，产生的民事责任由法人承担；也可以先以该分支机构管理的财产承担，不足以承担的，由法人承担。据此可知，法人的分支机构以其名义从事民事活动产生民事

---

① 王利明：《民法学》，复旦大学出版社2004年版，第126页。

责任时，该民事责任由设立该分支机构的法人承担，或先行以该分支机构管理的法人的财产承担，即法人的分支机构没有独立的用以承担民事责任的财产权利，换言之，法人的分支机构没有民事责任能力。

(2) 分支机构不具有民事权利能力。

如前所述，民事权利能力不是民事权利本身，而是享有民事权利的前提①。分公司在营业执照核准的范围内参与与其经营活动直接相关的民事法律关系，是基于公司法人内部的组织关系，获得公司法人的授权所为②。申言之，法人的分支机构代理法人参与法律关系，由此产生的权利义务归法人，即分支机构参与法律关系取得的财产权利归法人。表明：分支机构没有独立的财产权利，即不享有民事权利中最基本的财产性权利，换言之，分支机构不具有享有民事权利的资格，不符合民事主体具有民事权利能力的基本要求，故分支机构不具有民事权利能力。

概言之，法人的分支机构没有独立的用以承担民事责任的财产权利，即不享有民事权利中最基本的财产性权利，换言之，分支机构不具有享有民事权利的资格，不符合民事主体具有民事权利能力的基本要求，故分支机构不具有民事权利能力。在不动产登记实务中，分支机构不能作为登记簿上记载的不动产物权的权利主体。

至于历史上造成的将不动产登记在法人的分支机构名下的事实，鉴于不动产登记的公信力，笔者认为，应当本着尊重历史、面对现实、遵守法律的原则予以处理。

(1) 若当事人不申请将不动产由分支机构名下变动到法人名下的，登记机构应当维持登记现状，但在分支机构因处分不动产申请转移登记、抵押权登记或放弃权利申请注销登记时，由于分支机构没有独立的财产权利，具体到不动产，即分支机构不享有不动产权利，不动产权利属于法人，应当要求申请人提交法人准予处分的书面材料，以确保处分合法，从而确保转移登记、抵押权登记或注销登记合法。

---

① 佟柔、周大伟：《佟柔中国民法讲稿》，北京大学出版社2008年版，第139页。
② 参见梁慧星：《民法总论》，法律出版社2001年版，第217页。

（2）若当事人申请将不动产由分支机构名下变动到法人名下的，如前所述，法人是真实的不动产权利人，但分支机构却是登记簿上记载的不动产权利人，表明登记簿的记载与实际情况不同一，即登记簿的记载发生错误。按《民法典》第二百二十条第一款规定，权利人、利害关系人认为不动产登记簿记载的事项错误的，可以申请更正登记。在不动产登记实务中，《不动产登记暂行条例实施细则》第七十九条第一款规定，权利人、利害关系人认为不动产登记簿记载的事项有错误，可以申请更正登记。据此可知，当事人可以申请将不动产由分支机构名下更正登记到法人名下。

三、非法人组织

《民法典》第一百零二条规定，非法人组织是不具有法人资格，但是能够依法以自己的名义从事民事活动的组织。非法人组织包括个人独资企业、合伙企业、不具有法人资格的专业服务机构等。该法第一百零三条规定，非法人组织应当依照法律的规定登记。设立非法人组织，法律、行政法规规定须经有关机关批准的，依照其规定。据此可知，非法人组织，是指基于法律的规定创设的个人独资企业、合伙企业等不具有法人资格但可以自己的名义从事民事活动的民事主体。非法人组织的成立应当经过登记或有权机关的批准。据笔者调查，在现实生活中，非法人组织分为营利性的非法人组织和非营利性的非法人组织。

1. 营利性的非法人组织

营利性的非法人组织，主要指以营利为主要目的不具有法人资格的企业。在不动产登记实务中，常见的营利性的非法人组织主要有个人独资企业、合伙企业等。

（1）个人独资企业。

《中华人民共和国个人独资企业法》第二条规定，本法所称独资企业，是指依照本法在中国境内设立，由一个自然人投资，财产为投资人个人所有，投资人以其个人财产对企业债务承担无限责任的经营实体。该法第五条规定，国家依法保护个人独资企业的财产和其他合法权益。按该法第十二条规定，登记机关应当在收到设立申请文件之日起十五日内，对符合本法规定条件的，予以登记，发给营业执照。该法第十三条第一款规定，个人独资企业的营业执照的签发日期，为个人独资企业成立日期。据此可知，依法成立的个人独资企业，是由投资人个人投资的经过企业登记机关登记并领取营业执照的非法人组织。个人独资企业是可以享有财产权的非法人组织。在不动产登记实务中，个人独资企业可以是登记簿上记载的不动产物权的权利主体。

（2）合伙企业。

《中华人民共和国合伙企业法》第二条规定，本法所称合伙企业，是指自然人、法人和其他组织依照本法在中国境内设立的普通合伙企业和有限合伙企业。普通合伙企业由普通合伙人组成，合伙人对合伙企业债务承担无限连带责任。本法对普通合伙人承担责任的形式有特别规定的，从其规定。有限合伙企业由普通合伙人和有限合伙人组成，普通合伙人对合伙企业债务承担无限连带责任，有限合伙人以其认缴的出资额为限对合伙企业债务承担责任。按该法第十条规定，企业登记机关应当自受理申请之日起二十日内，作出是否登记的决定。予以登记的，发给营业执照；不予登记的，应当给予书面答复，并说明理由。按该法第十一条规定，合伙企业的营业执照签发日期，为合伙企业成立日期。按该第十四条规定，有书面合伙协议是设立合伙企业的条件之一。该法第二十条规定，合伙人的出资、以合伙企业名义取得的收益和依法取得的其他财产，均为合伙企业的财产。企业登记机关应当自收到申请登记文件之日起三十日内，作出是否登记的决定。对符合本法规定条件的，予以登记，发给营业执照。该法第十七条规定，合伙企业的营业执照签发日期，为合伙企业成立日期。该法第十九条规定，合伙企业存续期间，合伙人的出资和所有以合伙企业名义取得的收益均为合伙企业的财产。据此可知，依法成立的合伙企业，是指合伙人基于合伙协议成立的以盈利为主要目的的，经过企业登记机关登记并领取营业执照的非法人组织。合伙企业是可以享有财产权的非法人组织。在不动产登记实务中，合伙企业可以是登记簿上记载的不动产物权的权利主体。

第二章 民事主体

2. 非营利性的非法人组织

非营利性的非法人组织，主要指提供公益服务或不以营利为主要目的的不具有法人资格的民办非企业组织。

《民办非企业单位登记管理暂行条例》第五条第一款规定，国务院民政部门和县级以上地方各级人民政府民政部门是本级人民政府的民办非企业单位登记管理机关。该暂行条例第十二条第一款规定，准予登记的民办非企业单位，由登记管理机关登记民办非企业单位的名称、住所、宗旨和业务范围、法定代表人或者负责人、开办资金、业务主管单位，并根据其依法承担民事责任的不同方式，分别发给《民办非企业单位（法人）登记证书》、《民办非企业单位（合伙）登记证书》、《民办非企业单位（个体）登记证书》。据此可知，依法成立的民办非企业组织持有民政机关核发的《民办非企业单位（合伙）登记证书》。申言之，依法设立并存在的不以营利为目的的非法人组织须持有民政机关核发的《民办非企业单位（合伙）登记证书》，此《民办非企业单位（合伙）登记证书》也是不以营利为目的的非法人组织作为不动产登记申请人的身份证明。

非法人组织的其他相关情况参见本书法人部分。

一般情形下，在因不动产登记建立的民事法律关系中，作为民事主体的自然人、法人、非法人组织，参与民事活动，在民事活动中，基于行使权利和履行义务设立、变更、转移和消灭不动产物权，换言之，基于民事活动设立、变更、转移和消灭不动产物权的自然人、法人和非法人组织是适格的不动产登记申请人，也是可以记载在登记簿上的不动产物权的权利主体。但是，有的法人只能代表他人参与民事活动，设立、变更、转移和消灭物权的后果归该他人，此类法人只能代他人申请不动产登记，但自己不能成为登记簿上记载的不动产物权主体，如村民委员会法人等。

第二节 民事权利能力

民事权利能力，是指法律赋予的民事主体享有民事权利和履行民事义务的资格。民事权利能力不是民事权利，权利能力是可以享有民事权利和承担民事义务的资格，所以，应该把权利能力和具体的各种权利，例如财产所有权、债权等区别开来[①]。民事权利是民事主体基于民事法律关系，因权利的行使和义务的履行而依法享有的实实在在的利益。民事权利能力则是民事主体能够建立民事法律关系并基于该民事法律关系行使民事权利和履行民事义务后享有利益的前置条件，是一种法定的资格，换言之，某人无论是否建立民事法律关系，他都具有民事权利能力，若他不建立具体的民事法律关系，就没有行使民事权利和履行民事义务的基础，也不能因权利的行使和义务的履行而依法享有实实在在的利益。如：土地承包经营权及地上林木所有权人 A，即使他没有与潜在的受让人建立因土地承包经营权及地上林木所有权转让产生的合同关系（即没有参与民事法律关系），他在将来可能出现的土地承包经营权及地上林木所有权转让关系中也具有收取受让方支付的转让款的资格，也有履行可能出现的移交承包的土地及地上林木并协助办理该土地承包经营权及地上林木所有权转移登记义务的资格。如果 A 与他人建立了因土地承包经营权及地上林木所有权转让产生的合同关系（即参与民事法律关系），则 A 享有收取转让款这种实实在在的利益的权利，也要履行移交承包的土地及地上林木并协助办理该土地承包经营权及地上林木所有权转移登记等实实在在地为受让人取得权利服务的义务。在不动产登记实务中，能够依法享有财产权利的民事主体都具有成为不动产登记簿上记载的权利人的资格。

一、自然人的民事权利能力

《民法典》第十三条规定，自然人从出生时起到死亡时止，具有民事权利能力，依法享有民事权利，承担民事义务。该法第十四条规定，自然人的民事权利能力一律平等。据此可知，自然人都具有民事权利能力，且自然人的民事权利能力始于生，终于死；在民事权利能力存续期间，尽管各自然人的性别、年龄、智力和精神状况、社会地位、文化程度、民族等不同，但各自然人所具有的民事权利能力是平等的。从权利能力一律平等中，

[①] 谢怀栻：《民法总则讲要》，北京大学出版社 2007 年版，第 71 页。

可以推出权利能力不得以任何理由被限制甚至剥夺，能被限制并被剥夺的是民事主体可能享有的具体权利[①]。如：甲和乙同为一处房地产的继承人，甲欲独享该房地产的继承权而杀害了乙，此时，按《民法典》第一千一百二十五条第一款第（二）项规定，继承人为争夺遗产而杀害其他继承人，属于丧失继承权的情形。据此可知，本案中，甲因杀害乙，丧失的是其本应享有的实体权利——对房地产的继承权，而不是甲在继承法律关系中享有继承权的资格（权利能力），即甲作为该房地产的法定继承人之一，具有基于继承对该房地产享有继承权的资格和履行相关义务的资格，只不过其继承权因丧失而使他享有继承权的资格（权利能力）失去支撑而空挂。民事权利能力毕竟只是一种法律资格，享有这一资格并不等于实际取得民事权利[②]。在不动产登记实务中，凡享有财产权利的民事主体都具有申请登记为不动产物权权利主体的资格，但是，如果不参与民事法律关系，且不基于民事法律关系取得或创设不动产物权，从而实实在在享有此不动产物权，就不能成为登记簿上记载的不动产物权的权利主体，这种资格亦只能空挂。

尚未出生的胎儿是否具有民事权利能力呢？胎儿出生成为自然人前，没有生命，属于母体的一部分，按前述《民法典》第十三条规定，胎儿没有民事权利能力。

但是，《民法典》第十六条规定，涉及遗产继承、接受赠与等胎儿利益保护的，胎儿视为具有民事权利能力。但是，胎儿娩出时为死体的，其民事权利能力自始不存在。据此可知，在涉及继承、接受赠与（包括遗赠）或损害赔偿时，将胎儿当作已经出生的自然人对待，使其享有民事权利能力、具有民事主体资格[③]。《民法典》第一千一百五十五条规定，遗产分割时，应当保留胎儿的继承份额。胎儿娩出时是死体的，保留的份额按照法定继承办理。在司法实务中，《继承法司法解释》第四十五条规定，应为胎儿保留的遗产份额，没有保留的，应从继承人所继承的遗产中扣回。据此

[①] 王利民：《民法学》，复旦大学出版社2004年版，第48页。
[②] 梁慧星：《民法总论》，法律出版社2001年版，第64页。
[③] 梁慧星：《〈民法总则〉重要条文的理解与适用》，http://www.cssn.cn/，访问日期：2019年5月27日。

可知，将胎儿视为已出生的自然人，赋予了其在继承关系中的民事权利能力，但此胎儿的民事权利能力，仅指胎儿享有民事权利的资格，不得因此使胎儿继承民事义务[①]。笔者认为，继承和赠与产生时，其他继承人或遗产分配执行人为胎儿预留的遗产份额和胎儿的父母代胎儿接受的赠与，都是实实在在的利益，即给胎儿预留的遗产份额和代胎儿接受的赠与都是实实在在的民事权利，此情形下，民事权利能力与实实在在的民事权利形成了合一，是民事权利能力的一种特例。在不动产登记实务中，胎儿具备民事权利能力，且享有实实在在的民事权利，然而在其脱离母体前，虽然享有的权利为其预留，但他仍不具有在登记簿上记载的不动产物权权利主体的资格。如果胎儿脱离母体后是死体，则其民事权利能力终止，为其预留的遗产份额和代其接受的赠与物分别恢复到遗产预留、赠与发生前的状态，由其他继承人或遗产分配执行人按法定继承处理。

二、法人的民事权利能力

《民法典》第五十九条规定，法人的民事权利能力和民事行为能力，从法人成立时产生，到法人终止时消灭。据此可知，法人的民事权利能力是始于设立，终于终止，即法人在存续期间，依法享有民事权利和承担民事义务，且无论法人所处的地域、规模大小、行业等，凡法人，其民事权利能力未依法受限制前一律平等。

关于法人的权利能力，无论采取何种立法方式，均承认法人与自然人不同，其权利能力要受到各种限制，主要有自然性质的限制、法规的限制和法人目的的限制[②]。基于不动产登记实务，笔者主要介绍自然性质的限制、法规的限制。

1. 自然性质的限制

法人的权利能力在自然性质上的限制是相对于自然人而言的。在不动产登记实务中，法人的权利能力在自然性质上的限制主要体现在法人不具

---

① 梁慧星：《中国民法典草案建议稿附理由：总则编》，法律出版社2004年版，第25页。
② 梁慧星：《民法总论》，法律出版社2001年版，第134页。

备享有继承权的资格。

《民法典》第一千一百二十七条规定:"遗产按照下列顺序继承:(一)第一顺序:配偶、子女、父母;(二)第二顺序:兄弟姐妹、祖父母、外祖父母。继承开始后,由第一顺序继承人继承,第二顺序继承人不继承;没有第一顺序继承人继承的,由第二顺序继承人继承。本编所称子女,包括婚生子女、非婚生子女、养子女和有扶养关系的继子女。本编所称父母,包括生父母、养父母和有扶养关系的继父母。本编所称兄弟姐妹,包括同父母的兄弟姐妹、同父异母或者同母异父的兄弟姐妹、养兄弟姐妹、有扶养关系的继兄弟姐妹。"据此可知,享有继承权资格的是与被继承人有血缘关系和身份关系的自然人,换言之,法人不是自然人,不具备享有继承权的资格。在不动产登记实务中,法人不能因继承取得不动产物权而成为登记簿上记载的权利主体。那么,法人是否具备接受遗赠的资格呢?

《民法典》第一千一百三十三条第三款规定,自然人可以立遗嘱将个人财产赠与国家、集体或者法定继承人以外的组织、个人。笔者据此认为,一般情形下,代国家接受遗嘱赠与的是国家机关法人,代集体接受遗赠的是城镇集体经济组织法人、乡村集体经济组织法人。笔者甚至认为,立遗嘱人通过遗嘱将财产赠与他人,属于处分自己财产的法律行为,只要是其真实意思的表示,且不损害国家利益、集体利益或他人利益的,就应当受到法律的保护,即立遗嘱人通过遗嘱将其财产赠与普通法人或非法人组织的,也应当受到法律的保护。申言之,法人具备接受遗赠的资格。在不动产登记实务中,法人因接受遗赠取得不动产物权后,有资格成为登记簿上记载的该不动产物权的新的权利主体。

2. 法规的限制

(1)法人设立时的限制。

按《民法典》第七十五条第一款规定,设立人为设立法人从事的民事活动,其法律后果由法人承受。据此可知,在法人设立前,设立人以设立法人为目的参与民事活动时行使权利履行义务的后果由将来设立的法人承担。换言之，如前所述，法人的民事权利能力始于设立，终于终止。在法人设立前，法人没有民事权利能力，不具备享有民事权利、履行民事义务的资格，以设立法人为目的的民事活动只能由设立该法人的自然人、法人或非法人组织代为参与，代为行使权利履行义务并承担由此产生的后果。在法人设立后，此后果由法人从设立人处继受。如：张某系某股份有限公司设立时的发起人，发起人协议中授权张某负责办理未来设立的股份有限公司运营所需房屋事宜。张某按发起人协议的授权，从他人处购买了一幢写字楼并登记在其名下。该公司成立后，张某持不动产权属证书、市场质监管理机关出具的股份有限公司发起人证明、发起人协议等材料，申请将写字楼从张某名下登记到某股份有限公司的名下。

（2）法人清算时的限制。

《民法典》第七十二条第一款和第三款规定，清算期间法人存续，但是不得从事与清算无关的活动。清算结束并完成法人注销登记时，法人终止；依法不需要办理法人登记的，清算结束时，法人终止。据此可知，清算期间，法人并不消灭，仍然具有民事权利能力和民事行为能力。但在清算期间，法人只能进行与清算有关的活动。经登记成立的法人，在清算程序终结并自法人登记机关办理注销登记时起消灭。不经登记成立的法人自清算程序终结时起消灭。其中，法人的民事权利能力的体现是具有行使或履行与清算活动相关的权利、义务的资格，不具有行使或履行与清算活动无关的权利、义务的资格。换言之，清算期间，由清算组织以法人的名义行使权利履行义务。所谓清算活动，即清算职责，指依法了结法人解散时遗留的法律关系[1]。清算人之职务有三：① 了结现务；② 收取债权，清偿债务；③ 移交剩余财产[2]。如：一房地产开发公司被人民法院宣告破产，人民法院依法指定破产财产管理人，负责清算等善后事宜，代表该公司行使民事

---

[1] 梁慧星：《中国民法典草案建议稿附理由：总则编》，法律出版社2004年版，第115页。
[2] 梅仲协：《民法要义》，中国政法大学出版社2004年版，第71页。

权利，履行民事义务，对属于清算财产范围内的房地产进行处置，行使收取售房款的权利，履行移交房地产及协助办理房地产权属转移登记的义务。而不能出于经营的需要购置新的房地产并履行支付房款的义务，享受接管房地产并办理房地产权属转移登记的权利。对抵押给银行的房地产，则只能履行还款义务以注销该房地产上的抵押权后处分该房地产，或与银行达成协议，行使变现抵押房地产的权利，履行就抵押房地产变现款优先偿还银行贷款本息的义务，而不能与银行续签抵押贷款合同并办理抵押权登记。与不动产登记实务相关的清算活动，主要有清理法人现有的不动产，并代为完善权属登记手续，但登记簿上记载的不动产物权的权利主体仍然是法人。在因处置不动产产生的转移登记中，由清算组织代法人申请登记。

《民法典》第六十八条规定："有下列原因之一并依法完成清算、注销登记的，法人终止：（一）法人解散；（二）法人被宣告破产；（三）法律规定的其他原因。法人终止，法律、行政法规规定须经有关机关批准的，依照其规定。"该法第六十九条规定："有下列情形之一的，法人解散：（一）法人章程规定的存续期间届满或者法人章程规定的其他解散事由出现；（二）法人的权力机构决议解散；（三）因法人合并或者分立需要解散；（四）法人依法被吊销营业执照、登记证书，被责令关闭或者被撤销；（五）法律规定的其他情形。"据此可知，依法对法人进行清算的情形主要有：（一）法人章程规定的存续期间届满或者法人章程规定的其他解散事由出现；（二）法人的股东会、职工会等权力机构决议解散；（三）因法人合并或者分立需要解散原法人的，须对原法人进行清算；（四）法人依法被吊销营业执照、登记证书，被责令关闭或者被撤销；（五）法人被宣告破产；（六）法律规定的其他需要清算的情形。其中，第（一）至第（四）种情形属于法人解散产生清算的情形，第（五）种情形属于法人破产产生清算的情形。

《民法典》第七十条规定，法人解散的，除合并或者分立的情形外，清算义务人应当及时组成清算组进行清算。法人的董事、理事等执行机构或者决策机构的成员为清算义务人。法律、行政法规另有规定的，依照其规定。清算义务人未及时履行清算义务，造成损害的，应当承担民事责任；

主管机关或者利害关系人可以申请人民法院指定有关人员组成清算组进行清算。据此可知，法人因解散清算时，除合并或者分立的情形外，首先由法人自行组织清算，清算由法人的董事、理事等执行机构或者决策机构的成员等清算义务人负责，清算组成立的证明为以法人名义做出的以清算组成立及清算组负责人为主要内容的文件；法人不自行组织清算的，其主管机关或利害关系人可以申请人民法院指定的清算组进行清算，清算组成立的证明为人民法院指定成立清算组的文件。法人合并或分立的情形下，如果是基于法人或法人间的意思表示产生的合并或分立，属于法人自身的原因产生清算，清算由法人自行组织，清算组成立的证明为以法人名义做出的以清算组成立及清算组负责人为主要内容的文件；如果是基于法人的上级组织或主管部门的意思表示产生的合并或分立，则不属于法人自身的原因产生清算，清算由法人的上级组织或主管部门组织，清算组成立的证明为法人的上级组织或主管部门指定成立清算组及清算组负责人的文件。

《企业破产法》第十三条规定，人民法院裁定受理破产申请的，应当同时指定管理人。该法第二十四条第一款规定，管理人可以由有关部门、机构的人员组成的清算组或者依法设立的律师事务所、会计师事务所、破产清算事务所等社会中介机构担任。该法第二十五条第一款规定："管理人履行下列职责：（一）接管债务人的财产、印章和账簿、文书等资料；（二）调查债务人财产状况，制作财产状况报告；（三）决定债务人的内部管理事务；（四）决定债务人的日常开支和其他必要开支；（五）在第一次债权人会议召开之前，决定继续或者停止债务人的营业；（六）管理和处分债务人的财产；（七）代表债务人参加诉讼、仲裁或者其他法律程序；（八）提议召开债权人会议；（九）人民法院认为管理人应当履行的其他职责。"据此可知，在需要对破产企业进行清算的情形下，清算由人民法院指定的破产财产管理人负责。破产财产管理人成立的证明为人民法院指定成立破产财产管理人的文件。

三、非法人组织的民事权利能力

《民法典》第一百零二条规定,非法人组织是不具有法人资格,但是能够依法以自己的名义从事民事活动的组织。非法人组织包括个人独资企业、合伙企业、不具有法人资格的专业服务机构等。该法第一百零三条规定,非法人组织应当依照法律的规定登记。设立非法人组织,法律、行政法规规定须经有关机关批准的,依照其规定。据此可知,非法人组织,是指个人独资企业、合伙企业等不具有法人资格,但是能够依法以自己的名义从事民事活动的组织。依法设立的非法人组织须持有相关登记机关的登记证明或准予设立的批文。按《民法典》第五十九条规定,非法人组织的民事权利能力同法人一样,始于设立,终于消灭,非法人组织存续期间其民事权利能力不受限制时一律平等。笔者认为,非法人组织的民事权利能力的限制,应同法人一致,即受自然性质的限制和法规的限制。

第三节 民事行为能力

一、自然人的民事行为能力

《民法典》第十八条第一款规定,成年人为完全民事行为能力人,可以独立实施民事法律行为。该法第一百三十三条规定,民事法律行为是民事主体通过意思表示设立、变更、终止民事法律关系的行为。据此可知,民事行为能力,是指民事主体据以独立参加民事法律关系,实施民事法律行为,为自己设立或取得民事权利,同时承担相应的民事义务的资格。其中,权利处于民事法律关系中的核心地位[①]。

民事行为能力与民事权利能力虽同为民法规范中的法律资格,但它们有质的区别,民事权利能力是民事主体能够或可以享有民事权利和履行民事义务的资格,是一种静态的与民事主体(自然人)同生死的资格。民事权利能力是民事行为能力存在的前提。民事行为能力是民事主体独立为自

---

① 王利明:《民法学》,复旦大学出版社2004年版,第29页。

己争取民事权利或履行民事义务的资格,是民事主体存续期间的某一时段内享有的一种动态的资格。如:按《民法典》第十七条至第二十二条规定,某自然人在八周岁以前无民事行为能力,八周岁至十八周岁时有受限制的民事行为能力,十八周岁后有完全的民事行为能力(十六周岁以上不满十八周岁的自然人,以自己的劳动收入为主要来源的,视为具有完全民事行为能力的人)。再如:某人在成年后患上了间歇性精神病,在患病前有民事行为能力,发病期间则无民事行为能力,不发病时又有民事行为能力。民事权利能力则无论自然人是成年人还是未成年人,身体状况和精神状况是否正常,能否辨识自己的行为,均始于生,终于死。民事行为能力是判断民事主体实施的民事法律行为是否有效的标准,是民事权利能力落到实处并具体化的重要保障。概言之,有民事权利能力者不一定有民事行为能力,有民事行为能力者则一定有民事权利能力。如:某年仅七岁的儿童,在父母的带领下,到一房地产公司用外祖父赠与的金钱购买一商业门市,此时,基于他有民事权利能力,具备成为因国有建设用地使用权及房屋所有权转移登记而建立的商品房买卖合同关系主体的资格,即具有成为登记簿上记载的国有建设用地使用权权利主体、房屋所有权权利主体的资格,但该儿童不具有民事行为能力,无独立参与商品房买卖合同签定、支付房款、在房屋竣工交付后接管房屋,并与房地产公司一起申请国有建设用地使用权及房屋所有权转移登记的资格。再如:某成年人通过拍卖取得一宗地的土地承包经营权及地上林木所有权,在权利存续期间,该人因受其他投资失败的刺激精神失常,经法院判决认定其为无民事行为能力人,指定他的长子为其监护人,该人因民事权利能力不丧失,仍然可以是登记簿上记载的土地承包经营权及地上林木所有权的权利主体,但他无民事行为能力,土地承包经营权及地上林木所有权由其长子代为行使,同时代为承担相应的义务。

如前所述,民事法律行为强调的是民事主体可否独立参与民事法律关系,实施民事法律行为,为自己争取权利,同时承担相应的义务。其中的独立,笔者认为,是指实施民事法律行为的民事主体,无须他人的辅助、

第二章　民事主体

支持，完全以自己的意思表示而进行民事法律行为，从而取得或设立相应的民事权利，履行相应的民事义务，承担相应的民事责任。但作为民事主体的自然人，其意思表示是与其生长发育、精神健康状况、所处的生活环境、受教育程度等紧密联系的。如：儿童的意思表示天真、幼稚，成年的意思表示则较成熟、理性，精神病人的意思表示则是零乱的、不确定的。因此，民事主体的意思表示是否成熟、确定，或者说民事主体是否具有判断力成为民事行为能力有无的标志。意思能力之有无，是事实问题，应当就各个具体的法律行为，考虑行为人的年龄、智力及精神状态而决定之，本不应有统一的标准。但这在实践上难以彻底贯彻，否则将影响交易活动的正常进行，并增加许多法律程序和手续。因此，民法典采取变通办法，以达到一定年龄且精神正常为标准，规定那些自然人具有意思能力，因而具有民事行为能力；其余则不具有意思能力，因而不具有民事行为能力[①]。按《民法典》第十七条至第二十二条规定：十八周岁以上的自然人，即成年人，具有完全民事行为能力；十六周岁以上十八周岁以下有独立生活来源的人，视为有完全民事行为能力的人；八周岁以上的未成年人及不能完全辨认自己行为的成年人是限制民事行为能力的人；八周岁以下的儿童及不能辨认自己行为的成年人是无民事行为能力的人。

民事行为能力的状况直接决定民事主体实施民事法律行为效力的有无，从而决定其能否取得或设定权利和履行义务。按《民法典》第十七条至第二十二条规定：具有完全民事行为能力的人，可独立参与各项民事活动，实施民事法律行为；限制民事行为能力的人，则只能从事与其年龄、智力、精神健康状况相适应的民事活动，或实施纯获利益的民事法律行为；无民事行为能力的人则只能由其监护人（法定代理人）代为从事民事活动。《民法典》第一百四十五条第一款规定，限制民事行为能力人实施的纯获利益的民事法律行为或者与其年龄、智力、精神健康状况相适应的民事法律行为有效；实施的其他民事法律行为经法定代理人同意或者追认后有效。

[①] 梁慧星：《中国民法典草案建议稿附理由：总则编》，法律出版社2004年版，第44页。

笔者据此认为，限制民事行为能力的人从事的与其年龄、智力、精神健康状况相适应的活动只能是与其日常生活相关的活动，与不动产登记相关的权利设立、变更、转移、消灭等重大而负有义务的民事活动则不能独立参加，应由其监护人（法定代理人）代为参加。如果限制民事行为能力人独立参与了不动产权利设立合同、转让合同、抵押合同等合同、协议签订的，属于效力待定合同，若事后得到其监护人（法定代理人）的认可，则该合同、协议有效，否则无效。而限制民事行为能力人独立参与的纯获利益且不负义务的不动产权利继承、分割、赠与等活动签定的合同、协议则无须其监护人（法定代理人）认可而直接有效。具体到不动产登记实务中，登记机构应当注意的情形主要有：

（1）登记机构办理负有义务的不动产权利转让、抵押等产生的转移登记、抵押权登记时，如果转让人、抵押人是限制民事行为能力人，必须查验相关的合同、协议上是否有监护人的签名，若无，嘱其签署，且收存其监护人的有效身份证明、监护人资格证明等材料，否则，其参与转让、抵押等民事活动形成的合同、协议因处于效力待定状态而不能作为办理不动产转移登记、抵押权登记的证据材料。

（2）登记机构办理不承担义务而纯获利益的房屋继承、赠与等产生的转移登记时，限制民事行为能力人签定的合同、协议，登记机构可直接用作转移登记的证据材料，不必要求其监护人签字认可，否则，在工作中会引起不必要的纠纷。

（3）无民事行为能力人只能由其监护人（法定代理人）代为参与与不动产权利设立、变更、转移、消灭相关的活动，否则，在这些活动中形成的合同、协议，登记机构不得用作办理不动产登记的证据材料。

（4）在不动产登记实务中，《不动产登记暂行条例实施细则》第十一条第一款规定，无民事行为能力人、限制民事行为能力人申请不动产登记的，应当由其监护人代为申请。据此可知，限制民事行为能力人和无民事行为能力人，只能由他的监护人持合同、协议等材料代为申请不动产登记，这是行政程序法上的要求。其中，十六周岁以上十八周岁以下的人能否独立申请不动产登记,关键看其是否已经合法就业,评价标准是其能否提供人事劳动部门备案的聘用合同,或者市场质监机关为其核发的营业执照,也可以是其缴纳个人所得税的凭证或缴纳社会保险金的凭证等。

二、法人的民事行为能力

《民法典》第五十七条规定,法人是具有民事权利能力和民事行为能力,依法独立享有民事权利和承担民事义务的组织。该法第五十九条规定,法人的民事权利能力和民事行为能力,从法人成立时产生,到法人终止时消灭。可见,有民事权利能力的法人同时具有与之相适应的民事行为能力,此与之相适应的民事行为能力是完全的民事行为能力。因此,一般情形下,法人参与民事活动形成的有效的合同、协议等材料,登记机构应当直接用作办理登记的证据材料。

但是,《民法典》第七十二条第一款和第三款规定,清算期间法人存续,但是不得从事与清算无关的活动。清算结束并完成法人注销登记时,法人终止;依法不需要办理法人登记的,清算结束时,法人终止。据此可知,清算期间,法人并不消灭,仍然具有民事权利能力和民事行为能力。在清算期间,法人只能实施与清算有关的民事法律行为。因此,清算期间,法人申请不动产登记时,提交的其在民事活动中形成的合同、协议,只能是因转让现有不动产、了结与其不动产相关的法律关系(如:用作抵押权注销登记的贷款结清证明等)的合同、协议,否则,登记机构不能用作办理不动产登记的证据材料。

具体到不动产登记实务中,法人是适格的不动产登记申请人,但清算期间,由其清算组织代为申请不动产登记。

三、非法人组织的民事行为能力

《民法典》第一百零八条规定,非法人组织除适用本章规定外,参照适用本编第三章第一节的有关规定。"本编第三章第一节"是指《民法典》第一编第三章第一节,《民法典》第一编第三章第一节中的第五十九条规定,法人的民事权利能力和民事行为能力,从法人成立时产生,到法人终止时消灭。《民法典》第一编第三章第一节中的第七十二条第一款和第三款规定,清算期间法人存续,但是不得从事与清算无关的活动。清算结束并完成法人注销登记时,法人终止;依法不需要办理法人登记的,清算结束时,法人终止。据此可知,非法人组织具有与其权利能力相适应的民事行为能力,且是完全的民事行为能力。非法人组织的民事行为能力亦起于设立,失于终止。具体到不动产登记实务中,一般情形下,非法人组织参与民事活动形成的有效的合同、协议等材料,登记机构可以直接用作办理不动产登记的证据材料。清算期间,非法人组织申请不动产登记时,提交的合同、协议,只能是因转让现有不动产、了结与其不动产相关的法律关系(如:用作抵押权注销登记的贷款结清证明等)的合同、协议,否则,登记机构不得用作办理不动产登记的证据材料。

非法人组织也是适格的不动产登记申请人,但清算期间,由其清算组织代为申请不动产登记。

第四节 民事责任能力

《民法典》第一百七十六条规定,民事主体依照法律规定或者按照当事人约定,履行民事义务,承担民事责任。据此可知,民事主体如果按照法律的规定或者当事人间的约定,充分履行其义务,使对方当事人的权利实现或利益得到充分保障,自无可言,否则,应当承担相应的民事法律后果,此法律后果即民事法律责任,简称民事责任。民事责任,是指民事主体独立承担不按法律规定或当事人约定履行其义务而使他人权益受到损害造成的法律后果。申言之,民事责任能力,是指民事主体独立承担不按法律规定或当事人约定履行其义务而使他人权益受到损害造成的法律后果的法律资格。如:甲将房屋转让给乙,按双方约定,乙在给付房款后,甲应向乙移交房屋并协助乙办理转移登记手续。甲在收到房款后,因市场行情变化,

第二章 民事主体

房价暴涨，甲反悔，以种种理由拒绝移交房屋并协助乙办理转移登记手续，此时的甲，违反彼此约定的向乙移交房屋并协助乙办理转移登记手续的义务，使乙取得房屋所有权的权利无法实现，甲是适格的违约责任承担者。再如：A和B，同为一宗海域使用权的法定继承人，B从小在外地求学就业。按《民法典》第一千一百五十条规定，继承开始后，知道被继承人死亡的A应当及时通知同为继承人的B，但A故意隐瞒了B的存在，以唯一继承人的身份办理了转移登记手续，B发现后，向法院提起了诉讼，此时的A，违反了法定的通知B的义务，侵犯B基于继承对海域使用权享有的权利，是适格的侵权责任承担者。

《民法典》第七十四条第二款规定，分支机构以自己的名义从事民事活动，产生的民事责任由法人承担；也可以先以该分支机构管理的财产承担，不足以承担的，由法人承担。据此可知，分支机构以其名义从事民事活动产生的民事责任，由设立该分支机构的法人承担，或先行以分支机构管理的法人的财产承担，即法人或非法人组织的分支机构没有承担民事责任的资格，换言之，法人或非法人组织的分支机构没有民事责任能力。但是，民事主体的民事责任能力有无的判定标准，法律没有规定。虽然《民法典》第一百七十六条规定，民事主体依照法律规定或者按照当事人约定，履行民事义务，承担民事责任。该法第二百三十八条规定，侵害物权，造成权利人损害的，权利人可以依法请求损害赔偿，也可以依法请求承担其他民事责任。但笔者认为，这些规定仅是对民事主体应承担的民事责任的范围的规定，不是对民事主体的民事责任能力的规定。民事责任能力是民事主体承担参与民事活动引起的不利法律后果的法律资格，即是否是适格的民事责任的承担者。有学者认为，承担法律责任需要一定的认识判断能力。责任能力认识力的有无，应当就个案具体判断之[①]。即民事主体是否具有民事责任能力，就个案而言，民事主体实施行为时有认识判断力，则具有民事责任能力，否则，无民事责任能力。也有学者认为，以民事行为能力

[①] 王利民：《民法学》，复旦大学出版社2004年版，第52页。

之有无,作为判断民事责任能力之依据,实有利于实务及对他人和社会利益之保护[①]。笔者对此不以为然,民事责任能力是一种承担法律后果的资格,而民事行为能力是具体落实应承担的法律后果的资格,为承担法律后果提供具体的物质保障,两者是完全不同的概念。笔者认为,凡民事主体都应当具有民事责任能力。如:5岁的小学生A,其父母在外出经商途中因车祸双亡,A依法继承父母遗留的商业铺面两间,但此两间铺面已向银行作抵押贷款,且还款期限已过,按《民法典》的相关规定,如果A继承这两间商业铺面的所有权,则A是逾期未还贷款的不利法律后果的承担者,即A是逾期未还贷款的民事责任的承担者,换言之,A有民事责任能力。但实际的还款义务及还款过程,即民事责任的履行无须A完成,由其监护人代为完成。概言之,民事责任能力是承担民事责任的前提,承担民事责任是民事责任能力的具体体现。

笔者认为,法人具有民事权利能力和民事行为能力,顺理成章地具有民事责任能力。

关于非法人组织的民事责任能力,笔者认为,非法人组织具有民事责任能力,关于责任的实际履行,按《合伙企业法》《个人独资企业法》等单行法律的规定处理。如:《个人独资企业法》第二十八条规定,独资企业解散后,原投资人对个人独资企业存续期间的债务仍应承担偿还责任,但债权人在五年内未向债务人提出偿债请求的,该责任消灭。

具体到不动产登记实务中,登记机构办理无民事行为能力人、限制民事行为能力人、非法人组织申请的设立、变更、转移、消灭不动产物权产生的登记时,要查验相关合同或协议是否将他们作为当事人,否则,应让其监护人或代理人补齐相关手续后方能作为登记的证据材料,这样才能确立他们的民事责任能力的主体地位,确保用作不动产登记要件的合同、协议合法、有效。合同、协议上的主体是无民事行为能力或限制民事行为能力人时,还须收存其监护人或代理人的身份证明及其享有监护权、代理权的证明。

---

① 王国征:《中国民法原理》,山东人民出版社2004年版,第38页。

第三章 民事法律行为和代理

第一节 民事法律行为

一、民事法律行为的定义

《民法典》第一百三十三条规定，民事法律行为是民事主体通过意思表示设立、变更、终止民事法律关系的行为。据此可知，民事法律行为，是指民事主体根据自己的意思表示，设立、变更和消灭民事法律关系以达到相应法律效果的行为。简言之，民事法律行为是民事主体为达到一定目的而有意为之的行为。在不动产登记实务中，民事法律行为是不动产物权设立、变更、转移和消灭的原因行为，通过民事法律行为产生的文件资料是登记机构办理不动产物权登记的重要证据材料。

所谓意思表示，是表意人将其期望发生某种法律效果的内在意图以一定方式表现于外部的过程[①]。与不动产物权相关的意思表示，则是表意人将其以设立、变更、转移和消灭不动产物权为目的的意思表现在外部。如：某人欲出卖其房屋，他或是张贴出卖广告，或是委托中介机构出卖，即将其出卖房屋所有权及房屋占用范围内（或分摊）的国有建设用地使用权的意思表示于外部。再如：债务履行期间届满后，债务人没有履行还本付息义务，债务人向债权人（抵押权人）请求延长债务履行期间，债权人（抵押权人）也愿意，双方签订了以延长债务履行期间为主要内容的抵押权变更协议，此即民事主体将变更抵押权的意思表示于外部并达成一致产生的效果。又如：某人因种种原因，欲抛弃其享有的对邻地的观瞻地役权，向供役地人出具抛弃地役权的书面声明，就是将其消灭地役权的意思表示于

---

① 彭万林：《民法学》，中国政法大学出版社2002年版，第112页。

外部的方式。故有学者将因法律行为产生的物权变动，称为根据当事人的意思表示的物权变动①。所谓物权的变动，是指物权的设立、变更、转让和消灭②。

所谓法律效果，是通过法律行为的实施而要达到的目的，主要表现为民事权利和民事义务的设立（发生）、变更和终止（消灭）③。与不动产物权相关的法律效果就是民事主体因法律行为达到设立、变更、转移和消灭不动产物权的目的。如：抵押人与抵押权人签订抵押合同的目的，就是要达到设立抵押权以保障抵押权人（债权人）的债权实现的法律效果。如前所述，某人将出卖房屋所有权的意思表示于外部，就是要达到将其房屋所有权及房屋占用范围内（或分摊）的国有建设用地使用权转移给买方的法律效果；抵押人和抵押权人（债权人）签订以延长债务履行期间为主要内容的抵押权变更协议，将变更抵押权的意思表示于外部，就是要达到变更抵押权内容之债务履行期间的法律效果；地役权人向供役地人出具抛弃地役权的书面声明，将其消灭地役权的意思表示于外部，就是要达到消灭其享有的地役权的法律效果。

在不动产登记实务中，与不动产物权相关的民事法律行为主要有：为设立、变更、转移和消灭不动产物权而实施的买卖、赠与、遗嘱、分立或合并、投资入股、作价联营（合作）、抵押、放弃等。基于这些民事法律行为产生的书面材料是登记机构办理不动产物权登记时应当收取的登记原因证明材料或不动产权属来源材料。

二、民事法律行为的实施方式

《民法典》第一百三十五条规定，民事法律行为可以采用书面形式、口头形式或者其他形式；法律、行政法规规定或者当事人约定采用特定形式的，应当采用特定形式。据此可知，民事法律行为的实施方式：一是书面

---

① 孙宪忠：《中国物权法原理》，法律出版社2004年版，第190页。
② 王利民、尹飞、程啸：《中国物权法教程》，人民法院出版社2007年版，第70页。
③ 谢怀栻：《民法总则讲要》，北京大学出版社2007年版，第126页。

形式；二是口头形式；三是法律、行政法规规定或者当事人约定采用的特定形式；四是其他形式。在不动产登记实务中，与不动产物权相关的法律行为的具体实施，主要有以下形式：

1. 书面合同的形式

法律层面上，《房地产管理法》第四十一条规定，房地产转让，应当签订书面转让合同，合同中应当载明土地使用权取得的方式。该法第五十条规定，房地产抵押，抵押人和抵押权人应当签订书面抵押合同。《民法典》第三百五十四条规定，建设用地使用权转让、互换、出资、赠与或者抵押的，当事人应当采用书面形式订立相应的合同。据此可知，法律的这些规定表明，房地产权利的转让、互换、出资、赠与或者抵押行为的实施，书面合同的签订是必要环节。在不动产登记实务中，按《不动产登记操作规范（试行）》1.8.2.2 条规定，申请材料形式应当为纸质介质。据此可知，不动产登记申请材料应当为书面材料。因此，基于转让、互换、出资、赠与或者抵押等民事法律行为产生的书面合同是当事人申请不动产登记的权利来源证明材料或原因证明材料，更是登记机构查验的重点。

2. 委托的形式

《民法典》第一百六十一条第一款规定，民事主体可以通过代理人实施民事法律行为。据此可知，民事主体可以通过委托代理人的方式代其实施民事法律行为。如：甲在外务工，书面委托乙代其在家乡购买住房一处，代为订立购房合同并代为办理房地产转移登记手续。再如：A 因忙于业务，需贷款用作流动资金，书面委托其朋友 B 代为订立海域使用权抵押合同并办理抵押权登记手续。在不动产登记实务中，委托书和委托人代为实施的不动产转让、互换、出资、赠与或者抵押等民事法律行为产生的书面材料，是登记机构办理相关不动产登记时应当收取的要件，登记机构据此审核申请登记的不动产权利的设立、变更、转移和消灭是否合法。

3. 有权机构的确认

有权机构按照法定程序对民事主体意思表示的真实性和合法性予以确认，也是民事主体实施法律行为的方式之一。在不动产登记实务中，有权机构对民事主体实施的民事法律行为的确认方式主要有以下四种：

（1）人民法院、仲裁机构生效的法律文书。

按《民法典》第一百四十七条规定，基于重大误解实施的民事法律行为，行为人有权请求人民法院或者仲裁机构予以撤销。该法第一百四十八条规定，一方以欺诈手段，使对方在违背真实意思的情况下实施的民事法律行为，受欺诈方有权请求人民法院或者仲裁机构予以撤销。该法第一百四十九条规定，第三人实施欺诈行为，使一方在违背真实意思的情况下实施的民事法律行为，对方知道或者应当知道该欺诈行为的，受欺诈方有权请求人民法院或者仲裁机构予以撤销。该法第一百五十条规定，一方或者第三人以胁迫手段，使对方在违背真实意思的情况下实施的民事法律行为，受胁迫方有权请求人民法院或者仲裁机构予以撤销。该法第一百五十一条规定，一方利用对方处于危困状态、缺乏判断能力等情形，致使民事法律行为成立时显失公平的，受损害方有权请求人民法院或者仲裁机构予以撤销。据此可知，民事主体实施的民事法律行为具备前述法定的撤销情形的，相关当事人可以诉请人民法院或申请仲裁机构撤销。申言之，民事主体就其实施的民事法律行为产生争执时，可以诉请人民法院或申请仲裁机构以生效的法律文书的方式确认对其予以维持或撤销。人民法院维持或撤销民事法律行为的生效法律文书主要有民事判决书、裁定书。仲裁机构维持或撤销民事法律行为的生效法律文书主要有仲裁裁决书。

（2）国家机关的确认批文。

按《境内机构对外担保管理办法》第二条规定，对外抵押担保，是指中国境内机构以其可以依法抵押的财产，抵押给境外机构或境内的外资机构，作为自己或他人履行债务的担保。该办法第三条规定，中国人民银行授权国家外汇管理局及其分、支局为对外担保的管理机关，负责对外担保的审批、管理和登记。《个人外汇管理办法》第二十一条规定，境内个人向境外提供贷款、借用外债、提供对外担保和直接参与境外商品期货和金融衍生产品交易，应当符合有关规定并到外汇局办理相应登记手续。据此可知，境内机构、自然人以其可以依法抵押的财产抵押给境外机构、境内的外资机构、外籍人士作为债务履行担保的，应当经国家外汇管理机关批准或登记。在司法实务中，《担保法司法解释》第六条第（一）项和第（二）项规定，未经国家有关主管部门批准或者登记对外担保的，或者未经国家有关主管部门批准或者登记，为境外机构向境内债权人提供担保的，对外担保合同无效。据此可知，未经国家外汇管理机关批准的，境内机构、自然人以其可以依法抵押的财产抵押给境外机构、境内的外资机构或外籍人士作为债务履行担保的，或者境内机构、自然人以其可以依法抵押的财产担保境外债务履行而抵押给境内机构的，对外担保合同无效。概言之，未经国家外汇管理机关批准确认的涉外担保合同无效。在不动产登记实务中，无效的担保合同，登记机构不得用作办理抵押权登记的证据材料。申言之，按法律、行政法规、行政规章的规定，民事法律行为中形成的书面材料需要经过国家机关的批准或确认的，登记机构才可以用作办理相关登记的证据材料。

（3）公证机构的公证文书。

《公证法》第二条规定，公证是公证机构根据自然人、法人或者其他组织的申请，依照法定程序对民事法律行为、有法律意义的事实和文书的真实性、合法性予以证明的活动。据此可知，公证是对民事法律行为的合法性、真实性予以确认（证明）的行为，但公证因申请人的申请启动，即公证属于民事主体自愿的行为，登记机构不得强制要求。在不动产登记实务中，公证机构对实施不动产转让、互换、出资、赠与或者抵押等民事法律行为的公证，一般都是基于当事人间的约定或法律、行政法规的规定。

（4）拍卖机构的拍卖成交确认书。

不动产拍卖虽然也是一种买卖行为，但有别于民事主体间经过自由协商完成的买卖。经过自由协商完成的买卖，买卖双方签订买卖合同作为成交证据。如：《房地产管理法》第四十一条规定，房地产转让，应当签订书面转让合同，合同中应当载明土地使用权取得的方式。《民法典》第三百五十四条规定，建设用地使用权转让、互换、出资、赠与或者抵押的，当事人应当采用书面形式订立相应的合同。而不动产拍卖成交，则由实施拍卖的拍卖公司与买受人签订拍卖成交确认书作为成交证据，即《拍卖法》第五十二条规定"拍卖成交后，买受人和拍卖人应当签署成交确认书"，该法第五十五条规定"拍卖标的需要依法办理证照变更、产权过户手续的，委托人、买受人应当持拍卖人出具的成交证明和有关材料，向有关行政管理机关办理手续"。据此可知，拍卖成交确认书是因普通拍卖产生的不动产物权转移的基础法律关系，是拍卖机构依法对其主持的买卖关系予以确认的凭证，也是登记机构办理该类转移登记时应当收取的不动产物权的权属来源证据材料。

4. 沉默方式

沉默方式主要出现在不动产物权的继承和遗赠关系中。《民法典》第一千一百二十四条规定，继承开始后，继承人放弃继承的，应当在遗产处理前，以书面形式作出放弃继承的表示；没有表示的，视为接受继承。受遗赠人应当在知道受遗赠后六十日内，作出接受或者放弃受遗赠的表示；到期没有表示的，视为放弃受遗赠。据此可知，沉默是作出接受不动产物权继承的法律行为方式，也是不接受不动产物权遗赠的法律行为方式。

三、法律行为的分类

根据不同的分类标准，民事法律行为有不同的划分类型。与不动产登记实务相关的民事法律行为的分类标准主要有以下六种。

1. 按法律行为成立时意思表示的数量，划分为单方法律行为、双方法律行为和多方法律行为

（1）单方法律行为。

单方法律行为，是指仅由一个意思表示或一方意思表示即成立的法律行为。作出意思表示的可以是多人，但只能是一个意思表示，或者说是一

方的意思表示。单方法律行为,可以完全没有相对人,即使是有相对人的情形,单方法律行为的效力仍然只来源于当事人的意思表示而与相对人无关[1]。与不动产登记实务相关的单方法律行为主要有:指定由某人或某些人继承不动产物权的遗嘱;将不动产物权赠与某人或某些人、国家、集体的赠与书;放弃继承不动产物权的声明;放弃自己享有的不动产物权的声明或说明、委托他人代自己办理不动产登记事宜的委托书;限制行为能力人的法定代理人(监护人)追认其处分(买卖、赠与、抵押等)不动产物权的行为;法人或非法人组织的清算义务人做出的清算组成立决定等。

(2)双方法律行为。

双方法律行为,是指在两个不同内容的意思表示的基础上达成一致而构成的法律行为,或者说由双方意思表示达成一致形成的法律行为。所谓达成一致,是指相互接受对方的意思表示后,指向一个方向,为了一个目的。最典型的双方法律行为是合同行为。如:甲向乙表示要卖房,乙向甲表示要买房,甲接受乙报出的买价,乙接受甲出卖的房屋,双方即接受了对方的意思表示而达成一致。再如:张三通过"四荒"拍卖取得一处土地承包经营权及地上林木所有权,欲取得资金做进一步发展经营,向李四表示欲向其借款,李四向张三表示可以借款给他,但需要他用土地承包经营权及地上林木所有权做还款抵押担保,张三同意用土地承包经营权及地上林木所有权做还款抵押担保,张三、李四借款及抵押担保的意思表示达成一致。与不动产物权相关的双方法律行为主要有:不动产物权买卖、互换;以不动产物权作价入股、合伙、联营;夫妻对不动产物权共有或独有的约定;不动产抵押等。

(3)多方法律行为。

多方法律行为,是指由两个以上(不包括两个)一致的意思表示构成的法律行为。与不动产登记实务相关的多方法律行为主要有:两个以上(不包括两个)的共有人对共有的不动产作分割的决定;委托贷款人、受托人、

---

[1] 王利明:《民法学》,复旦大学出版社2004年版,第73页。

借款人共同签订的作为抵押权登记主合同的委托贷款合同；债权人、债务人、债务代偿人共同签订的作为抵押权注销登记证据的债务代偿合同；合法经营的经纪公司、买方、卖方共同签订的作为转移登记证据的不动产买卖合同等。

在不动产登记实务中，登记人员通过申请人提交的用作相关登记要件的不动产权属证书、不动产登记证明或查阅登记簿的记载，以判定设立、变更、转移和注销不动产物权的行为应当是单方法律行为，还是双方法律行为，或是多方法律行为，从而确定登记申请的申请人是否适格，申请人应当提交的登记申请资料是否齐全，并据此查验不动产物权的权属是否清晰，设立、变更、转移和注销不动产物权的行为是否合法等。

2. 按法律行为的效力由意思作出人生存或死亡的事实决定，划分为生前行为和死后行为

（1）生前行为。

生前行为，是指意思作出人在世时作出且已经发生法律效力的行为。如：某人生前对其有处分权的不动产作出的转让、抵押、放弃权利等处分。一般情形下，生前行为是指有生命的自然人作出并生效的民事法律行为。但笔者认为，法人或非法人组织在合法存续期间，也可以视为其具有生命，该法人或非法人组织在合法存续期间对其有处分权的不动产作出的转让、抵押等各种处分，也可以视为其生前行为。

（2）死后行为。

死后行为，是相对于生前行为而言的，是指以意思表达人的死亡为生效要件的法律行为。如：自然人生前立下遗嘱，明确在其死亡后，其享有的不动产物权由谁继承或赠与某人、某法人、某非法人组织。死后行为是指有生命的自然人作出的但自其死亡时起生效的民事法律行为。笔者认为法人及非法人组织没有"死后行为"，因为它们因歇业、破产、被撤销等原因而解散时，都要依法成立清算组织，依法对其债权债务进行清算。所谓清算，是指在法人消灭时，由依法成立的清算组织依据其职权清理并消灭法人的全部财产关系①，清算终结后，即所有财产关系消灭后，法人及非法人组织才能办理注销登记而灭失②，即"死亡"。即使清算终结时，清算报告中关于剩余财产的处置，也是在法人及非法人组织因注销而"死亡"前就生效的。

在不动产登记实务中，登记人员通过申请人提交的登记申请材料中的当事人的身份证明、死亡证明（注销证明）、处分不动产的证明等，可以判定其对不动产的处分是生前行为，还是死后行为。是生前行为的，按买卖、交换、赠与、抵押、放弃等产生的相关登记程序处理；是死后行为的，则按继承、遗赠产生的转移登记程序处理，确保不动产登记程序合法、准确。另外，一般情形下，生前行为产生的登记，须由相关当事人共同申请；死后行为产生的登记，则由权利取得人单方申请。

值得讨论的是自然人生前作出赠与他人不动产的行为，如赠与他人不动产的赠与书，但没有完成因赠与产生的转移登记，赠与人死亡后，该赠与书可否自动转化为遗赠遗嘱？笔者认为，虽然赠与书、遗赠遗嘱都是单方法律行为，但赠与书是在赠与人生前作出赠与意思表示时起就已经生效的法律行为，即赠与书属于生前行为。遗赠遗嘱则是以立遗嘱人的死亡为生效条件的法律行为，属于死后行为。如前所述，生前行为、死后行为属于两种不同的民事法律行为，因此，作为生前行为的赠与书，在赠与人死亡后，不能转化为遗赠遗嘱。

3. 按法律行为的效果，划分为物权行为和债权行为

（1）物权行为。

物权行为，是指引起物权关系发生、变更和终止的法律行为③。在不动产登记实务中，物权行为主要有：权利人分割或合并不动产的行为；权利人放弃不动产物权的行为；继承人分割作为遗产的不动产的行为；不动产

---

① 彭成林：《民法学》，中国政法大学出版社2002年版，第94页。
② 参见《合伙企业法》第四章"合伙企业解散、清算"，《公司法》第八章"公司破产、解散和清算"。
③ 彭万林：《民法学》，中国政法大学出版社2002年版，第114页。

物权共有人变更共有性质的行为等。如：登记在某人名下的一幢房屋中有10套住宅，该人决定按套对其进行分割。再如：张三、张四、张五共同共有一处海域使用权及海域内的构筑物所有权，三人签订共有性质变更协议，将共同共有变更为按份共有，其中，张三占40%份额，张四和张五各占30%份额。又如：甲、乙、丙同为一处土地承包经营权及地上林木所有权的继承人，三人签订遗产分割协议，等额分割该处土地承包经营权及地上林木所有权等。

（2）债权行为。

债权行为，是指引起债权关系发生、变更和终止的法律行为[①]。与不动产物权相关的债权行为主要有：因设立、变更、转移、消灭不动产物权而订立的合同、协议；委托他人代为办理不动产登记而订立的委托合同等。如：在司法实务中，四川省广汉市人民法院在"于某库诉董某斌、董某珍房屋买卖纠纷案"中认为"在房屋买卖协议成立后，房产所有权转移前，双方当事人依协议建立的债权债务关系依然存在"，因此判决"原告于某库与被告董某斌、董某珍订立的房屋买卖协议依法成立"。此判决得到了终审法院四川省德阳市中级人民法院的维持[②]。质言之，以取得房屋所有权为目的的债权行为成立。

在不动产登记实务中，物权行为、债权行为的体现方式主要有：

（1）纯粹的物权行为，如权利人抛弃不动产物权、权利人分割或合并不动产等。纯粹的物权行为产生的不动产登记，由当事人单方申请。

（2）纯粹的债权行为，如委托某人代为申请不动产登记的委托合同等。

（3）与债权行为相关联的物权行为，如抵押权变更登记中，先有债权人和债务人间变更作为主债权内容的债权数额、债务履行期间等债权行为，后有抵押权（债权人）和抵押人间关于变更作为抵押权内容的主债权数额、债务履行期间等物权行为，且物权行为从属于债权行为，表现形式是一份

[①] 彭万林：《民法学》，中国政法大学出版社2002年版，第114页。
[②] 德阳市中级人民法院："于某库诉董某斌、董某珍房屋买卖纠纷案"，https://www.chinacourt.org，访问日期：2019年11月25日。

主债权合同变更协议,一份与之相关联的抵押合同变更协议等。但在不动产登记实务中,按《不动产登记暂行条例实施细则》第六十八条规定,一般情形下,登记机构办理抵押权变更登记时,抵押权变更的证明材料是应当收取的要件。主债权合同变更协议,或与之相关联的抵押合同变更协议均可用作抵押权变更的证明材料。与债权行为相关联的物权行为产生的登记,由当事人共同申请。

(4)物权行为和债权行为并存,这是不动产登记中物权行为和债权行为出现的最普遍的方式,故有学者认为,债权行为是物权行为的原因[①],物权行为通常是债的履行行为[②]。不动产买卖、赠与、投资入股、作价联营等,都体现了这种方式。如:在房屋买卖合同中,有关于给付的债权内容,也有移交房屋和转移房屋所有权的物权内容。

《民法典》第二百一十五条规定,当事人之间订立有关设立、变更、转让和消灭不动产物权的合同,除法律另有规定或者当事人另有约定外,自合同成立时生效;未办理物权登记的,不影响合同效力。据此可知,我国《民法典》的规定严格区分债权和物权,即物权行为和债权行为并存时,一般情形下,债权自设立、变更、转让和消灭不动产物权的合同成立时生效,基于该债权设立、变更、转移、消灭的不动产物权则自记载于登记簿上时起生效。在不动产登记实务中,登记机构根据不同的物权行为、债权行为并存的体现方式,确定登记申请人是否适格,物权行为和债权行为是否对应,能否从实体上决定不动产物权的设立、变更、转移和消灭。物权行为和债权行为并存的情形下产生的不动产登记,由当事人共同申请。

4. 按法律行为的成立是否具备法律规定的形式或程序,划分为要式法律行为和不要式法律行为

(1)要式法律行为。

要式法律行为,指法律明确规定必须采用某种形式或履行一定程序才

---

① 梁慧星:《民法总论》,法律出版社2001年版,第162页。
② 彭万林:《民法学》,中国政法大学出版社2002年版,第114页。

能成立的法律行为①。《房地产管理法》第四十一条规定，房地产转让，应当签订书面转让合同，合同中应当载明土地使用权取得的方式。《民法典》第三百五十四条规定，建设用地使用权转让、互换、出资、赠与或者抵押的，当事人应当采用书面形式订立相应的合同。该法第三百六十七条第一款规定，设立居住权，当事人应当采用书面形式订立居住权合同。该法第三百七十三条第一款规定，设立地役权，当事人应当采用书面形式订立地役权合同。该法第四百条第一款规定，设立抵押权，当事人应当采用书面形式订立抵押合同。《农村土地承包法》第二十二条第一款规定，发包方应当与承包方签订书面承包合同。该法第四十条第一款规定，土地经营权流转，当事人双方应当签订书面流转合同。在不动产登记实务中，按《不动产登记操作规范（试行）》1.8.2.2 条规定，不动产申请材料的形式应当为纸质介质。概言之，与不动产登记相关的设立、变更、转移和消灭不动产物权的民事法律行为，应当以书面合同或协议的方式体现，或能够转化为纸质材料，即与不动产登记相关的设立、变更、转移和消灭不动产物权的民事法律行为属于要式法律行为。在司法实务中，贵州省黔西南布依族苗族自治州中级人民法院按审判监督程序审理"范某诉郭某华买房款未付清房屋买卖和换房无效纠纷案"中认为"房屋买卖系要式法律行为，买卖双方应依法订立书面契约，有中间人证明，并按约定付清全部房款和交付房屋，办理过户、契税等相关手续"。②

此外，如前所述，用作不动产抵押权登记申请材料的涉外抵押合同，须经国家外汇管理机关批准后方生效，此为须履行一定程序才生效的要式法律行为。

（2）不要式法律行为。

不要式法律行为，是指要式法律行为以外的法律行为。

在不动产登记实务中，如前所述，因设立、变更、转移、消灭不动产

---

① 王利民：《民法学》，中央广播电视大学出版社 1995 年版，第 93 页。
② 黔西南布依族苗族自治州中级人民法院："范某诉郭某华买房款未付清房屋买卖和换房无效纠纷案"，http://www.132lawyer.com，访问日期：2019 年 11 月 25 日。

物权的行为均为要式法律行为，登记人员主要查验申请人提交的基于要式法律行为产生的登记申请材料是否符合相应的形式（书面），是否要履行一定程序（审批、公证等），再决定可否受理，受理后如何处理。如：因海域使用权及海域内的房屋所有权转让产生的转移登记，是否是转让方与受让方共同申请登记，申请人提交的要件中有无书面转让合同；房地产抵押权登记，是否是抵押人和抵押权人共同申请登记，申请人提交的登记申请材料中有无书面的贷款合同（主合同）和书面的抵押合同（从合同），主合同和从合同是否对应等。

5. 按法律行为之间的相互关系，划分为主法律行为与从法律行为

主法律行为，是指不以其他法律行为的存在为其存在前提的民事法律行为。从法律行为，相对于主法律行为而言，是指以其他法律行为的存在为其存在前提的民事法律行为。如：按《民法典》第三百八十八条第一款规定，设立担保物权，应当依照本法和其他法律的规定订立担保合同。担保合同包括抵押合同、质押合同和其他具有担保功能的合同。担保合同是主债权债务合同的从合同。据此可知，在抵押关系中，主债权债务合同是主合同，抵押合同是主债权债务合同的从合同，换言之，在抵押关系中，主债权债务行为是主法律行为，抵押行为是从法律行为。在不动产登记实务中，登记机构在查验基于主、从法律行为产生的书面材料时：一是要查验主、从法律行为是否对应；二是要在力所能及的范围内查验基于主、从法律行为产生的材料是否已经生效。主、从法律行为相对应且已经生效的材料，登记机构才可以用作办理不动产登记的证据材料。

6. 按除意思表示之外是否须有现实成分，划分为诺成行为和实践行为

诺成行为，是指仅依当事人的意思表示即成立的民事法律行为。如：《民法典》第二百一十五条规定，当事人之间订立有关设立、变更、转让和消灭不动产物权的合同，除法律另有规定或者当事人另有约定外，自合同成立时生效；未办理物权登记的，不影响合同效力。按该法第四百九十条第一款规定，当事人采用合同书形式订立合同的，自当事人均签名、盖章

或者按指印时合同成立。据此可知，一般情形下，当事人之间订立有关设立、变更、转让和消灭不动产物权的合同，自双方当事人签字、盖章或者按指印时生效，其生效没有现实成分，换言之，一般情形下，当事人之间实施的有关设立、变更、转让和消灭不动产物权的法律行为，属于诺成法律行为。

实践行为，是指除当事人的意思表示之外，还须有现实成分（如标的已经交付）才成立的民事法律行为。如：《民法典》第六百七十九条规定，自然人之间的借款合同，自贷款人提供借款时成立。据此可知，在不动产登记实务中，登记机构用作办理抵押权登记的证据材料之自然人之间的借款合同的生效，有现实成分，即以借款的发生为生效前提，借款发生的，借款合同生效，否则，借款合同不生效。笔者认为，民事法律行为是诺成法律行为还是实践法律行为，一是基于法律的规定，二是基于当事人的约定。因此，在不动产登记实务中，登记机构查验基于民事法律行为产生的登记申请材料时，除按法律的规定判定该类材料是诺成法律行为还是实践法律行为外，还要查看材料中是否有关于该材料生效的现实成分的约定，以确定其是诺成法律行为还是实践法律行为，从而判定其是否生效，确定基于该法律行为产生的书面材料可否用作办理不动产登记的证据材料。

四、民事法律行为的效力

1. 民事法律行为的生效

法律行为的生效，是指法律行为因符合法律规定而获得能引起民事法律关系设立、变更、转让和消灭的法律效力[1]。如前所述，民事法律行为以民事权利和义务为其主要内容。因此，民事法律行为的生效，关系到民事权利的设立、变更、转移和消灭。

有学者认为，法律行为通常有成立要件与生效要件的区分[2]。也有学者认为，在一般情况下，法律行为成立后同时生效，所以不必区分成立要件

---

[1] 王国征：《中国民法原理》，山东人民出版社2004年版，第90页。
[2] 王利民：《民法学》，复旦大学出版社2004年版，第78页。

与生效要件①。在法律规范上,《民法典》第二百一十五条规定,当事人之间订立有关设立、变更、转让和消灭不动产物权的合同,除法律另有规定或者当事人另有约定外,自合同成立时生效;未办理物权登记的,不影响合同效力。据此可知,一般情形下,有关设立、变更、转让和消灭不动产物权的合同,自合同成立时生效,即有关设立、变更、转移和消灭不动产物权的合同,成立要件即生效要件,不区分成立要件与生效要件。申言之,设立、变更、转移和消灭不动产物权的法律行为,不区分成立要件与生效要件。

《民法典》第二百一十六条规定,不动产登记簿是物权归属和内容的根据。质言之,不动产登记簿记载的内容是有公信力的。所谓公信力,即法律对第三人依据不动产登记簿的记载所表述的不动产物权的内容而取得的该项权利予以强制保护,使其免受任何人追夺的强制力②。笔者认为,登记簿的公信力的支撑是登记簿记载的内容必须合法、真实、有效。而登记簿记载的内容来源于登记申请材料,申言之,登记申请材料应当合法、真实、有效。因此,有关设立、变更、转移和消灭不动产物权的民事法律行为,都应当是有效的民事法律行为,无效的民事法律行为不能产生设立、变更、转移和消灭不动产物权的法律效果。基于有效的民事法律行为产生的材料,登记机构才可以用作办理不动产登记的证据材料。

民事法律行为生效的要件有一般生效要件和特殊生效要件。

(1)民事法律行为的一般生效要件。

民事法律行为的一般生效要件,是指一般情形下,民事法律行为发生效力应具备的普遍性条件,即《民法典》第一百四十三条规定"具备下列条件的民事法律行为有效:(一)行为人具有相应的民事行为能力;(二)意思表示真实;(三)不违反法律、行政法规的强制性规定,不违背公序良俗"。

---

① 谢怀栻:《民法总则讲要》,北京大学出版社2007年版,第135页。
② 梁慧星:《中国物权法草案建议稿附理由:物权编》,法律出版社2004年版,第239页。

① 行为人具有相应的民事行为能力。

要求行为人具有相应的民事行为能力，是因为法律行为是在民事主体意识支配下追求法律效果的行为，法律效果能否实现，实现后是否有效，取决于实施民事法律行为的主体的民事行为能力。如果行为人是自然人，如前所述，无民事行为能力人不能独立从事民事活动，由其监护人（法定代理人）代为参与；限制民事行为能力人只能从事与其认识能力相当的民事活动，其他活动则由其监护人（法定代理人）代为完成；具有完全民事行为能力的人才能从事各种民事活动，故有学者认为，完全行为能力是一切法律行为的要件①。如果行为人是法人或非法人组织，如前所述，一般情形下，法人或非法人组织具有完全民事行为能力。进入清算程序后，法人或非法人组织的民事行为能力才受到限制，只能实施与清算相关的活动。实施民事法律行为，是民事主体参与的最基本、最重要的民事活动，与民事主体的民事行为能力相关联是必要的。

② 行为人意思表示真实。

意思表示，是指当事人向外部表明其意欲设立、变更、终止民事权利义务关系的行为。"意思"是表意人内心欲发生某种法律后果的主观愿望。"表示"则借以表达该内心意思的外在行为②。要求行为人的意识表示真实，是因为行为人实施民事法律行为追求的预期目标的实现与其意思表示的真实与否密切相关，如果意思表示不真实，所追求的预期目标难以实现，或实现与预期目标相悖的效果。如：A 和 B 是挚友，A 搬新房后，旧房空着，B 因住房困难，想买 A 的旧房，与 A 商量，A 说"行啊"，如果"行啊"是 A 真实意思的表示，则达到其卖房的预期目的；如果 A 因怕得罪朋友而做的违背自己意思的表示，则实现与其不愿卖房相悖的效果。在司法实务中，意思表示真实更是法律行为成立的重要因素，如：河北省石家庄市中级人民法院在"上诉人石家庄某房地产开发有限公司因与被上诉人陈某坤土地承包经营权转让合同纠纷一案"中认为"上诉人与被上诉人于 2011

---

① 谢怀栻：《民法总则讲要》，北京大学出版社 2007 年版，第 136 页
② 梁彗星：《中国民法典草案建议稿附理由：总则编》，法律出版社 2004 年版，第 152 页。

年 11 月 21 日签订的《协议书》和 2012 年 2 月 18 日签订的《补充协议书》，系双方当事人的真实意思表示，且不违反国家法律、行政法规的禁止性规定，合法有效，双方当事人应按协议约定全面履行"。① 再如：最高人民法院在"再审申请人毛某华因与被申请人林某汉、一审被告刘某求执行异议之诉纠纷一案"中认为"案涉《房屋买卖合同》买卖店面的约定本身是当事人之间的虚伪意思表示，刘某求与林某汉签订案涉《房屋买卖合同》的真实目的是以案涉店面担保刘某求本金为 800 万元、借款期限为三个月、利率为日 3‰ 的债务的履行，当事人间达成一致的真实意思即隐匿行为是将案涉店面作为借款合同的担保。根据《民法总则》第一百四十六条之规定（即现时《民法典》第一百四十六条规定，行为人与相对人以虚假的意思表示实施的民事法律行为无效。以虚假的意思表示隐藏的民事法律行为的效力，依照有关法律规定处理。），本院认定案涉《房屋买卖合同》本身作为伪装行为无效"。②

③ 不违反法律、行政法规的强制性规定，不违背公序良俗。

不违反法律、行政法规的强制性规定，此处的强制性规定，是指法律、行政法规关于民事法律行为无效的强制性规定。公序良俗，是民法的基本原则之一，是指公共秩序和善良风俗。"社会公共利益"相当于"公共秩序"，"社会公德"相当于"善良风俗"。③

要求民事主体实施的民事法律行为不违反法律、行政法规的强制性规定，不违背公序良俗，是因为民法的目的就是保障自然人、法人和非法人组织合法的民事权益，正确调整民事关系。如果民事法律行为违反法律、行政法规的强制性规定，违背公序良俗，必然会损害其他民事主体的合法权益，违背了民事立法的本意，因此，违反法律、行政法规的强制性规定，

---

① 石家庄市中级人民法院："上诉人石家庄某房地产开发有限公司因与被上诉人陈某坤土地承包经营权转让合同纠纷一案"，https://www.tianyancha.com，访问日期：2019 年 8 月 2 日。
② 最高人民法院："再审申请人毛某华因与被申请人林某福汉、一审被告刘某求执行异议之诉纠纷一案"，https://www.360kuai.com，访问日期：2019 年 8 月 31 日。
③ 梁慧星：《中国民法典草案建议稿附理由：总则编》，法律出版社 2004 年版，第 13 页。

违背公序良俗的民事法律行为是无效的民事行为。如：A 医疗器械公司与 B 人民医院就该医院的门诊大楼签订抵押协议，以担保 A 公司卖给 B 医院的核磁共振机款的收回，但按《民法典》第三百九十九条第（三）项规定，为公益目的成立的作为非营利法人的人民医院的医疗卫生设施不得抵押，故此抵押行为无效，据此申请的房地产抵押权登记，登记机构亦会不予以核准。

有学者认为，法律行为的一般生效要件，除具备上述三项外，还有"标的确定"。标的是指当事人追求的事项。标的不能确定，则法律行为的内容无法确定，法律行为就成了无的放矢，意思表示的一致也就成为空谈[①]。笔者从其观点，如：房屋出卖人甲，在某小区有住房三套，欲卖其中一套于乙，此时必须明确出卖于乙的是哪套，否则会产生彼亦此、此亦彼的混乱而影响法律行为的实施。与不动产登记相关的法律行为的标的，通过设定不动产单元的方式来确定。关于不动产单元，《不动产登记暂行条例》第八条第一款规定，不动产以不动产单元为基本单位进行登记。不动产单元具有唯一编码。在不动产登记实务中，按《不动产登记暂行条例实施细则》第五条规定，不动产单元，是指权属界线封闭且具有独立使用价值的空间。据此可知，不动产单元是一个权属界线围成的封闭的空间且有唯一的代码，以从平面上和空间上对民事法律行为中的不动产予以确定，再赋予一个专门供其使用的代码与其他不动产相区别。

（2）民事法律行为生效的特别要件。

民事法律行为生效的特别要件，是指特殊情形下，法律行为具备一般生效要件外，还应具备产生效力的其他要件。在不动产登记实务中，民事法律行为具备特别生效要件的情形主要有：一是继承、遗赠不动产的遗嘱，以立遗嘱人死亡为生效条件。如 A 立遗嘱，指定 B 继承其遗留房产，则必须在 A 死亡后，此遗嘱才能生效。二是设立、变更、转移和消灭不动产物权的行为附期限或附条件。如：A 和 B 就土地承包经营权及地上林木所有

---

① 梁慧星：《中国民法典草案建议稿附理由：总则编》，法律出版社 2004 年版，第 141 页。

权转让签订协议，约定"本协议自某年某月某日起发生效力"。再如：甲与乙在离婚协议中约定"位于某乡某村某组的宅基地使用权及地上房屋所有权归甲方，甲方应当向乙方支付 5 万元人民币……本协议自乙方收到甲方支付的 5 万元人民币时起生效"。

民事主体实施与不动产登记相关的民事法律行为，就是要取得设立、变更、转移和消灭不动产物权的法律效果，登记机构在受理因民事法律行为产生的不动产登记申请时，要认真清理、查验申请人提交的登记申请材料，通过相关材料的相互印证，查验设立、变更、转移和消灭不动产物权的材料是否具备一般生效要件，有没有特别生效要件，从而确定该材料是否已经发生效力，可否作为办理不动产登记的证据材料。如果登记机构将无效的法律行为或未生效的法律行为产生的材料，误认为是有效的法律行为产生的材料并用作办理不动产登记的证据材料，就可能因审核不严、程序违法而在行政复议或行政诉讼中处于不利地位。

2. 无效的民事法律行为

无效的民事法律行为，是指欠缺生效要件而不能实现或达到预期法律效果的法律行为。与不动产物权相关的民事法律行为，若不具备生效的一般条件和特殊条件而无效，就不能实现设立、变更、转移和消灭不动产物权的预期效果，由此产生的书面材料，登记机构不得用作办理不动产登记的证据材料。

按《民法典》第一百四十四条、第一百四十五条、第一百四十六条、第一百五十三条、第一百五十四条和第一百五十五条规定，下列民事法律行为无效：（一）无民事行为能力人实施的民事法律行为；（二）限制民事行为能力人依法不能独立实施的民事法律行为；（三）行为人与相对人以虚假的意思表示实施的民事法律行为；（四）违反法律、行政法规关于效力性强制性规定的民事法律行为和违背公序良俗的民事法律行为；（五）行为人与相对人恶意串通，损害他人合法权益的民事法律行为。无效的民事法律行为自始没有法律约束力。

如前所述，无效的民事法律行为产生的情形多样，判定困难，但不动产登记主要是要件登记，即登记机构根据申请人提交的登记申请材料，在力所能及的范围内查验申请登记的不动产物权来源是否合法、真实、有效，因此，笔者认为，在不动产登记实务中，登记人员应当按一般社会人的认知标准，对申请人基于民事法律行为产生的登记申请材料是否有效作判定。主要情形有：

（1）无民事行为能力人实施的法律行为。

《民法典》第二十条规定，不满八周岁的未成年人为无民事行为能力人，由其法定代理人代理实施民事法律行为。据此可知，一般情形下，登记人员凭收取的申请人的身份证明或户籍证明，就可以判定民事法律行为的实施人是否是无民事行为能力人，若是无民事行为能力人，其实施的民事法律行为无效，通过该民事法律行为产生的书面材料，登记机构不得用作办理不动产登记的证据材料。

《民法典》第二十一条第一款规定，不能辨认自己行为的成年人为无民事行为能力人，由其法定代理人代理实施民事法律行为。据此可知，在不动产登记实务中，申请人为不能辨认自己行为的成年人时，登记人员履行询问申请人、指导申请人填写申请书和提交登记申请材料等职责时，发现申请人不能正常接受与其申请的不动产登记相关的询问，或不能在登记人员指导下完成登记申请书的填写并提交登记申请材料的情形下，申请人是否有民事行为能力存疑，其提交的基于民事法律行为产生的登记申请材料的效力也存疑。登记人员应当当场书面告知申请人：因你不能接受登记人员的相关询问，也不能在登记人员的指导下完成登记申请书的填写并提交登记申请材料，请确定代理人或监护人并完善相关申请材料后，由代理人或监护人代你申请登记。

但现代民法理论一般认为，无民事行为能力人如果实施的是纯获利益或者使之免除义务的行为，应当有效[①]。这种观点在司法实务中得到了体

---

① 王利民：《民法学》，复旦大学出版社2004年版，第94页。

现，《民法通则司法解释》第六条规定"无民事行为能力人、限制民事行为能力人接受奖励、赠与、报酬，他人不得以行为人无民事行为能力、限制民事行为能力为由，主张以上行为无效"。据此可知，无民事行为能力人接受的奖励、赠与不动产的行为有效，因此而取得或设立的不动产物权在不动产登记实务中应该得到确认。如：一老师带7岁的小学生张小三到省城参加由著名房地产开发企业赞助的珠心算比赛并获得第一名，该房地产开发企业老总在为张小三颁奖时，宣布将位于张小三所在县城的一套住房赠与他，以鼓励他好好学习，并当场将赠与书和住房钥匙交给了张小三，张小三受赠取得的房屋所有权，登记机构应当核准转移登记。

（2）限制民事行为能力人依法不能独立实施的法律行为。

按《民法典》第十九条规定，八周岁以上的未成年人为限制民事行为能力人（不包括十六周岁以上以自己的劳动收入为主要生活来源的未成年人）。限制民事行为能力人可以独立实施纯获利益的民事法律行为，或者与其年龄、智力相适应的民事法律行为。据此可知，限制民事行为能力人按照法律的规定可以实施与其年龄、智力、精神健康状况相适应的民事行为，但这是很难把握的。笔者据此认为，一般情形下，登记人员凭收取的申请人的身份证明或户籍证明，可以判定民事法律行为的实施人是否是限制民事行为能力人。与不动产物权相关的民事法律行为，由于不动产价值量大，是民事主体最大的财产之一，且设立、变更、转移和消灭不动产物权的法律关系纷繁复杂，所以，实施民事法律行为是民事主体最基本、最重要的民事行为，限制民事行为能力人凭其知识、能力和认知，很难有效实施。因此，一般情形下，限制民事行为能力人独立实施的设立、变更、转移和消灭不动产物权的行为与无民事行为能力人做相同认定为宜。但是，按《民法典》第十九条规定，限制民事行为能力的未成年人，实施与其年龄、智力、精神健康状况不相适应的民事法律行为由其法定代理人代理或者经其法定代理人同意、追认。据此可知，限制民事行为能力的未成年人在独立实施了与不动产物权的设立、变更、转移和消灭相关的民事法律行为后，得到其法定代理人（监护人）追认的，该法律行为有效。如：14岁的中学生 A，在校与他人打架致他人住院，又不敢告知父母，遂私自用外祖父赠与的门市与邻居 B 签订抵押合同，以获取借款支付伤者的住院费，申请抵押权登记时，若 A 的父母对该抵押合同予以签名追认的，则登记机构可以用作登记的证据材料，否则，不予以采用。在司法实务中，浙江省绍兴市中级人民法院在"原告上海某发展银行股份有限公司某分行与被告王某梁、张某、王某金融借款合同纠纷一案"中认为"本案中，王某在签署抵押合同时，是未满十八周岁的未成年人，属于限制民事行为能力人，不可能对签订房屋抵押合同作出真实的意思表示。上诉人主张与王某年龄、智力相适应，不仅与客观事实不符，也与其自身主张的讼涉抵押系经由王某父母同意相互矛盾。至于王某对抵押合同的识读、署名行为，显然不能作为其具备相应民事行为能力的依据；'某控股有限公司'出具的王某工作收入证明、抵押合同中记载的抵押人保证'拥有固定的工作和稳定的经济收入'等内容，已被王某高中学籍证明所否定，上诉人亦未提供其他充分证据。因此，根据现有证据，王某不具有签署抵押合同的民事行为能力，其所签署的抵押合同不产生相应法律效力"。[①]据此可知，人民法院的认为强调的是限制民事行能力人独立与他人签订的抵押合同无效。

按《民法典》第二十二条规定，不能完全辨认自己行为的成年人为限制民事行为能力人，实施民事法律行为由其法定代理人代理或者经其法定代理人同意、追认。在司法实务中，北京市第二中级人民法院在"上诉人李某豪因与被上诉人李某林、第三人北京某房地产经纪有限公司、中国建设银行股份有限公司北京某支行、北京市某担保中心房屋买卖合同纠纷一案"中认为"根据查明的事实，李某林患有精神疾病，于 2015 年 12 月被生效判决宣告为限制民事行为能力人，其在房屋交易期间属于限制民事行为能力人。不能辨认自己行为的精神病人是限制民事行为能力人，可以进行与他的精神健康状况相适应的民事活动；其他民事活动由他的法定代理

[①] 绍兴市中级人民法院："原告上海某发展银行股份有限公司某分行与被告王某梁、张某、王某金融借款合同纠纷一案"，http://wenshu.court.gov.cn，访问日期：2019 年 9 月 23 日。

人代理，或征得他的法定代理人同意或者追认后有效。房屋交易属于重大民事行为，不能认定该行为与限制民事行为能力人的精神健康状况相适应。李某豪上诉称其在购房时没有过错，尽到了审慎注意义务，且李某林在房屋交易时并未披露其民事行为能力受限情况。本院认为涉案房屋交易已经超出李某林的民事行为能力范围，需要其法定代理人同意或追认，方可有效。现李某林之法定代理人陈某滨对李某林与李某豪签订的《存量房屋买卖合同》不同意且拒绝追认，并主张无效。因此，本院确认李某林与李某豪签订的《存量房屋买卖合同》应属无效"。① 据此可知，人民法院的认为强调的是限制民事行为能力的成年人签订的房屋买卖合同未得到其监护人同意或追认的，无效。

因此，在不动产登记实务中，对限制民事行为能力人实施的民事法律行为形成的登记申请材料进行查验的关键是：该登记申请材料上有无其法定代理人（监护人）的签名，是否附有法定代理人（监护人）资格证明及其身份证明，若无，则不予采用。

另外，按《民法典》第十九条和第二十二条规定，限制民事行为能力人可以参与接受奖励等纯获利益的法律行为，据此取得的不动产物权，在不动产登记实务中应该得到支持。如：某12岁中学生A参加高考，以全市理科第一名的成绩考入某著名大学少年班，当地市人民政府在高考总结表彰大会上奖励其住房一套，A接受奖励的此套住房，登记机构应当为其办理转移登记。

在不动产登记实务中，登记人员履行询问申请人、指导申请人填写申请书和提交登记申请材料等职责时，申请人能够配合并正常完成申请登记的，表明其精神状况、认知能力正常，登记机构可以将其基于民事法律行为产生的登记申请材料用作办理不动产登记的证据材料，在满足登记要求时，也可以为其办理相关登记。否则，申请人有可能是限制民事行为能力

---

① 北京市第二中级人民法院："上诉人李某豪因与被上诉人李某林、第三人北京某房地产经纪有限公司、中国建设银行股份有限公司北京某支行、北京市某担保中心房屋买卖合同纠纷一案"，http://www.bjcourt.gov.cn，访问日期：2019年8月31日。

人，登记人员应当书面告知申请人：因你不能接受登记人员的相关询问，也不能在登记人员的指导下完成登记申请书的填写并提交登记申请材料，请确定代理人或监护人并完善相关申请材料后，由代理人或监护人代你申请登记。

（3）违反法律、行政法规关于效力性强制性规定的民事法律行为。

违反法律、行政法规关于效力性强制性规定的民事法律行为，这是一个兜底性的规定，其中的"效力性强制性规定"，是指法律关于无效民事法律行为的明确规定。如：《房地产管理法》第三十八条规定"下列房地产，不得转让：（一）以出让方式取得土地使用权的，不符合本法第三十九条规定的条件的；（二）司法机关和行政机关依法裁定、决定查封或者以其他方式限制房地产权利的；（三）依法收回土地使用权的；（四）共有房地产，未经其他共有人书面同意的；（五）权属有争议的；（六）未依法登记领取权属证书的；（七）法律、行政法规规定禁止转让的其他情形"。在司法实务中，按《担保法司法解释》第五条规定，以法律、法规禁止流通的财产或者不可转让的财产设定担保的，担保合同无效。据此可知，在不动产登记实务中，申请人申请抵押权登记时，提交以《房地产管理法》第三十八条规定的不得转让的房地产抵押签订的抵押合同的，该抵押合同产生诉讼时会被人民法院判决确认为无效合同，故登记机构不得将该合同用作办理抵押权登记的证据材料。

《民法典》第一百五十六条规定，民事法律行为部分无效，不影响其他部分效力的，其他部分仍然有效。据此可知，民事法律行为存在部分无效和全部无效两种情形，全部无效的民事法律行为自不必说，部分无效的民事法律行为在不动产登记实务中时有出现，应当引起登记人员的注意，以便正确处理。如：A立下遗嘱，将其房产指定由B和C继承，遗嘱生效前，C因车祸死亡，按《民法典》第一千一百五十四条第（三）项规定，遗嘱继承人先于遗嘱人死亡的，遗产中的有关部分按照法定继承办理，因此，该遗嘱中关于C的指定继承部分不生效。若A死亡后，C的配偶据此遗嘱和其享有继承权的材料申请继承转移登记的，登记机构不得办理。

3. 可撤销的民事法律行为

可撤销的民事法律行为，是指民事主体根据法律的规定，请求有权部门对已经生效的民事法律行为予以撤销的行为，是对生效的民事法律行为的否定。

按《民法典》第一百四十七条至第一百五十一条和第一百五十五规定，下列民事法律行为中当事人一方有权请求人民法院或者仲裁机关予以撤销：（一）基于重大误解实施的民事法律行为；（二）一方以欺诈手段，使对方在违背真实意思的情况下实施的民事法律行为；（三）第三人实施欺诈行为，使一方在违背真实意思的情况下实施的民事法律行为；（四）一方或者第三人以胁迫手段，使对方在违背真实意思的情况下实施的民事法律行为；（五）一方利用对方处于危困状态、缺乏判断能力等情形，致使民事法律行为成立时显失公平的。被撤销的民事法律行为自始没有法律约束力。据此可知，民事法律行为在具备被撤销的情形时，由当事人诉请人民法院或申请仲裁机构予以撤销。在不动产登记实务中，登记机构不对民事法律行为可否撤销、怎样撤销作判断。按《民法典》第一百五十七条规定，民事法律行为被撤销后，行为人因该行为取得的财产，应当予以返还。据此可知，一般情形下，民事法律行为被撤销后，登记机构应当按人民法院或仲裁机构生效的撤销民事法律行为的法律文书办理因返还不动产产生的转移登记。

第二节　代　　理

一、代理的概念、特征

《民法典》第一百六十二条规定，代理人在代理权限内，以被代理人名义实施的民事法律行为，对被代理人发生效力。据此可知，代理，是指代理人在代理权限内，以被代理人的名义实施民事法律行为，该行为的法律后果由被代理人承担的行为。

代理制度的建立，旨在弥补民事主体行为能力和社会能力上的不足，扩大民事主体的活动范围和活动领域,使自己的权利通过他人的行为得到充分的实现或保护。如：实施不动产转让的民事法律行为,需具备一定的民法物权知识,以涤清与不动产物权相关的法律关系,也要知晓不动产登记的程序,若是不具备这些知识和能力的人,实施起来难度较大,需要他人代为实施。需要他人代自己实施民事法律行为的人是被代理人,也称本人。代他人实施民事法律行为的人是代理人。

如前所述,代理是代他人实施民事法律行为的行为。其特征主要有：

1. 代理本身就是一种民事法律行为

代理本身就是一种民事法律行为。如：甲因在外地务工,想在家乡买一套住房,但又不能回家办理房屋买卖手续,他委托家乡的亲戚乙代他办理,乙也愿意代他办理,履行相关手续后,甲、乙间就建立了代理关系,实现了乙代甲行使买房权利,履行买房义务,最终实现甲买房的法律效果。据此可知,代理也是民事主体根据自己的意思表示建立"代理"这种民事法律关系,以达到代理人代为行使权利和履行义务并产生相应的法律效果的行为,即民事法律行为。

2. 代理是以被代理人的名义实施的民事法律行为

一般情形下,代理人在代被代理人实施民事法律行为时,不得以自己或第三人的名义进行,必须以被代理人的名义进行。如：在外务工且已经在务工所在地定居的甲,欲出卖自己享有的宅基地使用权及地上房屋所有权给同一村民小组的乙,遂委托好友丙代为办理与乙的房地产买卖手续,丙就只能以甲的名义与乙签订房地产买卖合同,而不能以自己或他人的名义与乙签订房地产买卖合同,即房地产买卖合同当事人中的卖方必须是甲,不能是丙或他人,但合同上卖方的签名应当是甲的代理人丙。

3. 代理是有权限的民事法律行为

一般情形下,代理人只能在被代理人授予的权限范围内实施代理行为。如：甲委托乙代其将空余的房屋租与他人,乙就不能代甲将房屋卖与他人；甲请乙代为办理两间门市中的一间的抵押手续,乙就不能将两间门市都抵押出去。在不动产登记实务中，登记人员应当注意阅读代理手续（委托手续）的内容。如：作为转让方的委托人出具的委托书载明的委托事项只委托代理人代办过户手续，即代为实施不动产物权过户（转移登记）的程序行为，而实体行为则在代理权限之外，也就是说与过户（转移登记）相关的不动产转让合同的签订须由委托人自己实施，若由代理人代为签订的，应当要求委托人予以追认，否则，该不动产转让合同对于委托人不生效力，登记机构不得用作办理过户（转移登记）的证据材料，即《民法典》第一百七十一条第一款和第二款规定"行为人没有代理权、超越代理权或者代理权终止后，仍然实施代理行为，未经被代理人追认的，对被代理人不发生效力。相对人可以催告被代理人自收到通知之日起三十日内予以追认。被代理人未作表示的，视为拒绝追认……"。

4. 代理是代理后果由被代理人承担的民事法律行为

代理人在被代理人授予的权限范围内实施代理行为产生的法律后果归被代理人，不归代理人或他人。如：张三欲通过拍卖取得一处土地承包经营权及地上林木所有权，他忙于生意，遂委托李四代为参与拍卖，李四只能以张三的名义报名参与拍卖，拍卖成功后，取得土地承包经营权及地上林木所有权的是张三，而非李四或他人，即拍卖成交确认书上的买受人应当是张三。

二、代理的适用范围

《民法典》第一百六十一条规定，民事主体可以通过代理人实施民事法律行为。依照法律规定、当事人约定或者民事法律行为的性质，应当由本人亲自实施的民事法律行为，不得代理。据此可知，法律规定或当事人约定不得代理的行为不适用代理，民事法律行为的性质不得代理的不适用代理，除此之外的民事法律行为都适用代理。在不动产登记实务中，不适用代理的情形主要有两种。一是法律规定的必须由本人实施的民事法律行为。如：《民法典》第一千一百三十四条规定，自书遗嘱由遗嘱人亲笔书写，签名，注明年、月、日。该法第一千一百三十五条规定，代书遗嘱应当有两个以上见证人在场见证，由其中一人代书，并由遗嘱人、代书人和其他见证人签名，注明年、月、日。该法第一千一百三十六条规定，打印遗嘱应当有两个以上见证人在场见证。遗嘱人和见证人应当在遗嘱每一页签名，注明年、月、日。该法第一千一百三十九条规定，公证遗嘱由遗嘱人经公证机构办理。质言之，无论是继承遗嘱还是遗赠遗嘱，遗嘱的作出必须由立遗嘱人亲自实施，不得由他人代为实施。但是，遗嘱产生的某些环节可以由他人代为实施，如代为打印遗嘱、代为书写遗嘱等。其中的自书遗嘱，必须是立遗嘱人亲自书写遗嘱的全部内容，不得有他人代为书写的痕迹。在不动产登记实务中，按《不动产登记操作规范（试行）》1.8.6.5条规定，对拟登记的因继承产生的不动产登记事项在不动产登记机构门户网站进行公示，公示期不少于15个工作日。公示期满无异议的，将申请登记事项记载于不动产登记簿。据此可知，登记机构办理继承转移登记时，公示是必要程序，因此，公示可以辅助登记机构判定用作登记申请材料的遗嘱的真假。二是民事主体间约定的必须由本人实施的民事法律行为。如：自然人甲向另一自然人乙借款，甲用登记在其名下的国有建设用地使用权及地上房屋所有权作抵押担保，乙出于自己的利益考虑，在房地产抵押合同中约定甲须亲自与乙共同到登记机构办理抵押权登记手续。

三、代理权及代理权的来源

《民法典》第一百六十二条规定，代理人在代理权限内，以被代理人名义实施的民事法律行为，对被代理人发生效力。据此可知，代理是一种以权利为主要内容的民事法律行为，其中的权利即代理权。代理权，在性质上属于授权行为或法律规定所产生的，可以直接改变本人与第三人之间法律关系的权力[①]（此处的本人即被代理人）。如：甲委托乙代为办理房屋抵押手续，乙取得代甲与银行签订抵押合同的权力，如果代理人乙积极行使

---

① 梁慧星：《民法总论》，法律出版社2001年版，第216页。

代理权，可以使甲与银行建立抵押关系；如果代理人乙怠于行使代理权，就可能使甲与银行无法建立抵押关系。据此可知，乙因被代理人甲的委托代其办理房屋抵押手续时，如果甲没有赋予乙与银行签订抵押合同的权力，那么，银行与甲间的抵押关系无从建立，甲委托乙代为办理房屋抵押手续无任何实质意义。因此，代理权为整个代理关系的基础，代理权的有无，原则上决定代理行为之是否有效[①]。

《民法典》第一百六十三条规定，代理包括委托代理和法定代理。委托代理人按照被代理人的委托行使代理权。法定代理人依照法律的规定行使代理权。据此可知，代理权的取得来自委托代理人（被代理人）的授权或法律的规定。

1. 来自委托代理人（被代理人）授权的代理权

来自委托代理人（被代理人）授权的代理权，是指代理人根据委托代理人（被代理人）的意思表示取得的代为实施的民事法律行为得以顺利进行的代理权。在与不动产物权相关的民事法律关系中，来自委托代理人（被代理人）授权的代理权主要以委托书或代理合同的形式出现。在不动产登记实务中，来自委托代理人（被代理人）授权的代理权的表现方式主要有直接代理和间接代理、双方代理和自己代理、复代理（转委托）。

（1）直接代理和间接代理。

直接代理，是指代理人以委托代理人（被代理人）的名义与他人为民事法律行为，产生的后果直接归委托代理人（被代理人）的制度。间接代理，即代理人以自己的名义，为本人之计算，而为法律行为，其法律效果首先对间接代理人发生，然后依间接代理人与本人之内部关系，而移转于本人之制度[②]。如：某公司总经理甲因种种原因，向其驾驶员乙出具代为购房委托书，委托书载明，以乙的名义与房地产开发公司签订商品房买卖合同，购房款由甲支付给乙，由乙以其名义支付给房地产开发公司。房屋

---

① 梁慧星：《民法总论》，法律出版社2001年版，第213~214页。
② 梁慧星：《民法总论》，法律出版社2001年版，第222页。

登记在乙名下，但属于甲。

（2）双方代理和自己代理。

《民法典》第一百六十八条规定，代理人不得以被代理人的名义与自己实施民事法律行为，但是被代理人同意或者追认的除外。代理人不得以被代理人的名义与自己同时代理的其他人实施民事法律行为，但是被代理的双方同意或者追认的除外。据此可知，在代理制度中，自己代理与双方代理均是被禁止的行为。这可以看作是代理权的限制。当然，如果发生了自己代理与双方代理，也并不意味着该行为自然无效，如能得到被代理人或者法律行为双方当事人的同意，该代理行为也可以有效[①]。

自己代理，作为他人的代理人而与自己为法律行为[②]。如：张三向李四出具的委托书载明，委托李四代为出售登记在张三名下的房屋，与买方签订房地产买卖合同并收取售房款、向买方交付房屋等。李四据此委托书，以张三的名义与自己签订房地产买卖合同。若张三向李四出具的委托书载明，委托李四代为向他人出售登记在张三名下的房屋，与买方签订房地产买卖合同并收取售房款、向买方交付房屋等。其中的"代为向他人出售登记在张三名下的房屋"，将李四排除在买方之外，若李四据此委托书，以张三的名义与自己签订房地产买卖合同，则不满足自己代理有效的要求，该房地产买卖合同，登记机构不得用作办理转移登记的证据材料。

双方代理的含义，是行为人一人同时为法律行为的双方充任代理人的情形[③]。如：甲通过有资质的中介公司购买房屋，书面委托中介公司员工乙代其与卖方签订房地产买卖合同。卖房人丙到中介公司委托乙代为出售登记在其名下的房屋并与买方签订房地产买卖合同。乙通过信息比对，认为甲、丙符合买卖要求，电话联系甲、丙后，均对其提出的买卖建议无异议，且甲、丙在电话中均再次重申委托书中委托丙代其与对方签订房地产

[①] 王利明：《民法学》，复旦大学出版社2004年版，第107页。
[②] 王利明：《民法学》，复旦大学出版社2004年版，第107页。
[③] 王利明：《民法学》，复旦大学出版社2004年版，第107页。

买卖合同的内容有效。乙遂以甲、丙的名义签订房地产买卖合同，但买卖双方的签名均是代理人乙。

（3）复代理（转委托）。

《民法典》第一百六十九条规定，代理人需要转委托第三人代理的，应当取得被代理人的同意或者追认。转委托代理经被代理人同意或者追认的，被代理人可以就代理事务直接指示转委托的第三人，代理人仅就第三人的选任以及对第三人的指示承担责任。转委托代理未经被代理人同意或者追认的，代理人应当对转委托的第三人的行为承担责任；但是，在紧急情况下代理人为了维护被代理人的利益需要转委托第三人代理的除外。据此可知，一般情形下，经委托人（被代理人）同意或者追认，代理人可以转委托第三人代委托人（被代理人）实施民事法律行为，由此产生的后果归委托人（被代理人），否则不然，此即复代理（转委托）。概言之，代理人为处理其权限范围内事务之全部或部分，而以自己的名义授权他人代理之代理，为复代理①。在不动产登记实务中，登记机构查验复代理（转委托）材料时，应当查验委托手续上委托人（被代理人）是否赋予代理人以转委托权，否则，应当查明转委托书上是否有委托人（被代理人）签署的同意意见或追认意见。

2. 来自法律规定的代理权

《民法典》第二十三条规定，无民事行为能力人、限制民事行为能力人的监护人是其法定代理人。该法第二十七条第一款规定，父母是未成年子女的监护人。该法第二十八条规定："无民事行为能力或者限制民事行为能力的成年人，由下列有监护能力的人按顺序担任监护人：（一）配偶；（二）父母、子女；（三）其他近亲属；（四）其他愿意担任监护人的个人或者组织，但是须经被监护人住所地的居民委员会、村民委员会或者民政部门同意。"据此可知，法律的规定直接赋予了未成年人的监护人以代理权，也直接赋予了无民事行为能力或者限制民事行为能力的成年人的近亲属以代理

---

① 梁慧星：《民法总论》，法律出版社2001年版，第222页。

权。在不动产登记实务中，登记人员查验基于民事法律行为产生的登记申请材料和申请人的身份证明，或通过询问申请人、指导申请人填写登记申请书和提交登记申请材料时，判定民事法律行为的当事人是无民事行为能力人、限制民事行为能力人后，应当查明基于民事法律行为产生的登记申请材料上有无其法定代理人的签名，应当查明签名的代理人与被代理人的身份关系，以确认代理人是否有代理权，从而正确处理其代理的不动产物权登记事宜。需要注意的是，如果未成年人的父母婚姻关系正常，则此法定代理为共同代理。因此，一般情形下，未成年人的与不动产登记相关的事项应当由其共同代理人（父母）共同代为办理。如果共同代理人都不能行使代理权，或者其中的一个共同代理人不能行使代理权的，应向他人或对方配偶出具授权委托手续，委托他人或对方配偶代其行使代理权。《民法典》第三十六条规定："监护人有下列情形之一的，人民法院根据有关个人或者组织的申请，撤销其监护人资格，安排必要的临时监护措施，并按照最有利于被监护人的原则依法指定监护人：（一）实施严重损害被监护人身心健康的行为；（二）怠于履行监护职责，或者无法履行监护职责且拒绝将监护职责部分或者全部委托给他人，导致被监护人处于危困状态；（三）实施严重侵害被监护人合法权益的其他行为。本条规定的有关个人、组织包括：其他依法具有监护资格的人，居民委员会、村民委员会、学校、医疗机构、妇女联合会、残疾人联合会、未成年人保护组织、依法设立的老年人组织、民政部门等。前款规定的个人和民政部门以外的组织未及时向人民法院申请撤销监护人资格的，民政部门应当向人民法院申请。"在司法实务中，按《民法通则司法解释》第二十一条规定，夫妻离婚后，与子女共同生活的一方无权取消对方对该子女的监护权。据此可知，未成年人的父母即使在离婚的情形下，非经人民法院判决撤销父或母监护权的，父母仍然是未成年人的共同监护人，与不动产物权相关的民事法律行为，仍然由父母共同代未成年人实施。人民法院以外的组织无权撤销未成年人的父或母的监护权。

四、代理权的消灭

代理权的消灭,是指代理权因代理关系的终止而丧失。《民法典》第一百七十三条规定:"有下列情形之一的,委托代理终止:(一)代理期限届满或者代理事务完成;(二)被代理人取消委托或者代理人辞去委托;(三)代理人丧失民事行为能力;(四)代理人或者被代理人死亡;(五)作为代理人或者被代理人的法人、非法人组织终止。"该法第一百七十五条规定:"有下列情形之一的,法定代理终止:(一)被代理人取得或者恢复完全民事行为能力;(二)代理人丧失民事行为能力;(三)代理人或者被代理人死亡;(四)法律规定的其他情形。"据此可知,法律关于代理关系的终止做了具体、繁杂的规定,给登记机构判定代理权是否消灭加大了难度,从而加大了对代为申请的登记事项的查验、确定的难度,但笔者认为,明确了代理期限或代理事项的代理行为,登记机构凭收取的代理合同等代理材料就可以判定代理权是否存在,但除此之外的被代理人或代理人在取消(辞去)代理权、行为能力消失(取得、恢复)、身份变更(终止、死亡)则无从把握,登记机构也无须把握,只需在力所能及的范围内尽到注意义务,即登记机构只查验收取的代理人代为实施民事法律行为产生的材料、代理权来源证明材料、代理人身份证明是否对应、代理期间是否届满即可。

五、表见代理

所谓表见代理,是指在无权代理的场合下,善意相对人客观上有正当理由相信无权代理人具有代理权而与其为法律行为,该法律行为的后果直接由被代理人承担[①]。在立法上的体现主要是《民法典》第一百七十二条规定"行为人没有代理权、超越代理权或者代理权终止后,仍然实施代理行为,相对人有理由相信行为人有代理权的,代理行为有效"。表见代理的构成要件主要有:行为人没有得到被代理人授予的代理权而以被代理人的名义实施法律行为;具备使相对人相信行为人有代理权的客观条件;相对

---

① 曹建明:《人民陪审员培训教程》,中国政法大学出版社2005年版,第120页。

人非故意不知道或不应当知道行为人无代理权；相对人因相信行为人有代理权而与之实施了法律行为。

在与不动产物权相关的法律行为中，表见代理主要体现在夫或妻的一方在对方不知情的情形下处分共有的不动产。如：不动产统一登记前，夫妻在婚姻关系存续期间取得的房屋依法是夫妻的共同财产，但只登记在夫或妻名下，共有情况也没有记载在权属证书上，没有被记载在权属证书上的对方配偶为隐名共有人。既然是夫妻共有财产，是否出卖应当由夫妻共同决定，但夫或妻一方在对方不知情的情形下擅自整体出卖，显然没有得到对方授予的代理权。由于身份特殊，出卖人能够提供另一方的身份证明和婚姻状况证明，也能引领买方现场看房，具备了使买方相信其有代理权的客观条件，买方没有理由对其有代理权产生怀疑，从而与其发生房屋买卖行为。此类案件时有发生，给社会的稳定、和谐带来了负面影响。《不动产登记暂行条例》第三十三条规定，本条例施行前依法颁发的各类不动产权属证书和制作的不动产登记簿继续有效。据此可知，在不动产统一登记前，权利人持有的没有记载各类不动产物权共有情况的权属证书仍然有效，换言之，隐名共有人在一定的时期内仍然存在，权属证书上记载的权利人可以据此申请处分不动产物权产生的转移登记、抵押权登记、（放弃权利产生的）注销登记。笔者认为，登记机构应当尊重历史、面对现实，如果申请人中的不动产物权处分人是单独处分不动产的，应当要求其提交婚姻状况证明，以判定其有无单独处分权，否则，应当要求处分方的所有当事人到场或其代理人持有效的委托书到场方可受理处分不动产产生的登记，以保护隐名共有人的权益。

隐名共有人（以房屋登记为例），是指没有登记在房屋登记簿上或者没有反映在房屋权属证书上，但根据法律规定，又是法律意义上的房屋所有权人的人。《物权法》于 2007 年 10 月 1 日起实施，之前，房屋登记簿没有建立，房屋所有权是否登记，以所有权人持有合法、有效的房屋所有权证书为准，即《房地产管理法》第六十条规定，国家实行土地使用权和房屋所有权登记发证制度。《城市房屋权属登记管理办法》（建设部令第 99 号）

第五条规定，房屋权属证书是权利人依法拥有房屋所有权并对房屋行使占有、使用、收益和处分权利的唯一合法凭证。按该办法第十一条规定，共有的房屋，由共有人共同申请登记。综合《城市房屋权属登记管理办法》第五条和第十一条的规定可知，没有向登记机构申请所有权登记并持有房屋所（共）有权证书的人，就不是法律意义上的房屋所有权人。换言之，该办法不承认隐名共有人的存在。但是，隐名共有人的存在却得到了同时期的法律的认可，即原《婚姻法》（1980年9月10日颁布）第十三条规定，夫妻在婚姻关系存续期间所得的财产，归夫妻共同所有，双方另有约定的除外。夫妻对共同所有的财产，有平等的处理权。质言之，原《婚姻法》的规定确立了夫妻在婚姻关系存续期间取得的财产是夫妻共同财产，当然也包括房屋，申言之，房屋所有权即使登记在夫或妻一方名下，另一方也是具有法律意义的共有权人。在同期的司法实务中，《最高人民法院关于人民法院审理离婚案件处理财产分割问题的若干具体意见》（1993年11月3日发布）第六条规定："一方婚前个人所有的财产，婚后由双方共同使用、经营、管理的，房屋和其他价值较大的生产资料经过8年，贵重的生活资料经过4年，可视为夫妻共同财产。"依据该司法解释的规定，夫或妻婚前登记在一方名下的房屋所有权，在婚姻关系存续期间经过8年的，也被视为夫妻共有，即同期的司法解释也支持了隐名共有人的存在。因此，隐名共有人是不动产登记进程中的遗留问题，登记机构应当正确对待，即对《物权法》实施前颁发的房屋所有权证，没有载明共有情况的，申请人申请处分房屋产生的登记时，登记机构应当查明是否存在隐名共有人。

第四章 物　　权

第一节　物权概说

一、物权的概念

《民法典》第一百一十四条第二款规定，物权是权利人依法对特定的物享有直接支配和排他的权利，包括所有权、用益物权和担保物权。质言之，物权是指权利人依法直接支配特定物，得享受其利益的排他性权利[1]。即权利人在其享有的权利范围内依法直接对特定的物行使支配权，并享受行使该支配权产生的利益，无须他人许可，也不受他人的限制和干扰，换言之，物权的权利人无须他人的协助，仅仅依靠自己的意思表示就可以对特定的物行使权利，包括对该物的处分权。支配权是物权的本质[2]。这里的"他人"，是指与权利人行使支配权相对应的不特定的义务人，故物权是一种公开的对世的权利，俗称对世权。对物权定义中的"物"，《民法典》第一百一十五条规定"物包括不动产和动产。法律规定权利作为物权客体的，依照其规定"。质言之，作为物权客体的不动产、动产和权利是特定的。所谓特定，即能够明确、具体的意思。

在不动产登记实务中，记载在登记簿上的承载物权的不动产的特定、具体如何体现呢？《不动产登记暂行条例》第八条规定，不动产以不动产单元为基本单位进行登记。不动产单元具有唯一编码。在不动产登记实务中，《不动产登记暂行条例实施细则》第五条第一款规定，不动产单元，是指权属界线封闭且具有独立使用价值的空间。据此可知，为了解决登记中

---

[1] 王利明：《民法学》，复旦大学出版社2004年版，第216页。
[2] 梁慧星：《中国民法典草案建议稿附理由：物权编》，法律出版社2004年版，第8页。

第四章　物　权

不动产的特定问题，不动产登记法中就产生了"登记单元"（也称"登记单位"）的概念①。即不动产登记中，记载在登记簿上的承载物权的不动产的特定、具体，以不动产单元的方式来体现。不动产单元是由连接该不动产在地表、地上、地下空间的界址形成的权属界线围成的独立的封闭的空间，这是对申请登记的不动产的特定。对申请登记的不动产的具体就是确定不动产所在的位置或坐落、界址、面积等。

物权包括所有权、用益物权和担保物权。

二、物权的法定

所谓物权的法定，是指物权的种类和内容由法律规定，即《民法典》第一百一十六条规定，物权的种类和内容，由法律规定。物权的法定俗称物权法定原则，换言之，物权的种类和内容，除法律有规定者外，任何组织、任何个人不得随意创设，即使创设了，也是无效的。

1. 物权的种类

《民法典》第一百一十四条第二款规定，物权是权利人依法对特定的物享有直接支配和排他的权利，包括所有权、用益物权和担保物权。该法第三百四十一条规定，流转期限为五年以上的土地经营权，自流转合同生效时设立。当事人可以向登记机构申请土地经营权登记；未经登记，不得对抗善意第三人。按该法第三百六十八条规定，设立居住权的，应当向登记机构申请居住权登记。《不动产登记暂行条例》第五条规定："下列不动产权利，依照本条例的规定办理登记：（一）集体土地所有权；（二）房屋等建筑物、构筑物所有权；（三）森林、林木所有权；（四）耕地、林地、草地等土地承包经营权；（五）建设用地使用权；（六）宅基地使用权；（七）海域使用权；（八）地役权；（九）抵押权；（十）法律规定需要登记的其他不动产权利。"按《民法典》第二编第十七章规定，抵押权分为一般抵押权和最高额抵押权。概言之，当事人可以申请不动产登记机构登记的不动产

---

① 程啸：《不动产登记法研究》，法律出版社2011年版，第94页。

物权主要有：

（1）所有权。

所有权包括：集体土地所有权；房屋等建筑物、构筑物所有权；森林、林木所有权。

（2）用益物权。

用益物权包括：耕地、林地、草地等土地承包经营权和土地经营权；建设用地使用权；宅基地使用权；居住权；海域使用权；地役权。

（3）抵押权。

抵押权包括：一般抵押权；最高额抵押权。

2. 物权的内容

物权的内容，也称物权的权能。笔者根据法律的规定，区分物权种类对其权能做介绍。

（1）所有权的权能。

《民法典》第二百四十条规定，所有权人对自己的不动产或者动产，依法享有占有、使用、收益和处分的权利。据此可知，占有、使用、收益和处分是所有权的权能。

关于共有，一般情形下，共有是指两个以上的权利人对所有权的共同拥有。《民法典》第二百九十八条规定，按份共有人对共有的不动产或者动产按照其份额享有所有权。该法第二百九十九条规定，共同共有人对共有的不动产或者动产共同享有所有权。据此可知，共有的权能即所有权的权能。

（2）用益物权的权能。

《民法典》第三百二十三条规定，用益物权人对他人所有的不动产或者动产，依法享有占有、使用和收益的权利。据此可知，相对于承载用益物权的不动产所有权，用益物权的权能为占有、使用和收益。

① 耕地、林地、草地等土地承包经营权和土地经营权。

《民法典》第三百三十一条规定，土地承包经营权人依法对其承包经营

第四章 物　权

的耕地、林地、草地等享有占有、使用和收益的权利，有权从事种植业、林业、畜牧业等农业生产。按该法第三百三十四条规定，土地承包经营权人依照法律规定，有权将土地承包经营权互换、转让。据此可知，相对于承载耕地、林地、草地等土地承包经营权的土地所有权，土地承包经营权的权能为占有、使用、收益，对于土地承包经营权本身，有处分权能。

《民法典》第三百四十条规定，土地经营权人有权在合同约定的期限内占有农村土地，自主开展农业生产经营并取得收益。据此可知，土地经营权的权能为占有、使用、收益。

② 建设用地使用权的权能。

《民法典》第三百四十四条规定，建设用地使用权人依法对国家所有的土地享有占有、使用和收益的权利，有权利用该土地建造建筑物、构筑物及其附属设施。该法第三百四十七条第一款规定，设立建设用地使用权，可以采取出让或者划拨等方式。该法第三百五十三条规定，建设用地使用权人有权将建设用地使用权转让、互换、出资、赠与或者抵押，但是法律另有规定的除外。按《中华人民共和国城镇国有土地使用权出让和转让暂行条例》第四十四条和第四十五条规定，权利人以划拨方式取得的净的建设用地使用权是不可以处分的。据此可知：一是出让取得的建设用地使用权。相对于承载建设用地使用权的土地所有权，建设用地使用权的权能为占有、使用、收益，对于建设用地使用权本身，有处分权能。二是划拨取得的建设用地使用权。相对于承载建设用地使用权的土地所有权，建设用地使用权的权能为占有、使用、收益。

《土地管理法》第六十三条第三款和第四款规定，通过出让等方式取得的集体经营性建设用地使用权可以转让、互换、出资、赠与或者抵押，但法律、行政法规另有规定或者土地所有权人、土地使用权人签订的书面合同另有约定的除外。集体经营性建设用地的出租，集体建设用地使用权的出让及其最高年限、转让、互换、出资、赠与、抵押等，参照同类用途的国有建设用地执行。具体办法由国务院制定。《民法典》第三百九十八条规定，乡镇、村企业的建设用地使用权不得单独抵押。以乡镇、村企业的厂房等建筑物抵押的，其占用范围内的建设用地使用权一并抵押。据此可知，集体所有的土地上也可以设立建设用地使用权，此建设用地使用权也是《土地管理法》《民法典》规定的用益物权，简称集体建设用地使用权。出让取得的集体建设用地使用权的转让、互换、出资、赠与或者抵押参照同类用途的国有建设用地执行，即出让取得的集体建设用地使用权可以处分。因此，相对于承载集体建设用地使用权的土地所有权，集体建设用地使用权的权能也包括占有、使用、收益，对因出让取得的集体建设用地使用权本身，有处分权能。

③ 宅基地使用权。

《民法典》第三百六十二条规定，宅基地使用权人依法对集体所有的土地享有占有和使用的权利，有权依法利用该土地建造住宅及其附属设施。该法第三百六十三条规定，宅基地使用权的取得、行使和转让，适用土地管理的法律和国家有关规定。按该法第三百九十九条第（二）项规定，宅基地使用权属于不可以抵押的财产。据此可知，对于承载宅基地使用权的土地所有权，宅基地使用权的权能包括占有、使用，对宅基地使用权本身，有处分权能，但处分权能中不包括抵押。

④ 居住权。

《民法典》第三百六十六条规定，居住权人有权按照合同约定，对他人的住宅享有占有、使用的用益物权，以满足生活居住的需要。据此可知，居住权的权能为占有和使用。

⑤ 地役权。

《民法典》第三百七十二条第一款规定，地役权人有权按照合同约定，利用他人的不动产，以提高自己的不动产的效益。该法第三百八十条规定，地役权不得单独转让。土地承包经营权、建设用地使用权等转让的，地役权一并转让，但是合同另有约定的除外。该法第三百八十一条规定，地役权不得单独抵押。土地经营权、建设用地使用权等抵押的，在实现抵押权时，地役权一并转让。据此可知，相对于承载地役权的不动产物权，地役权的权能为占有、使用，对地役权本身，有处分权能。

⑥ 海域使用权。

《海域使用管理法》第三条第二款规定，单位和个人使用海域，必须依法取得海域使用权。该法第二十三条第一款规定，海域使用权人依法使用海域并获得收益的权利受法律保护，任何单位和个人不得侵犯。该法第二十七条第二款规定，海域使用权可以依法转让。《海域使用权管理规定》第四十一条第二款规定，海域使用权出租、抵押时，其固定附属用海设施随之出租、抵押，固定附属用海设施出租、抵押时，其使用范围内的海域使用权随之出租、抵押。法律法规另有规定的，从其规定。据此可知，相对于承载海域使用权的海域所有权，海域使用权的权能包括占有、使用、收益。对海域使用权本身，有处分权能。

⑦ 抵押权。

综合《民法典》的规定，抵押权的权能有：排除他人侵害抵押物、对抵押物的变价款优先受偿、随主债权处分而处分、收取孳息等。

⑧ 准共有。

《民法典》第三百一十条规定，两个以上组织、个人共同享有用益物权、担保物权的，参照适用本章的有关规定。据此可知，用益物权、担保物权也存在共有的情形，即准共有。所谓准共有，是指数人按份共有或者共同共有所有权以外的财产权[①]。此情形下，准共有的权能与相应的用益物权、担保物权相同。

三、物权的变动

物权的变动，是指物权的设立、变更、转移和消灭。

物权的设立，是指权利人创设一个原来不存在的物权，即不以他人已经存在的具有同一内容的物权为取得前提的情形，故因创设而取得物权属于物权的原始取得。如：合法建造并竣工的房屋自竣工时起权利人取得房屋的所有权；抵押权人基于直接建立的抵押关系设立的抵押权等。在不动产登记实务中，权利人设立不动产物权的，应当申请首次登记。

---

① 王利明：《民法学》，复旦大学出版社2004年版，第318页。

物权的变更，是指已经依法存在的不动产物权，在物权权利主体不变的前提下，物权的客体、权利内容等发生变动的情形。如：海域使用权面积的增减；划拨取得的国有建设用地使用权转化为出让取得的国有建设用地使用权；地役权使用期间延长等。在不动产登记实务中，不动产物权变更的，当事人应当申请变更登记。

物权的转移，是指已经依法存在的物权，在民事主体间进行转移，即物权的权利主体发生变动，但物权的客体、权利内容等不变的情形。物权的转移以他人已经依法存在的物权为前提，故因转移而取得物权属于物权的继受取得。如：通过买卖取得房屋所有权；通过受让债权取得依附于其上的抵押权；经继承取得死者遗留的土地承包经营权及地上林木所有权；因抵债取得债务人的海域使用权等。在不动产登记实务中，不动产物权转移的，当事人应当申请转移登记。

物权的消灭，是指依法存在的物权终止的情形。物权的消灭，包括物权的绝对消灭和相对消灭。物权的绝对消灭，是指物权随物权客体即物的消灭而永久消灭，或者随依附的主权利、主债权的消灭而消灭。与之对应的是物权的相对消灭，如：一是物权因转移给他人而使原权利人的权利消灭，他人在此消灭的基础上设立属于自己的物权；二是物权因物权客体消灭外的事由成就而消灭（如权利人抛弃不动产权利后，该权利人享有的不动产权利消灭，但该不动产权利本身并不消灭，而其归属处于待定状态，故此情形属于不动产权利的相对消灭）；三是物权内容发生变更，变更前的物权内容因变更的完成而消灭，物权的新内容因变更的完成而产生。

在不动产登记实务中，常见的物权消灭的情形主要有：

（1）物权实体灭失。标的物灭失时，物权随之消灭[①]。如：房屋实体灭失，附在其上的所有权、抵押权随之消灭；宗地因自然灾害而灭失，附在其上设立的宅基地使用权及地上房屋所有权消灭等。

[①] 梁慧星：《中国民法典草案建议稿附理由：物权编》，法律出版社2004年版，第52页。

（2）权利实现。如：抵押权因实现而消灭等。

（3）因人民法院、仲裁机构的判决、裁定、裁决和人民政府的征收决定。如：现时的房屋所有权被人民法院判决归他人，原所有权人的权利随即消灭。某处宅基地使用权及地上房屋所有权因人民政府的征收而消灭等。

（4）权利期限届满未获准续期。如：设定的地役权因期限届满而消灭；因出让取得的海域使用权、国有建设用地使用权因使用期限届满而消灭等。

（5）权利人抛弃。如：国有建设用地使用权及地上房屋所有权因权利人的抛弃而消灭；债权人放弃债权的，抵押权随债权的消灭而消灭等。

在不动产登记实务中，不动产物权绝对消灭的，当事人应当申请注销登记；不动产物权相对消灭的，当事人应当申请变更登记、转移登记、注销登记（抛弃不动产物权）。

四、物权的公示和生效

物权的公示，是指将物权的设立、变更、转移和消灭情况通过法定的方式公之于众，以便于与之相关的人及时了解、知晓现时的物权主体、权利客体、权利内容等。物权公示，最根本的作用是给物权的各种变动提供统一的、有公信力的法律基础[1]。

物权的公示方式，在各国均为一致，不动产物权的公示方式，为不动产登记[2]。按《民法典》第二百零八条规定，不动产物权的设立、变更、转让和消灭，应当依照法律规定登记。质言之，我国《民法典》的规定明确了不动产物权的公示方法是登记。按《不动产登记暂行条例》第二条第一款规定，不动产登记，是指不动产登记机构依法将不动产权利归属和其他法定事项记载于不动产登记簿的行为。据此可知，所谓不动产登记，是指登记机构按照法定程序，将不动产物权的设立、变更、转移、消灭等情况记载在登记簿上的行为。登记作为不动产物权的公示方法，对维护不动产物权的归属和交易秩序，具有重要意义。

---

[1] 梁慧星：《中国民法典草案建议稿附理由：物权编》，法律出版社2004年版，第14页。
[2] 梁慧星：《中国民法典草案建议稿附理由：物权编》，法律出版社2004年版，第13页。

物权生效，是指物权产生法律规定的效力。关于不动产物权的生效，《民法典》区别了两种情况予以规定：一是基于法律行为设立、变更、转移和消灭的不动产物权的生效；二是非基于法律行为设立、变更、转移和消灭的不动产物权的生效。

1. 基于法律行为设立、变更、转移和消灭不动产物权的，以登记为生效条件

《民法典》第二百零九条第一款规定，不动产物权的设立、变更、转让和消灭，经依法登记，发生效力；未经登记，不发生效力，但是法律另有规定的除外。质言之，一般情形下，基于法律行为设立、变更、转移和消灭不动产物权的，未经登记不产生法律效力，即基于法律行为设立、变更、转移和消灭不动产物权的，未经登记者，该不动产物权不产生设立、变更、转移和消灭的法律后果。但是，基于法律行为设立、变更、转移和消灭的不动产物权何时生效？

《民法典》第二百一十四条规定，不动产物权的设立、变更、转让和消灭，依照法律规定应当登记的，自记载于不动产登记簿时发生效力。据此可知，基于法律行为设立、变更、转移和消灭的不动产物权，自记载于登记簿上时起生效。所谓不动产登记簿，是指国家依法设立的专门记载不动产物权变动情况及相关事项的簿册。《民法典》第二百一十六条第一款规定，不动产登记簿是物权归属和内容的根据。该法第二百一十七条规定，不动产权属证书是权利人享有该不动产物权的证明。不动产权属证书记载的事项，应当与不动产登记簿一致；记载不一致的，除有证据证明不动产登记簿确有错误外，以不动产登记簿为准。据此可知，不动产登记的实质，就是行政行为对物权关系的合理干涉，赋予不动产登记公信力，以明确不动产物权的归属，保护权利人的利益。所谓公信力，即法律对第三人依据不动产登记簿的记载所表述的不动产物权的内容而取得的该项权利予以强制保护，使其免受任何人追夺的强制力。[①]

[①] 梁慧星：《中国民法典草案建议稿附理由：物权编》，法律出版社2004年版，第31页。

第四章 物　权

2. 非基于法律行为设立、变更、转移和消灭不动产物权的，自法律规定的事实行为成就时起，无须登记，直接生效

《民法典》第二百二十九条规定，因人民法院、仲裁机构的法律文书或者人民政府的征收决定等，导致物权设立、变更、转让或者消灭的，自法律文书或者征收决定等生效时发生效力。该法第二百三十条规定，因继承取得物权的，自继承开始时发生效力。该法第二百三十一条规定，因合法建造、拆除房屋等事实行为设立或者消灭物权的，自事实行为成就时发生效力。据此可知，《民法典》规定的这三种非基于法律行为设立、变更、转移和消灭不动产物权的情形，是经登记后才生效的例外情形，即《民法典》第二百零九条第一款规定中"但是法律另有规定的除外"的情形。法律何以做如此规定，笔者认为：

（1）因人民法院、仲裁机构生效的法律文书或者人民政府的征收决定设立、变更、转移和消灭不动产物权的情形。

因人民法院、仲裁机构生效的法律文书设立、变更、转移和消灭不动产物权，其中的法律文书，必须是人民法院、仲裁机构作出的判决、裁定、裁决[①]。人民法院、仲裁机构在对不动产物权的设立、变更、转移和消灭作出生效的法律文书前，要组织当事人进行证据交换；公开开庭审理中要组织当事人陈述自己的主张、对对方提交的证据进行质证、围绕双方争论的焦点进行辩论；开庭审理后，依据有证据证明的事实，按法律的规定予以判决或裁决，判决或裁决的结果公开宣布，判决书或裁决书亦送达当事人。人民政府依法对不动产物权进行征收，更是按法定的程序作出征收决定，并张贴征收公告。故因人民法院、仲裁机构生效的法律文书或者人民政府生效的征收决定设立、变更、转移和消灭不动产物权的整个过程公开透明，已经起到了公示作用，且都是出自国家公权部门的行为，具有公信力。

在司法实务中，《物权法司法解释（一）》第七条规定，人民法院、仲裁委员会在分割共有不动产等案件中作出并依法生效的改变原有物权关系

[①] 王利民、尹飞、程啸：《中国物权法教程》，人民法院出版社2007年版，第81页。

的民事调解书、仲裁调解书，应当认定为物权法第二十八条（现《民法典》第二百二十九条规定）所称导致物权设立、变更、转让或者消灭的人民法院、仲裁委员会的法律文书。该解释第二十二条规定，本解释自 2016 年 3 月 1 日起施行。本解释施行前人民法院已经受理、施行后尚未审结的一审、二审案件，以及本解释施行前已经终审、施行后当事人申请再审或者按照审判监督程序决定再审的案件，不适用本解释。质言之，最高人民法院根据法律赋予的权力对《物权法》第二十八条规定（现《民法典》第二百二十九条规定）做了扩张性解释，即自 2016 年 3 月 1 日起立案后，人民法院、仲裁机构在分割共有不动产等案件中作出并依法生效的改变原有物权关系的民事调解书、仲裁调解书与相应的判决、裁定具有同等效力。

（2）因继承取得不动产物权的情形。

《民法典》第一千一百二十一条第一款规定，继承从被继承人死亡时开始。该法第二百三十条规定，因继承取得物权的，自继承开始时发生效力。据此可知，如果法律规定因继承取得的不动产物权须经登记才生效，也应当由被继承人和继承人双方共同申请，即被继承人先申请注销物权，继承人再申请设立物权，但继承又必须在被继承人死亡后才能进行，死者又怎么能申请登记呢？据此可知，有不动产登记程序上的障碍。若法律不规定此种情形下取得的不动产物权自继承开始时发生效力，则在被继承人死亡后，物权将在一定的期间内处于权利待定状态，会给权利的确认、定纷止争造成不便。因非依法律行为而发生的物权变动，一部分是根据法律直接发生的，有法律的明确规定作为根据；而法律的明确规定，具有与物权的公示同样的作用[①]。据此可知，因继承产生的不动产物权变动，属于因法律的直接规定发生的，未经登记直接生效的不动产物权在物权保护、排除妨碍等方面与经登记生效的不动产物权具有同等的效力。

（3）因合法建造、拆除房屋的事实行为设立、消灭不动产物权的情形。

法律之所以规定通过此种方式取得、消灭的不动产物权无须登记，

[①] 梁慧星：《中国民法典草案建议稿附理由：物权编》，法律出版社 2004 年版，第 51 页。

在事实行为成就时生效,是因为合法建房要经过用地取得、规划许可等法定程序,而这些程序在履行中,有现场勘查、定点划定规划红线等环节,整个程序的履行也是在国家公权部门的主持下公开进行的,再者,建房、拆除房屋也是在公开状态下进行的,周期一般比较长,也已经起到公示作用,具有公信力。法律规定合法建造房屋的人自房屋竣工时起,无须登记即依法、即时取得房屋的物权,也符合谁投资谁拥有的民法原则。法律规定拆除房屋自拆除房屋的事实成就时起无须登记,被拆除房屋的所有权灭失,也符合实体灭失,附于其上的权益随之灭失的民法原则。

因此,按《民法典》第二百二十九条至第二百三十一条规定,设立、变更、转移和消灭的不动产物权,都经过公示,具有公信力。

但是,非基于法律行为取得的不动产物权,若对第三人处分时,必须先行登记在自己名下后,处分才能产生物权效力,即《民法典》第二百三十二条规定"处分依照本节规定享有的不动产物权,依照法律规定需要办理登记的,未经登记,不发生物权效力"。如:某人因人民法院判决取得一处房屋的所有权,对他人转让时,应当凭生效的判决书先行将该房屋登记在自己名下后,再转让给他人才能最终产生物权效力。

五、物权的效力

物权的效力是指物权所特有的功能和作用[1]。物权的效力包括物权的共同效力与特有效力。前者为一般物权所共有,后者为各种特殊物权所独有[2]。此处,笔者仅就物权的共同效力作介绍,对物权的特有效力,笔者在本书的相应部分作介绍。

1. 优先效力

法律上所谓的优先,指权利实现的优先[3]。物权的优先效力的体现主要有:

---

[1] 王利民、尹飞、程啸:《中国物权法教程》,人民法院出版社2007年版,第7页。
[2] 陈华彬:《物权法》,法律出版社2004年版,第94页。
[3] 梁慧星:《中国民法典草案建议稿附理由:物权编》,法律出版社2004年版,第17页。

(1) 物权优于债权。

物权优于债权,一般情形下,主要指同一物上同时存在物权与债权时,不管物权生效的时间先于债权,还是后于债权,物权始终优先于债权。如:出租房屋的共有人出让其持有份额时,《民法典》第三百零五条规定,按份共有人可以转让其享有的共有的不动产或者动产份额。其他共有人在同等条件下享有优先购买的权利。该法第七百二十六条第一款规定,出租人出卖租赁房屋的,应当在出卖之前的合理期限内通知承租人,承租人享有以同等条件优先购买的权利;但是,房屋按份共有人行使优先购买权或者出租人将房屋出卖给近亲属的除外。据此可知,就同一房屋,共有人的优先购买权优于承租人,为什么?其他共有人对出让房屋享有的是共同所有权,属于法定物权,而租赁属于债权,按物权优于债权的原理,共有人的优先购买权当然优于承租人。再如:债权人甲起诉债务人后,申请人民法院查封保全了登记在债务人名下的房屋,但该房屋上有乙的抵押权存在。在司法实务中,《最高人民法院关于人民法院执行工作若干问题的规定(试行)》第四十条规定,人民法院对被执行人所有的其他人享有抵押权、质押权或留置权的财产,可以采取查封、扣押措施。财产拍卖、变卖后所得价款,应当在抵押权人、质押权人或留置权人优先受偿后,其余额部分用于清偿申请执行人的债权。据此可知,人民法院变现有抵押权存在的财产后,抵押权优于被执行人受偿,即抵押权优于普通债权受偿。因此,抵押权人乙对房屋的变现款优先于普通债权人甲受偿。

(2) 处于优先顺位的物权优先实现。

处于优先顺位的物权优先实现,主要体现为顺位在先的抵押权优于顺位在后的抵押权实现。按《民法典》第四百一十四条第(一)项规定,同一财产向两个以上债权人抵押的,拍卖、变卖抵押财产所得的价款,抵押权已登记的,按照登记的先后顺序清偿。所谓顺位,就是不动产物权在不动产登记簿上依设立的时间先后所排列的顺序所占据的位置[①]。如:甲用

---

① 梁慧星:《中国民法典草案建议稿附理由:物权编》,法律出版社2004年版,第34页。

房屋向 A 银行抵押取得贷款，A 银行经登记取得了抵押权。尔后，甲又用该房屋向 B 银行抵押取得贷款，B 银行经登记也取得了抵押权。即使 B 银行先于 A 银行申请实现抵押权，顺位在先的 A 银行的抵押权也优先于顺位在后的 B 银行的抵押权受偿。

2. 排他的效力

《民法典》第一百一十四条第二款规定，物权是权利人依法对特定的物享有直接支配和排他的权利，包括所有权、用益物权和担保物权。据此可知，物权具有排他性，即物权具有排他的效力。物权的排他效力，指同一标的物上，依法律行为成立一物权时，不容许在该标的物上，再成立与之有同一内容的物权[①]。如：一物之上不允许存在两个或两个以上的所有权。在不动产登记实务中，按《不动产登记操作规范（试行）》4.8.2 条之 5 规定，申请登记的事项与不动产登记簿的记载相冲突的，登记机构应当作不予登记处理。如：如果当事人对一处已经完成所有权首次登记的房屋再申请所有权首次登记，则后申请登记的所有权与已经记载在登记簿上的所有权相冲突，登记机构应当作不予登记处理。换言之，一处房屋上不能同时登记两个或两个以上的所有权。

3. 追及的效力

《民法典》第二百三十五条规定，无权占有不动产或者动产的，权利人可以请求返还原物。笔者认为，《民法典》的本条规定，确立了物权的追及效力。物权的追及效力，是指物权生效后，承载物权的客体被他人侵占，无论辗转于何人之手，权利人有权依法直接向侵占人索回，也可诉请人民法院保护，请求返还原物。

4. 物权的请求权

《民法典》第二百三十五条规定，无权占有不动产或者动产的，权利人可以请求返还原物。该法第二百三十六条规定，妨害物权或者可能妨害物

---

① 陈华彬：《物权法》，法律出版社 2004 年版，第 95 页。

权的，权利人可以请求排除妨害或者消除危险。据此可知，《民法典》的规定确立了权利人的原物返还请求权、排除妨害请求权和消除危险请求权，这些请求权均是基于物权产生的请求权，即物权请求权。原物请求权，前已述及，此处不再赘述。排除妨害，回复物权圆满支配状态之请求权，谓之物权的请求权，亦称物上请求权①。质言之，在物权的圆满状态受到或将要受到妨害时，权利人可以行使物上请求权，请求对方除去妨害。消除危险请求权，主要指他人对物权客体或权利人行使物权造成危险或可能产生危险时，权利人请求对方消除危险的请求权。如：某矿业公司开采矿产资源时，开采通道即将到达一处房屋下面，可能造成塌陷而使房屋面临灭失的危险，此时，权利人可以请求该公司停止开采作业或绕道开采，以排除自己房屋可能灭失的危险。

第二节 所 有 权

一、所有权概说

1. 所有权的概念

所谓所有权，有学者认为，所有权，是指在法律规定的范围内自由支配标的物并排除他人干涉的权利②。《民法典》第二百四十条规定，所有权人对自己的不动产或者动产，依法享有占有、使用、收益和处分的权利。据此可知，所有权是权利人对其物（动产或不动产）依法享有占有、使用、收益和处分的权利。比较学者的定义与法律的规定，学者采用抽象加概括的方式下定义，强调的所有权：一是对物进行全面支配的物权，全面支配中已经包含了占有、使用、收益和处分；二是权利人有权排除任何对所有权不利的侵夺、妨害或干扰。而法律规定的定义是采用具体例举的方式，仅是对所有权核心内容的明确。法律规定的定义内涵和外延比学者的窄，如果就学术探讨而言，笔者赞成学者的观点，但根据物权法定的原则，在

---

① 史尚宽：《物权法论》，中国政法大学出版社2000年版，第11页。
② 梁慧星：《中国民法典草案建议稿附理由：物权编》，法律出版社2004年版，第66页。

第四章 物 权

工作实务中,应当遵循《民法典》的规定,即占有、使用、收益和处分是所有权的法定内容,或称权能。具体到房屋、构筑物、林木等不动产所有权上,占有是指权利人对不动产的实际掌控、持有。使用是指权利人在法律许可、经济允许、技术可行的前提下对不动产的性能和用途加以利用。收益是指权利人依法享有因自己所有的不动产而产生的利益。处分是指权利人在法律许可的前提下,依自己的意愿处置自己的不动产。

《民法典》第二百四十一条规定,所有权人有权在自己的不动产或者动产上设立用益物权和担保物权。用益物权人、担保物权人行使权利,不得损害所有权人的权益。据此可知,所有权与其他物权关系十分密切,其他物权都是在所有权基础上产生的,是所有权权能分离的结果[1]。所有权系最典型的物权,或物权的原型[2],不动产所有权是相对于动产所有权而言的物权,是以不动产为特定物的物权,是物权中所有权的具体化。不动产对大多数中国民众而言,是生活、经营的依靠,价值量巨大,属于其最重要的财产之一。按《不动产登记暂行条例》第五条第(一)项至第(三)项规定,集体土地所有权,房屋等建筑物、构筑物所有权,森林、林木所有权属于不动产登记机构登记的物权。在不动产登记实务中,按《不动产登记暂行条例实施细则》第四章规定,集体土地所有权,房屋等建筑物、构筑物所有权,森林、林木所有权属于先于用益物权、担保物权登记的物权。据此可知,所有权是不动产登记中最基础、最重要、最核心的内容。

2. 所有权权能的分离

所有权权能的分离,是指所有权人按自己的意思表示,依法行使其动产或不动产的占有、使用、收益和处分四项权能中的某一项或某几项权能以设立相应的用益物权、担保物权、债权的行为。《民法典》第二百四十一条规定,所有权人有权在自己的不动产或者动产上设立用益物权和担保物权。用益物权人、担保物权人行使权利,不得损害所有权人的权益。据此

---

[1] 王利明:《物权法教程》,中国政法大学出版社2003年版,第33页。
[2] 王泽鉴:《民法物权(通则·所有权)》,中国政法大学出版社2001年版,第149页。

可知，在不动产登记实务中，根据所有权权能分离设立的可以记载在登记簿上的物权主要有：① 利用处分权能设立的一般抵押权、最高额抵押权；② 利用占有、使用权能设立的居住权、国有建设用地使用权、集体建设用地使用权、宅基地使用权、土地承包经营权、土地经营权、海域使用权、地役权。另外，还有利用不动产的占有和使用权能设立的不在登记簿上记载的债权性质的租赁权。

所有权权能的分离，不是所有权的某一项权能或某几项权能的分割转让，在所有权权能分离基础上设立的用益物权、担保物权、债权并不导致相应的所有权权能的灭失。法律之所以规定所有权权能可以分离，是为了充分发挥所有权的效用，在所有权权能分离基础上设立的用益物权、担保物权、债权一旦消灭，所有权权能便回复到原来的圆满状态。

3. 所有权权能的限制

所有权权能的限制是指依据法律的规定对权利人行使所有权的行为和行使所有权某一项或几项权能进行限制。《民法典》第八条规定，民事主体从事民事活动，不得违反法律，不得违背公序良俗。据此可知，不得违反法律和违背公序良俗，是民事主体从事民事活动时应当遵守的基本原则。民事主体行使其享有的所有权，属于从事具体的民事活动，自然应当遵守此原则，此即对所有权权能的限制。在不动产登记实务中，需要在登记簿上记载的对所有权权能的限制方式主要有：① 对所有权作限制的用益物权、担保物权，如地役权、抵押权；② 人民法院或其他有权部门对所有权作的查封、扣押；③ 依法记载在登记簿上的预告登记等。这些方式对所有权的相应权能起限制作用，如担保物权的存在，限制所有权中的处分权能；地役权的存在，限制所有权中的占有、使用权能。故这些方式也称为所有权的负担。

二、所有权的形态

《民法典》第二编第五章将所有权分为国家所有权、集体所有权和私人所有权，似乎法定的所有权形态就这三种。但按《民法典》第二百六十八

第四章 物 权

条规定，国家、集体和私人依法可以出资设立有限责任公司、股份有限公司或者其他企业。据此可知，所有权形态增加了有限责任公司所有权和股份有限公司所有权。该法第二百零七条规定，国家、集体、私人的物权和其他权利人的物权受法律平等保护，任何组织或者个人不得侵犯。其中的"其他权利人的物权"是个宽泛的概念。在不动产登记实务中，申请人申请登记的不动产所有权的形态主要有以下七种。

1. 国家所有权

按《民法典》第二百四十六条规定，法律规定属于国家所有的财产，属于国家所有即全民所有。据此可知，国家所有权，是指国家对国有财产享有的占有、使用、收益和处分的权利，其本质是全民所有制在法律上的表现[①]。在不动产登记实务中，记载在登记簿上的国家所有权主要有直管公房所有权和国家机关、团体、企事业单位、部队的自管公房所有权以及国有森林、林木所有权等。在所有权登记中，一般情形下，直管公房所有权登记在房地产行政主管部门或国有资产经营管理机构的名下，自管公房登记在管理、使用单位名下，国有森林、林木所有权则登记在国有林场等单位名下。实质上，这类房屋、森林、林木的所有权人是国家。

2. 集体所有权

《民法典》第二百六十一条第一款规定，农民集体所有的不动产和动产，属于本集体成员集体所有。该法第二百六十三条规定，城镇集体所有的不动产和动产，依照法律、行政法规的规定由本集体享有占有、使用、收益和处分的权利。据此可知，集体所有权是指集体组织以及集体组织全体成员对集体财产享有的占有、使用、收益和处分的权利，它是劳动群众集体所有制在法律上的表现[②]。集体所有权包括城镇集体所有权和农民集体所有权。在不动产登记实务中，记载在登记簿上的集体所有权主要有农村集体土地所有权、房屋所有权、森林或林木所有权。一般情形下，城镇集体

---

① 佟柔：《中国民法》，法律出版社1994年版，第249页。
② 王利民、尹飞、程啸：《中国物权法教程》，人民法院出版社2007年版，第189页。

所有的房屋所有权、森林或林木所有权登记在城镇集体经济组织名下，如房屋登记在城镇街道集体企业名下等。农民集体所有的农村集体土地所有权、房屋所有权、森林或林木所有权登记在"某乡（或村、村民小组）农民集体"名下。

3. 私人所有权

《民法典》第二百六十六条规定，私人对其合法的收入、房屋、生活用品、生产工具、原材料等不动产和动产享有所有权。据此可知，私人所有权，是指自然人对其不动产或动产享有的占有、使用、收益和处分的权利。在不动产登记实务中，记载在登记簿上的私人所有权主要有房屋所有权、森林或林木所有权。

4. 联营企业所有权

所谓联营企业，是指各投资人通过签定联营合同建立的企业组织。联营企业有两种情形：一是有法人资格的联营企业，二是非法人组织形式的联营企业。在不动产登记实务中，记载在登记簿上的联营企业所有权主要有房屋所有权、森林或林木所有权。这类所有权登记，由联营企业法人或非法人组织以其法定名称申请登记。

5. 股份制公司或有限责任公司所有权

《公司法》第二条规定："本法所称公司是指依照本法在中国境内设立的有限责任公司和股份有限公司。"该法第三条第一款规定："公司是企业法人，有独立的法人财产，享有法人财产权。公司以其全部财产对公司的债务承担责任。"据此可知，我国境内的公司只有股份制公司和有限责任公司，且都是企业法人，其拥有的不动产所有权理应由企业法人以其法定名称申请登记。在不动产登记实务中，记载在登记簿上的股份制公司或有限责任公司的不动产所有权主要有房屋所有权、森林或林木所有权。

6. 涉港澳台和涉外所有权

涉港澳台所有权，有狭义和广义之分。狭义的涉港澳台所有权主要指我国香港地区、澳门地区和台湾地区的自然人、法人、非法人组织在祖国大陆依法享有的财产所有权。广义的涉港澳台所有权，是指我国香港地区、澳门地区和台湾地区的自然人、法人、非法人组织在祖国大陆依法享有的财产所有权，以及这些地区的自然人、法人、非法人组织在祖国大陆参股、合作、合营、联营的企业中享有的财产所有权。本书中指的是狭义的涉港澳台所有权。在不动产登记实务中，记载在登记簿上的涉港澳台的不动产所有权主要有房屋所有权、森林或林木所有权。

涉外所有权，也有狭义和广义之分。狭义的涉外所有权，主要指外籍自然人和域外法人、非法人组织在我国依法享有的财产所有权。广义的涉外所有权，是指外籍自然人和域外法人、非法人组织在我国依法享有的财产所有权，以及这些自然人、法人、非法人组织在我国参股、合作、合营、联营的企业中享有的财产所有权。本书中指的是狭义的涉外所有权。在不动产登记实务中，记载在登记簿上的涉外的不动产所有权主要有房屋所有权、森林或林木所有权。

7. 其他所有权

由于我国经济、社会快速、多元化发展，新的市场主体、经济组织时有出现，这些主体、组织在民事活动中，合法取得并享有的财产所有权也应当得到法律的保护，笔者对这些所有权形态无法预见，暂称之为其他所有权。在不动产登记实务中，记载在登记簿上的其他不动产所有权主要有房屋所有权、森林或林木所有权。

不同形态的不动产所有权，相应的法律、法规、规章对其处置做了规定。如：《公司法》第三十六条和第七十四条规定，股东会是有限责任公司的权力机构。有限责任公司主要资产转让由股东会决定。该法第九十八条和第一百零四条规定，股东大会是股份制公司的权力机构。公司重大资产转让由股东大会决定。据此可知，一般情形下，无论有限责任公司还是股份制公司，国有建设用地使用权及地上房屋所有权都是其主要或重大资产。《城市房地产转让管理规定》第三条规定，房屋买卖和以房屋作价入股均属于房屋转让。因此，有限责任公司出卖国有建设用地使用权及地上房屋所有权，或以国有建设用地使用权及地上房屋所有权作价出资（入股）的应当由其股东会、股东大会决定。

《民法典》第二百一十六条第一款规定，不动产登记簿是物权归属和内容的根据。该法第二百四十条规定，所有权人对自己的不动产或者动产，依法享有占有、使用、收益和处分的权利。据此可知，记载在登记簿上的自然人、法人、非法人组织就是相应的不动产物权的权利主体，该权利主体可以依其意思表示对登记在其名下的不动产所有权作处分。按《民法典》第一百五十八条规定，民事法律行为可以附条件，但是根据其性质不得附条件的除外。附生效条件的民事法律行为，自条件成就时生效。按该法第一百六十条规定，民事法律行为可以附期限，但是根据其性质不得附期限的除外。附生效期限的民事法律行为，自期限届至时生效。按该法第四百九十条第一款规定，当事人采用合同书形式订立合同的，自当事人均签名、盖章或者按指印时合同成立。按该法第五百零二条第一款规定，依法成立的合同，自成立时生效，但是法律另有规定或者当事人另有约定的除外。据此可知，登记簿上记载的不动产物权的权利主体与他人实施处分不动产的法律行为而签订的处分该不动产的合同，上面有当事人的签名或签章、指印，无约定的生效条件或生效期限的，该合同为已经生效的合同。如果约定有生效条件或生效期限的，自约定的期限届至或约定的条件成就时起，合同方才生效。当然，如果法律、行政法规规定合同以办理批准、登记等手续为生效前提的，当事人须办理批准、登记等手续后合同方才生效。至于法律、法规、规章规定对相应形态的不动产所有权处分时，须经国有资产管理机关、股东会、职工大会等组织同意，笔者认为，这是对其处分不动产的制约性的规定，对内关系上，处分不动产应当履行这些程序，这些规定属于管理性的规定，不是关于处分不动产的合同的效力性的规定。因此，在不动产登记实务中，一般情形下，登记簿上记载的权利人与他人共同申请因处分不动产产生的转移登记、抵押权登记时，在提交生效的处分合同的情形下，无须向登记机构提交国有资产管理机关、股东会、职工大会等组织同意处分的证明。

三、建筑物区分所有权

数人区分一建筑物而各有其一部分者，谓之区分所有权[1]。《民法典》第二百七十一条规定，业主对建筑物内的住宅、经营性用房等专有部分享有所有权，对专有部分以外的共有部分享有共有和共同管理的权利。据此可知，区分所有权是权利人独自享有的专有部分的所有权及与其他业主共有共用部分的所有权共同构成的特别所有权。在不动产登记实务中，区分所有权由权利人独自享有的专有部分的所有权、分摊享有的共有共用部分的所有权、与其他业主共同共有公共设备、设施用房的所有权（如不分摊的小区物业管理用房等）组成。

专有部分所有权，是指区分所有权人对构造上具有独立性，能独立进出，无须其他部分辅助便可独立依法使用的建筑物部分享有的所有权，即房屋所有权登记中的套内面积部分。对此，法律没有明确规定，但在行政法规和不动产登记规则中有具体规定，即《不动产登记暂行条例》第八条第一款规定，不动产以不动产单元为基本单位进行登记。不动产单元具有唯一编码。《不动产登记暂行条例实施细则》第五条第一款、第三款和第四款规定："《条例》第八条规定的不动产单元，是指权属界线封闭且具有独立使用价值的空间。有房屋等建筑物、构筑物以及森林、林木定着物的，以该房屋等建筑物、构筑物以及森林、林木定着物与土地、海域权属界线封闭的空间为不动产单元。前款所称房屋，包括独立成幢、权属界线封闭的空间，以及区分套、层、间等可以独立使用、权属界线封闭的空间。"其中，层、套（间）等房屋的不动产单元空间范围是指墙、柱、地板、天花板水平投影的中心线以内的部分。对专有部分，权利人依法享有完整的所有权，即《民法典》第二百七十二条第一句规定"业主对其建筑物专有部分享有占有、使用、收益和处分的权利"。

---

[1] 史尚宽：《物权法论》，中国政法大学出版社2000年版，第120页。

共有部分共有权，是指区分所有权人对建筑物的专有部分外，依法律规定或者相关约定，共同享有共用的建筑物部分的所有权，即《民法典》第二百七十三条第一款规定"业主对建筑物专有部分以外的共有部分，享有权利，承担义务；不得以放弃权利为由不履行义务"。关于共有部分的范围，国家标准《房产测量规范》（GB/T17986—2000）B3.1 第一款和第二款规定："共有建筑面积的内容包括：电梯井、管道井、楼梯间、垃圾道、变电室、设备间、公共门厅、过道、地下室、值班警卫室等，以及为整幢服务的公共用房和管理用房的建筑面积，以水平投影面积计算。共有建筑面积还包括套与公共建筑之间的分隔墙，以及外墙（包括山墙）水平投影面积一半的建筑面积。"据此可知，区分所有权人对共有部分所有权的共有类型有按份共有和共同共有。按相关规定或约定分摊到区分所有权人名下的，属于按份共有，区分所有权人按持有份额享有权利承担义务。此情形下的按份共有，以共有人具体分摊取得的面积数据表示，属于以百分比或分数表示按份共有份额的例外情形。属于一定区域内的全体区分所有权人共同共有的部分，则按相关规定只需申请权利登记，而不分摊到各区分所有权人名下，即《不动产登记暂行条例实施细则》第三十六条规定的"办理房屋所有权首次登记时，申请人应当将建筑区划内依法属于业主共有的道路、绿地、其他公共场所、公用设施和物业服务用房及其占用范围内的建设用地使用权一并申请登记为业主共有……"。全体区分所有权人对共同共有部分共同行使权利和承担义务。

专有部分所有权和共用部分共有权是不可分割的统一体，权利人不得分割处分，即《民法典》第二百七十三条第二款规定的"业主转让建筑物内的住宅、经营性用房，其对共有部分享有的共有和共同管理的权利一并转让"。

在不动产登记实务中，建筑物区分所有权在登记簿上的表达为：套内建筑面积、分摊建筑面积、总建筑面积。属于全体业主共同共有的所有权则登记在"某小区全体业主"名下。

第四章 物　权

四、出租土地上的房屋所有权

出租土地有两种情形。一种是承租人与土地管理机关签订租赁合同取得用益物权——建设用地使用权。《〈土地管理法〉实施条例》第二十九条第（二）项规定，国有土地租赁是国有土地的有偿使用方式。按《国土资源部关于印发〈规范国有土地租赁若干意见〉的通知》（国土资发〔1999〕222号）第一条规定，国有土地租赁是指国家将国有土地出租给使用者使用，由使用者与县级以上人民政府土地行政主管部门签订一定年期的土地租赁合同，并支付租金的行为。按该意见第六条规定，国有土地租赁，承租人取得承租土地使用权。据此可知，租赁也是当事人设立国有建设用地使用权的方式之一，县级以上人民政府自然资源行政主管部门与当事人签订的国有建设用地使用权租赁合同，才是合法、有效的设立国有建设用地使用权的租赁合同，才是权利人享有国有建设用地使用权的原因证明。另一种是承租人与建设用地使用权人签订租赁合同取得建设用地的承租权。那么，出租土地上合法建造的房屋竣工后，可否办理所有权登记呢？

在不动产登记实务中，《不动产登记暂行条例实施细则》第二条第二款规定："房屋等建筑物、构筑物和森林、林木等定着物应当与其所依附的土地、海域一并登记，保持权利主体一致。"据此可知，《不动产登记暂行条例实施细则》的规定，确立了"房地权利主体同一"的不动产登记原则，强调的是房屋所有权主体与其占用范围内的土地使用权主体须同一。按该实施细则第三十五条第（一）项规定，申请人申请国有建设用地使用权及房屋所有权首次登记时，不动产权属证书或者土地权属来源材料是应当提交的材料。据此可知，此处的不动产权属证书，是指申请人单独向登记机构申请房屋所有权首次登记时，提交的载明其享有国有建设用地使用权的权利凭证。土地权属来源材料，是指申请人一并向登记机构申请国有建设用地使用权及地上房屋所有权首次登记时，提交的证明其依法享有国有建设用地使用权的证据材料，主要包括：取得国有建设用地使用权的划拨文件、土地出让合同、土地租赁合同、土地作价出资（入股）批准文件、土地授权经营批准文件、有权机关确认取得国有建设用地使用权的文件等。因此，承租人在其与土地管理机关签订租赁合同取得的国有建设用地上合法建造并竣工的房屋，可以办理所有权登记。但是，承租人与建设用地使用权人（出租人）通过签订土地租赁合同取得土地租赁权，是承租人对出租人已经取得的建设用地使用权进行利用的一种合同或协议债权，不是公开的、对世的物权——建设用地使用权，若为其上房屋办理所有权登记，与"房地权利主体同一"的不动产登记原则相悖，所以，承租人在租赁他人的建设用地上建造的房屋竣工后不能办理所有权登记。

第三节 共 有

一、共有的概念和特征

《民法典》第二百九十七条规定，不动产或者动产可以由两个以上组织、个人共有。共有包括按份共有和共同共有。该法第二百九十八条规定，按份共有人对共有的不动产或者动产按照其份额享有所有权。该法第二百九十九条规定，共同共有人对共有的不动产或者动产共同享有所有权。据此可知，共有是指两个或两个以上的权利主体对同一物共同享有所有权。共同享有所有权的人是共有人，被共有人共同享有所有权的物是共有物。如：A、B对一套房屋共同享有所有权，则A、B是共有人，该房屋是共有物。共有两种情形，一是按份共有，二是共同共有。

共有的特征主要有：

（1）共有的主体不是唯一的，须是两个或两个以上的自然人、法人或非法人组织，即两个以上的自然人可以共有一物，两个以上的法人或非法人组织可以共有一物，自然人可以与法人或非法人组织共有一物。在不动产登记实务中，共有人是登记簿和不动产权属证书上记载的权利主体。

（2）共有的客体须特定，但该客体可以是一个独立的物，也可以是两个以上相互独立的能够明确、具体的物，即两个以上的权利人可以共有一个独立的物，也可以同时共有两个以上相互独立的物。如：甲、乙可以是一套房屋的共有人，也可以是两套房屋的共有人。

（3）共有是所有权的一种形式，换言之，共有是两个或两个以上的所有权人对一个特定物共同享有一个所有权。共有不是对该所有权的某一项或某几项权能的分割，而是对该所有权的量的抽象的共同享有。

（4）按份共有和共同共有是共有的两种不同的情形，共同共有不是等额按份共有，等额按份共有也不是共同共有。

二、按份共有

《民法典》第二百九十八条规定，按份共有人对共有的不动产或者动产按照其份额享有所有权。据此可知，按份共有，是指共有人对共有物按其持有份额享有权利和分担义务的共有。

1. 按份共有产生的原因及份额确定

《民法典》第三百零八条规定，共有人对共有的不动产或者动产没有约定为按份共有或者共同共有，或者约定不明确的，除共有人具有家庭关系等外，视为按份共有。该法第三百零九条规定，按份共有人对共有的不动产或者动产享有的份额，没有约定或者约定不明确的，按照出资额确定；不能确定出资额的，视为等额享有。据此可知，共有人对共有物可以约定为按份共有或共同共有，共有人没有约定为按份共有或共同共有的，或虽然约定了但约定不明确的，法律规定，共有人具有家庭关系的，视为共同共有，否则，视为按份共有。按份共有的份额，一是基于共有人间的约定，二是基于法律的规定。概言之，按份共有产生的原因及份额确定，一是基于共有人间的约定，二是基于法律的规定。

（1）基于共有人间约定的按份共有。

基于共有人间的约定产生的按份共有及份额，是指全部共有人根据自己的意思表示，约定共有物为按份共有及各共有人享有的份额的情形。在实际生活中，两个以上的自然人共同购买一间门市，所有出资人共同签订一份购房合同后，另行书面约定各人的出资额及应占的份额，从而形成对一间门市按份共有的事例不胜枚举。在不动产登记实务中，共有人须在申请书中明确载明自己应有的份额，且该份额应当与共有人间书面约定的份额一致，便于登记机构审核、确认后记载在登记簿上并缮制、颁发权利证书。

（2）基于法律规定的按份共有。

基于法律规定的按份共有，是指法律规定共有人对相应的物按份享有所有权的情形。如：《民法典》第三百零八条规定，共有人对共有的不动产或者动产没有约定为按份共有或者共同共有，或者约定不明确的，除共有人具有家庭关系等外，视为按份共有。据此可知，共有人对共有的类型没有约定或约定不明确的，法律规定，共有人间具有家庭关系的，共同共有相应的物，否则，共有人间按份共有相应的物。

基于法律规定的共有份额，是指法律直接规定按份共有人对共有物享有的份额的情形。如：《民法典》第三百零九条规定，按份共有人对共有的不动产或者动产享有的份额，没有约定或者约定不明确的，按照出资额确定；不能确定出资额的，视为等额享有。据此可知，按份共有人对共有份额没有约定或者约定不明确的，法律规定，按共有人的出资额确定份额，不能确定共有人的出资额的，各共有人等额享有共有物。

2. 按份共有的特征

（1）共有人拥有的应有份额具有抽象性。

共有人拥有的应有份额具有抽象性，即共有人的应有份额是对整个共有物的全部所占的比例，不能具体到共有物的某一部分或某一部位，该应有份额的权利范围及于全物。如：共有人对一套住房按份共有，不是指某共有人拥有的份额是这套住房的客厅，或厨房，或卫生间，而是对这套住房的全部所有权在一定的比例范围内，享有所有权。因此，在不动产登记实务中，记载在登记簿上的共有人享有的份额，一般情形下，用分数或百分比表示。

（2）共有人按其享有的份额行使权利，按约定或份额分担义务。

《民法典》第二百九十八条规定，按份共有人对共有的不动产或者动产按照其份额享有所有权。该法第三百零二条规定,共有人对共有物的管理费用以及其他负担,有约定的,按照其约定;没有约定或者约定不明确的,按份共有人按照其份额负担,共同共有人共同负担。据此可知,按份共有人按其享有的份额行使权利。分担义务时,如果共有人间有约定的,从其约定,否则,各共有人按其享有的份额分担义务。如:某商业门市的按份共有人,有权以其份额向银行作抵押获取贷款,但该按份共有人也有按其享有的份额或与其他共有人间的约定履行房地产税的缴纳义务。

3. 按份共有物的分割

按份共有物的分割,是指共有人对共有物实体作分割的情形。按《民法典》第三百零三条规定,共有人没有约定共有物不分割或约定不明确的,按份共有人可以随时请求分割。据此可知,共有人对按份共有的共有物约定不分割的,从其约定,否则,共有人可以对该共有物作分割。但笔者认为,对作为不动产的房屋作分割,应当同时满足经济上可行、技术上允许、法律上许可三个条件。经济上可行,是指分割不需要太多的成本,或分割后不贬损各自份额的价值。技术上可行,是指现有设备、设施和技术手段满足分割要求,且分割不影响房屋安全或不损害他人权益。法律上许可,是指分割不违反法律、法规的规定,在不动产登记实务中,还要满足不动产单元的设定要求。如:两兄弟按份共有一处连二间门市(即二间门市中间无隔墙,但有作为分隔标志的柱,二间门市面积相同),为了方便管理、使用、处分,二人约定各得一间,从中砌墙隔断,满足了分割的条件,分割后能被登记机构核准登记。再如:A、B各拥有一套住房二分之一的所有权,二人未经相关主管部门的同意或批准就对该房屋的厨房、卫生间、客厅、寝室等具体部位达成分割协议,且砌墙进行了分割,此协议因破坏了房屋的有效使用,造成价值减损,也不满足《不动产登记暂行条例》第八条和《不动产登记暂行条例实施细则》第五条规定的"能独立使用"的不动产单元的设定要求,由此申请的登记将不会被登记机构核准。

4. 按份共有物的处分

（1）《民法典》第三百零五条规定，按份共有人可以转让其享有的共有的不动产或者动产份额。其他共有人在同等条件下享有优先购买的权利。据此可知，虽然共有人有权转让自己享有的份额，但其他共有人在同等条件下对该被转让的份额享有优先购买的权利。换言之，转让份额的共有人转让的是所有权的比例，是所有权的一个抽象的量化指标，转让后，受让人要与其他共有人建立共有关系，转让行为与其他共有人的利益紧密联系。因此，共有人转让自己享有的份额时，须将转让的条件告知其他共有人，让其他共有人知道其中有份额在什么条件下转让，对是否行使优先购买权予以抉择。在不动产登记实务中，按《不动产登记操作规范（试行）》2.1.3条规定，按份共有人转让其享有的不动产份额的，受让人是共有人以外的人的，还应当提交其他共有人同意的书面材料。因此，登记机构在办理按份共有人转让其享有的份额产生的转移登记时，其他共有人同意转让的书面材料是应当收取的要件。

优先购买权，又称为"先买权"，是特定的民事主体依照法律规定享有的优先于他人购买某项特定财产的权利[1]。优先购买权是一项法定的权利，不能由当事人自行约定。法律赋予共有人对份额的优先购买权，旨在简化共有人之间的关系，防止因外人的介入而使共有人内部关系趋于复杂[2]。

（2）按份共有人可以依自己的意思表示在其份额上设定抵押权。《担保法司法解释》第五十四条第一款规定，按份共有人以其共有财产中享有的份额设定抵押的，抵押有效。据此可知，按份共有人可以依自己的意思表示在其份额上设定抵押权，且无须取得其他共有人的同意。抵押权的设定在将来有可能导致份额的转让，如果抵押权人实现抵押权时，不通过竞买、拍卖等公开方式变现抵押房产时，应当尊重其他共有人的优先购买权。

（3）按《民法典》第三百零一条规定，经占份额三分之二以上的共有人同意的，可整体处分按份共有的不动产。据此可知，若按份共有的不动

---

[1] 王利民：《物权法教程》，中国政法大学出版社2003年版，第179页。
[2] 王利民《民法学》，复旦大学出版社2004年版，第313页。

产整体转让时，共有人对是否同意转让未达成一致时，经占份额三分之二以上的共有人同意的，可以整体处分该共有物。在不动产登记实务中，当事人申请转让按份共有的不动产产生的转移登记时，作为登记申请材料的处分合同应当以全体共有人的名义与受让方签订，但转让合同上有占份额三分之二以上的共有人或其委托人的签名即可。《不动产登记操作规范（试行）》2.1.3 条之 1 规定，处分按份共有的不动产，可以由占份额三分之二以上的按份共有人共同申请，但不动产登记簿记载共有人另有约定的除外。据此可知，一般情形下，因处分按份共有的不动产产生的转移登记、抵押权登记、注销登记应当由占份额三分之二以上的按份共有人共同申请。

三、共同共有

《民法典》第二百九十九条规定，共同共有人对共有的不动产或者动产共同享有所有权。该法第三百零八条规定，共有人对共有的不动产或者动产没有约定为按份共有或者共同共有，或者约定不明确的，除共有人具有家庭关系等外，视为按份共有。据此可知，共同共有，是指共有人对共有财产不分份额地共同享有权利和承担义务。共有人可以约定共有为按份共有或共同共有，共有人对共有物没有约定为按份共有或共同共有的，或虽然约定了但约定不明确的，法律规定，共有人具有家庭关系的，视为共同共有，否则，视为按份共有。概言之，共同共有产生的原因，一是基于共有人间的约定，二是基于法律的规定。

1. 共同共有产生的原因

（1）基于共有人间约定的共同共有。

基于共有人间约定的共同共有，是指共有人间通过其意思表示达成一致后，约定各共有人对其共有物共同共有。将财产约定为共同共有也是法律倡导的，即：按《民法典》第一千零六十五条第一款规定，男女双方可以约定婚姻关系存续期间所得的财产以及婚前财产归各自所有、共同所有或者部分各自所有、部分共同所有。约定应当采用书面形式。申言之，夫妻可以将不动产约定为共同所有，当然也包括可以约定为共同共有。在不动产登记实务中，有很多非夫妻关系、非家庭关系的人对共同出资购买或以其他合法方式获得的不动产约定为共同共有。如：A、B是普通朋友，共同出资在某城市的商业区购买了门市一间作为共同投资，约定为共同共有；两个互不相识的债权人甲、乙因抵债共同获得债务人丙的住房一套，申请转移登记时，约定为共同共有等。

（2）基于法律规定的共同共有。

基于法律规定的共同共有的类型主要有：① 基于夫妻关系形成的共同共有。《民法典》第一千零六十二条第二款规定，夫妻对共同财产，有平等的处理权。据此可知，一般情形下，夫妻在婚姻关系存续期间取得的财产，属于夫妻共同共有的财产，彼此有平等的处理权。在不动产登记实务中，如果不动产物权是在权利人婚后取得并申请登记的，若登记簿和不动产权属证书没有将不动产物权明确记载为权利人单独所有的，当事人申请因处分该不动产物权产生的转移登记、抵押权登记、注销登记（放弃不动产物权的情形）时，尽管不动产物权登记在夫或妻一方名下，登记机构应查验该不动产物权是否是夫妻共同财产。如果是权利人婚前取得且在婚前申请登记的，自无可言。如果是权利人婚前取得但在婚后申请登记且没有约定为夫妻共有的，登记簿和不动产权属证书上亦无共有人记录的，也为权利人单独所有的财产。② 基于家庭关系形成的共同共有。《民法典》第三百零八条规定，共有人对共有的不动产或者动产没有约定为按份共有或者共同共有，或者约定不明确的，除共有人具有家庭关系等外，视为按份共有。据此可知，如前所述，共有人对共有物没有约定为按份共有或共同共有的，或虽然约定了但约定不明确的，法律规定，共有人具有家庭关系的，视为共同共有。在不动产登记实务中，登记机构办理因离婚产生的不动产物权转移登记时，常常遇到子女参与父母名下不动产分配的情形：一是未成年子女参与父母的不动产分配。一般情形下，因未成年子女属于父母供养对象，更无能力对登记在父母名下的不动产物权的取得作贡献，故此种情形应当按赠与程序办理转移登记手续。二是成年子女参与父母的不动产分配。

如果父母的不动产物权是在子女未成年时取得的，则应当按赠与程序办理转移登记手续。如果父母的不动产物权是在子女成年后取得的，因成年子女作为家庭成员，对家庭财产的购置、积累有可能做出贡献（是否有贡献，登记机构无须查明），应当认定为基于家庭关系形成的共有财产，按分割产生的转移登记处理。如果当事人中有人提出异议，异议人应当承担举证责任。家庭成员的认定，以取得不动产物权时的户籍证明为准。③ 基于合伙关系形成的共同共有。《合伙企业法》第二十二条第一款规定，除合伙协议另有约定外，合伙人向合伙人以外的人转让其合伙企业中的全部或者部分财产份额时，须经其他合伙人一致同意。质言之，除合伙协议对合伙企业财产约定为按份共有外，合伙企业的财产为全体合伙人共同共有。

2. 共同共有的特征

（1）共同共有是基于共同共有关系形成的共有。所谓共同共有关系，是指构成共同共有基础的法律关系。如：婚姻关系、家庭关系、合伙关系、约定共同共有的合同关系或协议关系等。

（2）所有共有人对整个共有物不分份额，平等地享有权利，平等地分担义务。依《民法典》第三百零一规定，须全体共同共有人同意，才能出让共有的不动产，即全体共同共有人平等地行使处分权。

3. 共同共有财产的分割

按《民法典》第三百零三条规定，共同共有人在共有的基础丧失或者有重大理由需要分割时可以请求分割。据此可知，在共同共有的基础丧失或者有重大的分割理由产生的情形下，共同共有的财产也是可以分割的。当然，对共同共有的不动产进行分割，仍然应当同时满足经济上可行、技术上允许、法律上许可这三个条件。

4. 共同共有财产的处分

按《民法典》第三百零一条规定，处分共同共有的不动产，须经全体共同共有人同意。据此可知，欲处分共同共有的不动产，应当在所有共有人同意的前提下才可以，即非经全体共有人同意不得处分其共同共有的不动产。在不动产登记实务中，登记机构办理处分共同共有的不动产产生的转移登记、抵押权登记、注销登记时，作为登记申请材料的转让合同、抵押合同、放弃权利的证明等材料，须是以全体共有人的名义与他人签订、作出，且上面有全体共有人或其委托人的签名或签章、指印。在不动产登记实务中，《不动产登记操作规范（试行）》2.1.3条第一款规定，共有不动产的登记，应当由全体共有人共同申请。据此可知，因处分共同共有的不动产产生的转移登记、抵押权登记、注销登记应当由全体共有人共同申请。

《民法典》第三百零五条规定，按份共有人可以转让其享有的共有的不动产或者动产份额。其他共有人在同等条件下享有优先购买的权利。质言之，只有按份共有人转让其享有的份额时，其他共有人才有优先购买权。申言之，共同共有中的共有人对转让的共同共有的不动产无优先购买权。

第四节 用益物权

一、用益物权概说

《民法典》第三百二十三条规定，用益物权人对他人所有的不动产或者动产，依法享有占有、使用和收益的权利。质言之，用益物权，指对他人的物，在一定范围内，加以占有、使用、收益的定限物权[1]。用益物权的主要特征有：

1. 相对于承载用益物权的不动产或动产，用益物权是不包含处分权的定限物权

之所以称用益物权为定限物权，其意义有二：① 系于一定范围内对物支配的权利；② 对所有权加以限制，乃所有权以外的他物权[2]。据此可知，用益物权系在他人所有的物上设立的他物权，不拥有对物的所有权，其权能仅是对物享有占有、使用、收益的权利，没有对物处分的权利。一般情形下，用益物权只能由非所有权人享有。如：土地承包经营权，是在集体

---

[1] 陈华彬：《物权法》，法律出版社2004年版，第403页。
[2] 王泽鉴：《民法物权（用益物权）》，中国政法大学出版社2001年版，第3页。

第四章 物　权

所有土地上设立的由承包人占有、使用、收益的用益物权。再如：海域使用权，是在国家所有的海域范围内设立的由使用权人占有、使用和收益的用益物权等。

2. 用益物权是对他人之物使用价值的利用

《民法典》第三百二十三条规定，用益物权人对他人所有的不动产或者动产，依法享有占有、使用和收益的权利。质言之，所有权兼具使用价值和交换价值。为发挥物的使用价值，得设立用益物权[①]。换言之，用益物权人支配的是物的使用价值，排除了所有权人对物的使用价值的支配，要充分行使物的使用权，须占有该物，因此占有是用益物权最主要的表现。

3. 用益物权是一种独立的物权

用益物权的设立不从属于其他物权或债权，它是一种独立的权利，一旦依法设立，便享有独立支配物的使用价值的权利。

按《不动产登记暂行条例》第五条规定，土地承包经营权和土地经营权、建设用地使用权、宅基地使用权、海域使用权、居住权是可以在登记簿上记载的用益物权。

二、建设用地使用权

1. 建设用地使用权的概念

《民法典》第三百四十四条规定，建设用地使用权人依法对国家所有的土地享有占有、使用和收益的权利，有权利用该土地建造建筑物、构筑物及其附属设施。该法第三百六十一条规定，集体所有的土地作为建设用地的，应当依照土地管理的法律规定办理。据此可知，建设用地使用权，是指自然人、法人或其他组织依法享有的在国有或集体的土地及其上下建造或保有建筑物、构筑物及其他设施的用益物权[②]。建设用地使用权包括国有建设用地使用权和集体建设用地使用权。

---

① 王泽鉴：《民法物权（用益物权）》，中国政法大学出版社2001年版，第3页。
② 王利民、尹飞、程啸：《中国物权法教程》，人民法院出版社2007年版，第316页。

2. 建设用地使用权的取得方式

（1）国有建设用地使用权的取得方式。

《民法典》第三百四十七条第一款规定，设立建设用地使用权，可以采取出让或者划拨等方式。该法第三百五十三条规定，建设用地使用权人有权将建设用地使用权转让、互换、出资、赠与或者抵押，但是法律另有规定的除外。据此可知，法律规定的自然人、法人或非法人组织设立取得建设用地使用权的方式主要有出让、划拨，继受取得建设用地使用权的方式有转让、互换、出资、赠与。《〈土地管理法〉实施条例》第二十九条规定："国有土地有偿使用的方式包括：（一）国有土地使用权出让；（二）国有土地租赁；（三）国有土地使用权作价出资或者入股。"据此可知，行政法规规定的，自然人、法人或非法人组织设立取得建设用地使用权的方式主要有出让、租赁、作价出资或作价入股。在工作实务中，按《国有企业改革中划拨土地使用权管理暂行规定》第四条第一款规定，国有土地使用权授权经营，由国家土地管理局审批，并发给国有土地使用权经营管理授权书。被授权的国家控股公司、作为国家授权投资机构的国有独资公司和集团公司凭授权书，可以向其直属企业、控股企业、参股企业以作价出资（入股）或租赁等方式配置土地，企业应持土地使用权经营管理授权书和有关文件，按规定办理变更土地登记手续。按《关于加强土地资产管理促进国有企业改革和发展的若干意见》（国土资发〔1999〕433号）第三条第（三）项规定，以授权经营方式取得的土地使用权，作为企业的法人财产，可在集团公司直属企业、控股企业、参股企业之间转让、作价出资、出租。据此可知，授权经营也是法人或非法人组织设立取得国有建设用地使用权的方式。《确定土地所有权和使用权的若干规定》第二条规定，土地所有权和使用权由县级以上人民政府确定，土地管理部门具体承办。土地权属争议，由土地管理部门提出处理意见，报人民政府下达处理决定或报人民政府批准后由土地管理部门下达处理决定。据此可知，县级以上人民政府的权属确认或纠纷调处决定，也是自然人、法人或非法人组织设立取得国有建设用地使用权的方式。概言之，自然人、法人或非法人组织设立取得国有建设用地使用权的方式主要有出让、划拨、租赁、作价出资或作价入股、授权经营、县级以上人民政府的权属确认或纠纷调处决定等，继受取得国有建设用地使用权的方式主要有转让、互换、出资、赠与、县级以上人民政府的权属确认或纠纷调处决定等。

（2）集体建设用地使用权的取得方式。

按《土地管理法》第四十四条第三款规定，在已批准的农用地转用范围内，具体建设项目用地可以由市、县人民政府批准。该法第六十条第一款规定，农村集体经济组织使用乡（镇）土地利用总体规划确定的建设用地兴办企业或者与其他单位、个人以土地使用权入股、联营等形式共同举办企业的，应当持有关批准文件，向县级以上地方人民政府自然资源主管部门提出申请，按照省、自治区、直辖市规定的批准权限，由县级以上地方人民政府批准；其中，涉及占用农用地的，依照本法第四十四条的规定办理审批手续。按该法第六十一条规定，乡（镇）村公共设施、公益事业建设，需要使用土地的，经乡（镇）人民政府审核，向县级以上地方人民政府自然资源主管部门提出申请，按照省、自治区、直辖市规定的批准权限，由县级以上地方人民政府批准。该法第六十三条第三款和第四款规定，通过出让等方式取得的集体经营性建设用地使用权可以转让、互换、出资、赠与或者抵押，但法律、行政法规另有规定或者土地所有权人、土地使用权人签订的书面合同另有约定的除外。集体经营性建设用地的出租，集体建设用地使用权的出让及其最高年限、转让、互换、出资、赠与、抵押等，参照同类用途的国有建设用地执行。具体办法由国务院制定。据此可知，集体建设用地使用权的取得方式有县级以上人民政府批准、出让、转让、互换、出资、赠与等。《确定土地所有权和使用权的若干规定》第二条规定，土地所有权和使用权由县级以上人民政府确定，土地管理部门具体承办。土地权属争议，由土地管理部门提出处理意见，报人民政府下达处理决定或报人民政府批准后由土地管理部门下达处理决定。据此可知，县级以上人民政府的权属确认或纠纷调处决定，也是自然人、法人或非法人组织设立取得集体建设用地使用权的方式。概言之，自然人、法人或非法人组织设立取得集体建设用地使用权的方式主要有县级以上人民政府批准、出让、县级以上人民政府关于集体建设用地权属的确认或纠纷调处决定，继受取得集体建设用地使用权的方式主要有转让、互换、出资、赠与、县级以上人民政府关于集体建设用地权属的确认或纠纷调处决定等。

3. 建设用地使用权的特征

（1）建设用地使用权是一种经登记才生效的用益物权。

《民法典》第三百四十九条规定，设立建设用地使用权的，应当向登记机构申请建设用地使用权登记。建设用地使用权自登记时设立。登记机构应当向建设用地使用权人发放权属证书。该法第三百五十五条规定，建设用地使用权转让、互换、出资或者赠与的，应当向登记机构申请变更登记。该法第三百六十条规定，建设用地使用权消灭的，出让人应当及时办理注销登记。登记机构应当收回权属证书。据此可知，建设用地使用权的设立、变更、转让和消灭，须由当事人向登记机构申请登记并被记载于登记簿上后才生效。

《土地管理法》第十二条第二款规定，依法登记的土地的所有权和使用权受法律保护，任何单位和个人不得侵犯。据此可知，经依法登记的集体建设用地使用权才受法律保护，反言之，非经依法登记的集体建设用地使用权不受法律保护。申言之，集体建设用地使用权是经登记才生效的用益物权。

（2）建设用地使用权是一种可以独立处分的用益物权。

《民法典》第三百五十三条规定，建设用地使用权人有权将建设用地使用权转让、互换、出资、赠与或者抵押，但是法律另有规定的除外。《土地管理法》第六十三条第三款和第四款规定，通过出让等方式取得的集体经营性建设用地使用权可以转让、互换、出资、赠与或者抵押，但法律、行政法规另有规定或者土地所有权人、土地使用权人签订的书面合同另有约定的除外。集体经营性建设用地的出租，集体建设用地使用权的出让及其最高年限、转让、互换、出资、赠与、抵押等，参照同类用途的国有建设用地执行。具体办法由国务院制定。据此可知，一般情形下，无论国有建设用地使用权还是集体建设用地使用权，虽然是建立在土地所有权之上的定限物权，但它也是一种主权利，与其他物权无从属关系，权利人除对承载建设用地使用权的土地享有占有、使用、收益的权利外，还对该建设用地使用权本身享有处分权。

（3）原则上，建设用地使用权是一种有期限的用益物权。

《民法典》第三百五十九条第一款规定，住宅建设用地使用权期限届满的，自动续期。非住宅建设用地使用权期限届满后的续期，依照法律规定办理。《房地产管理法》第三条规定："国家依法实行国有土地有偿、有限期使用制度。但是，国家在本法规定的范围内划拨国有土地使用权的除外。"该法第二十三条第二款规定："依照本法规定以划拨方式取得土地使用权的，除法律、行政法规另有规定外，没有使用期限的限制。"据此可知，出让取得的国有建设用地使用权在法定的期限内有效，超过法定期限，则应当按法律规定办理。但是，通过划拨方式取得的建设用地使用权无期限限制，属于国有建设用地有期限使用的例外情形。

按《国土资源部关于印发〈规范国有土地租赁若干意见〉的通知》（国土资发〔1999〕222号）第一条规定，国有土地租赁是指国家将国有土地出租给使用者使用，由使用者与县级以上人民政府土地行政主管部门签订一定年期的土地租赁合同，并支付租金的行为。国有土地租赁是国有土地有偿使用的一种形式，是出让方式的补充。按该意见第六条规定，国有土地租赁，承租人取得承租土地使用权。按《国有企业改革中划拨土地使用权管理暂行规定》第三条第四款规定，土地使用权作价出资（入股），是指国家以一定年期的国有土地使用权作价，作为出资投入改组后的新设企业，该土地使用权由新设企业持有，可以依照土地管理法律、法规关于出让土地使用权的规定转让、出租、抵押。该暂行规定第四条第一款规定，国家根据需要，可以一定年期的国有土地使用权作价后授权给经国务院批准设立的国家控股公司、作为国家授权投资机构的国有独资公司和集团公司经营管理。国有土地使用权授权经营，由国家土地管理局审批，并发给国有土地使用权经营管理授权书。被授权的国家控股公司、作为国家授权投资机构的国有独资公司和集团公司凭授权书，可以向其直属企业、控股企业、参股企业以作价出资（入股）或租赁等方式配置土地，企业应持土地使用权经营管理授权书和有关文件，按规定办理变更土地登记手续。据此可知，基于租赁、投资入股、授权经营取得的国有建设用地使用权也是有期限的。

《土地管理法》第六十三条第一款规定，土地利用总体规划、城乡规划确定为工业、商业等经营性用途，并经依法登记的集体经营性建设用地，土地所有权人可以通过出让、出租等方式交由单位或者个人使用，并应当签订书面合同，载明土地界址、面积、动工期限、使用期限、土地用途、规划条件和双方其他权利义务。据此可知，通过出让、出租取得的集体建设用地使用权也是有期限的。

概言之，原则上，建设用地使用权是一种有期限的用益物权。

4. 建设用地使用权与地上建筑物、构筑物登记的关系

《民法典》第三百五十六条规定，建设用地使用权转让、互换、出资或者赠与的，附着于该土地上的建筑物、构筑物及其附属设施一并处分。该法第三百五十七条规定，建筑物、构筑物及其附属设施转让、互换、出资或者赠与的，该建筑物、构筑物及其附属设施占用范围内的建设用地使用权一并处分。据此可知，法律的规定，强调的是建设用地使用权与地上建筑物、构筑物互为依托、不可分离的原则，俗称"房随地走"或"地随房走"原则。在不动产登记实务中，《不动产登记暂行条例实施细则》第二条第二款规定，房屋等建筑物、构筑物和森林、林木等定着物应当与其所依附的土地、海域一并登记，保持权利主体一致。该实施细则第三十三条规定，依法取得国有建设用地使用权，可以单独申请国有建设用地使用权登记。依法利用国有建设用地建造房屋的，可以申请国有建设用地使用权及房屋所有权登记。该实施细则第四十四条规定，依法取得集体建设用地使用权，可以单独申请集体建设用地使用权登记。依法利用集体建设用地兴办企业，建设公共设施，从事公益事业等的，可以申请集体建设用地使

用权及地上建筑物、构筑物所有权登记。据此可知，国有建设用地使用权、集体建设用地使用权与地上建筑物、构筑物一并登记是不动产登记的原则，且国有建设用地使用权权利主体、集体建设用地使用权权利主体与地上建筑物、构筑物所有权权利主体须同一。但地上无建筑物、构筑物，或地上虽然有建筑物、构筑物，但该建筑物、构筑物系非法建造而成的情形下，当事人才可以单独申请国有建设用地使用权、集体建设用地使用权登记。

三、宅基地使用权

1. 宅基地使用权的概念

按《土地管理法》第六十二条规定，宅基地是供农村村民建造住宅的集体土地使用权。《民法典》第三百六十二条规定，宅基地使用权人依法对集体所有的土地享有占有和使用的权利，有权依法利用该土地建造住宅及其附属设施。质言之，宅基地使用权是在集体所有土地上设立的供农村村民建造住宅及其附属设施的用益物权。

2. 宅基地使用权的取得方式

按《土地管理法》第四十四条第三款规定，在已批准的农用地转用范围内，具体建设项目用地可以由市、县人民政府批准。按该法第六十二条规定，农村村民住宅用地，由乡（镇）人民政府审核批准；其中，涉及占用农用地的，依照本法第四十四条的规定办理审批手续。据此可知，在现行制度环境下，村民不以新占农用地作宅基地的，由乡（镇）人民政府审核批准。以新占农用地作宅基地的，须经县级人民政府批准。《确定土地所有权和使用权的若干规定》第二条规定，土地所有权和使用权由县级以上人民政府确定，土地管理部门具体承办。土地权属争议，由土地管理部门提出处理意见，报人民政府下达处理决定或报人民政府批准后由土地管理部门下达处理决定。据此可知，宅基地使用权的权属确认，或者宅基地使用权的权属纠纷调处，由县级以上人民政府负责，换言之，县级以上人民政府的权属确认或纠纷调处决定是宅基地使用权的取得方式。《土地管理法》第六十二条第五款规定，农村村民出卖、出租、赠与住宅后，再申请宅基地的，不予批准。据此可知，房屋占用范围内的宅基地使用权是可以买卖、赠与的，换言之，买卖、受赠是房屋占用范围内的宅基地使用权的取得方式。在司法实务中，再审法院肇庆市中级人民法院在陈某英、莫某成等诉莫A、莫B继承纠纷案中认为：本案是继承纠纷，争议焦点是讼争的宅基地是否属可继承的财产，陈某英等人对该宅基地是否有继承权的问题。讼争宅基地虽在1953年由集体分配给莫某田使用，并在1988年领取《土地使用证》，但莫某田一直未在上述土地建住宅，莫雨田及其三个儿子都是另有宅基地另建房屋居住，在莫某田去世时，讼争宅基地上只是部分建了临时性的猪栏、猪舍。根据《土地管理法》第九条第二款"农村和城市郊区的土地，除由法律规定属于国家所有之外，属于农民集体所有；宅基地和自留地、自留山，属于农民集体所有"，第十一条"农民集体所有的土地依法属于村农民集体所有的，由村集体经济组织或者村民委员会经营、管理；……"，第六十二条"农村村民一户只能拥有一处宅基地，其宅基地的面积不得超过省、自治区、直辖市规定的标准。……农村村民建住宅，应当符合乡（镇）土地利用总体规划，并尽量使用原有的宅基地和村内空闲地……"以及《物权法》第一百五十三条"宅基地使用权的取得、行使和转让，适用土地管理法等法律和国家有关规定"的规定（《民法典》第三百六十三条规定，宅基地使用权的取得、行使和转让，适用土地管理的法律和国家有关规定。），我国对宅基地严格实行"一户一宅"制度，宅基地归集体所有，而宅基地使用权人可以将地上建筑物以出租、赠与、继承、遗赠的方式转移给他人，宅基地使用权也随之转移，但宅基地使用权本身不得单独转移且不能用于抵押，包括不能进行继承。[1]据此可知，净的宅基地使用权是不可以赠与、继承、遗赠的，即赠与、继承、遗赠不是净的宅基地使用权的取得方式。概言之，宅基地使用权的设立取得方式主要有有批准权的人民政府（县级、乡级）批准使用、县级以上人民政府关于宅

---

[1] 最高院法学研究所：《人民法院案例选》（2016年第2辑总第96辑），人民法院出版社2016年版，第124页。

基地使用权权属的确认或纠纷调处决定等,宅基地使用权的继受取得方式主要有买卖、受赠、继承或受遗赠房屋取得房屋占用范围内(或分摊)的宅基地使用权、县级以上人民政府关于宅基地使用权权属的确认或纠纷调处决定等。

3. 宅基地使用权的特征

(1)宅基地使用权权利主体特定、用途特定。

如前所述,宅基地使用权是在集体所有的土地上设立的供农村村民建造住宅及其附属设施的用益物权。据此可知,一般情形下,宅基地使用权的权利主体只能是宅基地所在地农村集体经济组织的村民(基于继承房屋取得房屋占用范围内的宅基地的非村民除外),法人、非法人组织不能取得宅基地使用权。宅基地只能供宅基地所在地农村集体经济组织的村民建造住宅及其附属设施,不得他用。

(2)宅基地使用权的取得具有无偿性。

《民法典》第三百六十三条规定,宅基地使用权的取得、行使和转让,适用土地管理的法律和国家有关规定。《中共中央办公厅、国务院办公厅关于涉及农民负担项目审核处理意见的通知》(中办发〔1993〕10号)第一条之1规定,农村宅基地有偿使用收费(国家土地管理局)属于被取消的收费。据此可知,农村村民取得宅基地具有无偿性。

(3)宅基地使用权是一种没有使用期限的用益物权。

据笔者查考,现时的法律、行政法规和国家政策中,没有关于宅基地有限期使用的规定,即宅基地使用权是一种没有使用期限的用益物权。

4. 宅基地使用权与地上房屋所有权登记的关系

在不动产登记实务中,《不动产登记暂行条例实施细则》第二条第二款规定,房屋等建筑物、构筑物和森林、林木等定着物应当与其所依附的土地、海域一并登记,保持权利主体一致。该实施细则第四十条规定,依法取得宅基地使用权,可以单独申请宅基地使用权登记。依法利用宅基地建造住房及其附属设施的,可以申请宅基地使用权及房屋所有权登记。据此可知，宅基地使用权与地上房屋所有权一并登记是不动产登记的原则，且宅基使用权权利主体与地上房屋所有权权利主体须同一。但地上无房屋时，当事人对其依法取得的宅基地使用权可以单独申请登记。在城乡规划区范围内，地上有房屋，但该房屋系因非法建造而成的情形下，当事人对其依法取得的宅基地使用权也可以单独申请登记。

四、地役权

1. 地役权的概念

《民法典》第三百七十二条规定，地役权人有权按照合同约定，利用他人的不动产，以提高自己的不动产的效益。前款所称他人的不动产为供役地，自己的不动产为需役地。质言之，地役权，乃为增加一定土地（需役地）之利用价值，使其支配及于他土地（供役地）之权利①。不动产的范围，包括土地和土地定作物，主要指建筑物②。需要增加价值而利用他人之地为需役地，供他人支配之地为供役地。

2. 地役权的取得方式

《民法典》第三百七十三条第一款规定，设立地役权，当事人应当采用书面形式订立地役权合同。据此可知，一般情形下，地役权可以依合同的方式设立，即依合同设立地役权是地役权的取得方式。《民法典》第三百八十条规定，地役权不得单独转让。土地承包经营权、建设用地使用权等转让的，地役权一并转让，但是合同另有约定的除外。据此可知，地役权随土地承包经营权、建设用地使用权等需役地权利的转让而转让，即取得需役地的权利是取得地役权的方式。申言之，当事人通过继承、生效的法律文书等方式取得需役地的权利时，也相应取得需役地享有的地役权。概言之，地役权的设立取得方式主要有依地役权设立合同取得，地役权的继受取得方式主要有取得需役地权利随之取得该需役地享有的地役权等。

---

① 史尚宽：《物权法论》，中国政法大学出版社2000年版，第22页。
② 梁慧星：《中国民法典草案建议稿附理由：总则编》，法律出版社2004年版，第126页。

3. 地役权的特征

（1）地役权是不以登记为生效要件的用益物权。

《民法典》第三百七十四条规定，地役权自地役权合同生效时设立。当事人要求登记的，可以向登记机构申请地役权登记；未经登记，不得对抗善意第三人。质言之，一般情形下，地役权自地役权合同生效时起，权利人无须登记即依法、即时对供役地享有地役权，但对抗第三人时，经过登记的地役权具有优先效力。《民法典》第三百八十五条规定，已经登记的地役权变更、转让或者消灭的，应当及时办理变更登记或者注销登记。申言之，未经登记的地役权产生变更、转让和消灭的，则自变更、转让、消灭地役权的合同生效时起生效。

（2）地役权是一种从属性的用益物权。

按《民法典》第三百七十二条和第三百八十条规定，地役权的设立基于需役地对供役地的利用，地役权的处分随其依附的需役地权利的处分而处分。据此可知，地役权从属于需役地的物权而存在，即相对于需役地的物权而言，地役权具有从属性。

（3）地役权对需役地、供役地及其上权利具有不可分性。

按《民法典》第三百八十二条和第三百八十三条规定，需役地以及需役地上的土地承包经营权、建设用地使用权等部分转让时，转让部分涉及地役权的，受让人同时享有地役权。供役地以及供役地上的土地承包经营权、建设用地使用权等部分转让时，转让部分涉及地役权的，地役权对受让人具有法律约束力。

4. 地役权与地上建筑物、构筑物登记的关系

地役权属于不动产物权登记的范围。在不动产登记实务中，申请登记的地役权一般是利用他人土地、地上建筑物或构筑物提高自己土地、地上建筑物或构筑物的价值的用益物权。如：利用他人建筑物通行等。再如：限制他人在土地上建造建筑或不得建造一定高度的建筑物，以提高自己建筑物观山望景的效用。依《不动产登记暂行条例实施细则》第六十四条规

定,当事人在地上建筑物、构筑物上设立的地役权,可以向登记机构申请地役权登记,对满足登记要求的,登记机构应当及时记载在供役地和需役地的登记簿上。

五、土地承包经营权、土地经营权

1. 土地承包经营权、土地经营权的概念

(1)土地承包经营权的概念。

《民法典》第三百三十条规定,农村集体经济组织实行家庭承包经营为基础、统分结合的双层经营体制。农民集体所有和国家所有由农民集体使用的耕地、林地、草地以及其他用于农业的土地,依法实行土地承包经营制度。该法第三百三十一条规定,土地承包经营权人依法对其承包经营的耕地、林地、草地等享有占有、使用和收益的权利,有权从事种植业、林业、畜牧业等农业生产。按《土地管理法》第四条第三款和第四款规定,农用地是指直接用于农业生产的土地,包括耕地、林地、草地、农田水利用地、养殖水面等。使用土地的单位和个人必须严格按照土地利用总体规划确定的用途使用土地。据此可知,土地承包经营权,是指自然人、法人或非法人组织,对农村的农民集体所有的农用地和国家所有的农用地,在不改变农业生产用途的前提下,以承包经营的方式予以利用的用益物权。土地承包经营权由土地承包权和土地经营权组合而成。

(2)土地经营权的概念。

《民法典》第三百三十九条规定,土地承包经营权人可以自主决定依法采取出租、入股或者其他方式向他人流转土地经营权。该法第三百四十条规定,土地经营权人有权在合同约定的期限内占有农村土地,自主开展农业生产经营并取得收益。据此可知,土地经营权是权利人通过出租、入股等方式从土地承包经营权人处取得的占有农村土地,自主开展农业生产经营并取得收益的用益物权,是从原土地承包经营权中分离出来的用益物权。其中的"他人"应当是指自然人、法人及非法人组织,即土地经营权人可以是自然人、法人和非法人组织。

第四章 物　权

2. 土地承包经营权、土地经营权的取得方式

（1）土地承包经营权的取得方式。

《民法典》第三百三十三条第一款规定，土地承包经营权自土地承包经营权合同生效时设立。据此可知，土地承包经营权自土地承包经营权合同生效时起，承包人无须登记即依法、即时享有承包地的土地承包经营权。按《民法典》第三百三十四条规定，土地承包经营权人依照法律规定，有权将土地承包经营权互换、转让。该法第三百三十六条规定，承包期内发包人不得调整承包地。因自然灾害严重毁损承包地等特殊情形，需要适当调整承包的耕地和草地的，应当依照农村土地承包的法律规定办理。据此可知，土地承包经营权人可以依法将其享有的土地承包经营权通过互换、转让、调整等方式转移给他人。换言之，转移是自然人、法人或非法人组织取得土地承包经营权的方式。概言之，农村土地承包经营权的设立取得方式主要有基于农村土地承包合同取得等，农村土地承包经营权的继受取得方式主要有基于转移（转让、互换）取得等。

（2）土地经营权的取得方式。

《民法典》第三百三十九条规定，土地承包经营权人可以自主决定依法采取出租、入股或者其他方式向他人流转土地经营权。据此可知，土地经营权的取得方式主要有出租、入股等法律行为。

3. 土地承包经营权、土地经营权的特征

（1）土地承包经营权、土地经营权不是以登记为生效前提的用益物权。

《民法典》第三百三十三条规定，土地承包经营权自土地承包经营权合同生效时设立。该法第三百四十一条规定，流转期限为五年以上的土地经营权，自流转合同生效时设立。当事人可以向登记机构申请土地经营权登记；未经登记，不得对抗善意第三人。据此可知，土地承包经营权、土地经营权自土地承包经营权合同、土地经营权流转合同生效时起，承包人、经营权人无须登记即依法、即时享有该承包地的土地承包经营权、土地经营权。

（2）土地承包经营权、土地经营权的主体不限于农民，客体不限于集体所有的农用地。

如前所述，土地承包经营权、土地经营权的主体可以是自然人、法人或非法人组织。土地承包经营权的客体可以是集体所有的农用地，也可以是国家所有的农用地。

（3）土地承包经营权、土地经营权的行使方式只能是将土地用于农业生产。

按《土地管理法》第十八条第（一）项规定，维持土地的农业用途是承包人应当履行的义务。按《民法典》第三百四十条规定，土地经营权人占有农村土地，自主开展农业生产经营并取得收益。据此可知，权利人对土地承包经营权、土地经营权的行使方式只能是将土地用于农业生产，不得他用。

4. 土地承包经营权、土地经营权登记与地上定着物所有权登记的关系

在不动产登记实务中，《不动产登记暂行条例实施细则》第二条第二款规定，房屋等建筑物、构筑物和森林、林木等定着物应当与其所依附的土地、海域一并登记，保持权利主体一致。该实施细则第四十七条规定，承包农民集体所有的耕地、林地、草地、水域、滩涂以及荒山、荒沟、荒丘、荒滩等农用地，或者国家所有依法由农民集体使用的农用地从事种植业、林业、畜牧业、渔业等农业生产的，可以申请土地承包经营权登记；地上有森林、林木的，应当在申请土地承包经营权登记时一并申请登记。据此可知，土地承包经营权、土地经营与地上定着物所有权一并登记是不动产登记的原则，且土地承包经营权的权利主体与地上定着物所有权权利主体须同一。但地上无定着物，或地上虽然有定着物中的建筑物、构筑物（如：在承包地上建造的直接为使用承包服务的非成片的工具房、仓库等），但该建筑物、构筑物系因非法建造而成的情形下，当事人对其依法取得的土地承包经营权、土地经营权可以单独申请登记。

六、海域使用权

1. 海域使用权的概念

《民法典》第三百二十八条规定,依法取得的海域使用权受法律保护。《海域使用管理法》第三条规定,海域属于国家所有,国务院代表国家行使海域所有权。任何单位或者个人不得侵占、买卖或者以其他形式非法转让海域。单位和个人使用海域,必须依法取得海域使用权。据此可知,海域使用权,是指自然人、法人或非法人组织依法取得的对某特定海域持续使用的用益物权。

2. 海域使用权的取得方式

《海域使用管理法》第十七条第一款规定,县级以上人民政府海洋行政主管部门依据海洋功能区划,对海域使用申请进行审核,并依照本法和省、自治区、直辖市人民政府的规定,报有批准权的人民政府批准。该法第十九条规定,海域使用申请经依法批准后,国务院批准用海的,由国务院海洋行政主管部门登记造册,向海域使用申请人颁发海域使用权证书;地方人民政府批准用海的,由地方人民政府登记造册,向海域使用申请人颁发海域使用权证书。海域使用申请人自领取海域使用权证书之日起,取得海域使用权。据此可知,自然人、法人或非法人组织申请使用海域的,须经国务院、省级人民政府及省级人民政府授予批准权的人民政府批准后,才能取得海域使用权,即基于申请并被有权的人民政府批准是海域使用权的取得方式。《海域使用管理法》第二十条规定,海域使用权除依照本法第十九条规定的方式取得外,也可以通过招标或者拍卖的方式取得。招标或者拍卖方案由海洋行政主管部门制订,报有审批权的人民政府批准后组织实施。海洋行政主管部门制订招标或者拍卖方案,应当征求同级有关部门的意见。招标或者拍卖工作完成后,依法向中标人或者买受人颁发海域使用权证书。中标人或者买受人自领取海域使用权证书之日起,取得海域使用权。据此可知,自然人、法人或非法人组织可以基于中标、拍卖取得海域使用权,即中标、拍卖是海域使用权的取得方式。《海域使用管理法》第二十七条规定，因企业合并、分立或者与他人合资、合作经营，变更海域使用权人的，需经原批准用海的人民政府批准。海域使用权可以依法转让。海域使用权转让的具体办法，由国务院规定。海域使用权可以依法继承。据此可知，自然人、法人或非法人组织享有的海域使用权，可以依法以转让等方式转移给他人。自然人可以基于继承取得被继承人享有的海域使用权。因此，转移也是海域使用权的取得方式。概言之，海域使用权的设立取得方式主要有经有权的人民政府（国务院、省级人民政府及省级人民政府授予批准权的人民政府）批准取得、中标或拍卖取得等，海域使用权的继受取得方式主要有转移（转让、继承）等。

3. 海域使用权的特征

（1）海域使用权的主体具有普遍性。

如前所述，海域使用权的权利主体可以是自然人、法人或非法人组织，甚至可以是境外自然人、法人或非法人组织，概言之，海域使用权的权利主体具有普遍性。如：《最高人民法院有关执行和解转仲裁的答复》（最高人民法院〔2004〕民四他字第17号）"美国某商品与投资有限公司（以下简称美国ICI公司）与大连某集团有限公司于2003年4月13日、15日分别签订了《和解协议》和《和解协议补充修改协议》。该两份协议明确约定由大连某集团有限公司限期办理有关土地使用权、海域使用权出让/转让手续，并在未办理上述手续时赔偿美国ICI公司560万元人民币和1100万美元的经济损失。该两份协议还约定将协议内容提交中国国际经济贸易仲裁委员会按照简易程序指定独任仲裁员作出仲裁裁决。中国国际经济贸易仲裁委员会依照当事人的请求指定独任仲裁员作出了〔2003〕贸仲裁字第0398号裁决书。该裁决书裁决：'确认申请人与被申请人于2003年4月13日签订的《和解协议》及于2003年4月15日签订的《和解协议补充修改协议》合法有效，双方应遵照执行。'裁决主文虽然没有明确的支付金额和履行期限，但依照双方当事人签订的和解协议及其补充修改协议的内容，能够确定债务人大连某集团有限公司应履行的义务以及在未履行义务的情况下应支付的赔偿额及履行期限。因此，不应认定本案仲裁裁决没有执行内容。如无证据表明本案仲裁裁决存在其他法定不予执行的情形，本案仲裁裁决应依法予以执行。"①据此可知，境外法人或非法人组织可以是海域使用权的权利主体。申言之，境外自然人、法人或非法人组织通过合法途径可以成为海域使用权的权利主体。

（2）海域使用权的客体具有特殊性。

《海域使用管理法》第二条第一款和第二款规定，海域，是指中华人民共和国内水、领海的水面、水体、海床和底土。内水，是指中华人民共和国领海基线向陆地一侧至海岸线的海域。该法第三十二条规定，填海项目竣工后形成的土地，属于国家所有。海域使用权人应当自填海项目竣工之日起三个月内，凭海域使用权证书，向县级以上人民政府土地行政主管部门提出土地登记申请，由县级以上人民政府登记造册，换发国有土地使用权证书，确认土地使用权。据此可知，承载海域使用权的客体，应当是我国领海基线向陆地一侧至海岸线的海域，即海域使用权的客体只能是海域，不能是陆地及陆地上的水域。

（3）海域使用权是权利人自登记并持有权属证书时起才生效的用益物权。

《海域使用管理法》第十九条规定，海域使用申请经依法批准后，国务院批准用海的，由国务院海洋行政主管部门登记造册，向海域使用申请人颁发海域使用权证书；地方人民政府批准用海的，由地方人民政府登记造册，向海域使用申请人颁发海域使用权证书。海域使用申请人自领取海域使用权证书之日起，取得海域使用权。据此可知，海域使用权是权利人自登记并持有权属证书时起才生效的用益物权。

（4）海域使用权是有偿、有限期的用益物权。

《海域使用管理法》第三十三条第一款和第二款规定，国家实行海域有偿使用制度。单位和个人使用海域，应当按照国务院的规定缴纳海域使用

---

① 最高人民法院："有关执行和解转仲裁的答复（最高人民法院〔2004〕民四他字第17号）"，http://www.gyac.org.cn，访问日期：2020年1月31日。

金。海域使用金应当按照国务院的规定上缴财政。该法第二十五条规定："海域使用权最高期限，按照下列用途确定：（一）养殖用海十五年；（二）拆船用海二十年；（三）旅游、娱乐用海二十五年；（四）盐业、矿业用海三十年；（五）公益事业用海四十年；（六）港口、修造船厂等建设工程用海五十年。"据此可知，海域使用权是有偿的、有限期的用益物权。

4. 海域使用权与海域内的建筑物、构筑物登记的关系

在不动产登记实务中，《不动产登记暂行条例实施细则》第二条第二款规定，房屋等建筑物、构筑物和森林、林木等定着物应当与其所依附的土地、海域一并登记，保持权利主体一致。该实施细则第五十四条第一款和第二款规定，依法取得海域使用权，可以单独申请海域使用权登记。依法使用海域，在海域上建造建筑物、构筑物的，应当申请海域使用权及建筑物、构筑物所有权登记。据此可知，海域使用权与海域内的建筑物、构筑物所有权一并登记是不动产登记的原则，且海域使用权的权利主体与海域内的建筑物、构筑物所有权的权利主体须同一。但海域内无建筑物、构筑物，或海域内虽然有建筑物、构筑物，但该建筑物、构筑物系因非法建造而成的情形下，当事人对其依法取得的海域使用权可以单独申请登记。

七、居住权

1. 居住权的概念

《民法典》第三百六十六条规定，居住权人有权按照合同约定，对他人的住宅享有占有、使用的用益物权，以满足生活居住的需要。据此可知，居住权，是指权利人对他人所有的住宅享有占有、使用的权利。居住权体现的是一种生存权益，满足的是公民的基本生活需要[1]。居住权的存在，限制房屋所有权人对该房屋的占有、使用，故居住权是房屋所有权的负担。

2. 居住权的取得方式

《民法典》第三百六十六条规定，居住权人有权按照合同约定，对他人

---

[1] 王利明：《物权法教程》，中国政法大学出版社2003年版，第308页。

的住宅享有占有、使用的用益物权，以满足生活居住的需要。据此可知，一般情形下，权利人基于合同取得居住权。《民法典》第三百七十一条规定，以遗嘱方式设立居住权的，参照适用本章的有关规定。据此可知，权利人可以基于房屋所有权人的遗嘱取得居住权。概言之，权利人居住权的取得方式主要有居住权设立合同、房屋所有权人的遗嘱等。

3. 居住权的法律特征

（1）居住权是满足权利人居住需要的用益物权。

如前所述，居住权，是指权利人对他人所有的住宅享有占有、使用的权利，因此，权利人只能出于居住的需要占有、使用他人的住宅，即权利人在占有他人所有的住宅期间，不得改变住宅的用途，不得实施影响房屋住宅功能的行为。

（2）居住权是一种无偿的、有期限的用益物权。

按《民法典》第三百六十八条规定，居住权无偿设立，但是当事人另有约定的除外。《民法典》第三百六十六条规定，居住权人有权按照合同约定，对他人的住宅享有占有、使用的用益物权，以满足生活居住的需要。按《民法典》第三百六十七条规定，设立居住权，当事人应当采用书面形式订立居住权合同。居住权期限是居住权合同应当载明的内容。按该法第三百七十条规定，居住权期限届满的，居住权消灭。居住权消灭的，应当及时办理注销登记。据此可知，一般情形下，居住权一种无偿的、有期限的用益物权。

（3）居住权是一种须经登记才生效的不动产用益物权。

按《民法典》第三百六十八条规定，设立居住权的，应当向登记机构申请居住权登记。居住权自登记时设立。据此可知，无论基于居住权合同设立的居住权，还是基于房屋所有权人的遗嘱设立的居住权，均自记载于登记簿上时起产生法律上的效力。笔者认为，基于居住权合同设立的居住权，属于因双方法律行为设立的不动产用益物权，应当由合同的双方当事人共同申请登记。基于遗嘱设立的居住权，属于因事实行为设立的不动产用益物权，可由权利人单方申请登记。

（4）居住权是一种不可以转移的用益物权。

《民法典》第三百六十九条规定，居住权不得转让、继承。设立居住权的住宅不得出租，但是当事人另有约定的除外。按该法第三百七十条规定，居住权人死亡的，居住权消灭。居住权消灭的，应当及时办理注销登记。据此可知，一般情形下，居住权具有不可转移性，即居住权是专属权利人的一种用益物权。

4. 居住权与房屋所有权登记的关系

如前所述，居住权是在他人所有的房屋上设立的一种占有、使用该房屋的用益物权，且居住权须记载于登记簿上后才产生法律上的效力。在不动产登记实务中，按《不动产登记操作规范（试行）》1.2.3 条规定，一般情形下，未办理不动产首次登记的，不得办理不动产其他类型登记。因此，居住权的登记，以承载居住权负担的房屋完成所有权登记为前提。换言之，房屋所有权未登记的，居住权也不能登记。

第五节 担保物权

一、担保物权简述

《民法典》第三百八十六条规定，担保物权人在债务人不履行到期债务或者发生当事人约定的实现担保物权的情形，依法享有就担保财产优先受偿的权利，但是法律另有规定的除外。据此可知，担保物权，是指以担保债务的清偿为目的，而以债务人或第三人的特定物或权利设定的定限物权[①]。

担保物权的特征主要有：

1. 担保物权具有优先性

《民法典》第三百八十六条规定，担保物权人在债务人不履行到期债务或者发生当事人约定的实现担保物权的情形，依法享有就担保财产优先受

[①] 陈华彬：《物权法》，法律出版社 2004 年版，第 460 页。

偿的权利，但是法律另有规定的除外。据此可知，一般情形下，权利人设立担保物权的目的，就是保障其债权的实现。在债务人不能履行到期债务或发生当事人约定的实现担保物权的情形时，权利人可以优先就担保物折价抵偿，也可以从拍卖、变卖担保物的价款中优先受偿，概言之，优先性是担保物权最主要的特征。

2. 担保物权具有从属性

《民法典》第三百八十八条第一款规定，设立担保物权，应当依照本法和其他法律的规定订立担保合同。担保合同包括抵押合同、质押合同和其他具有担保功能的合同。担保合同是主债权债务合同的从合同。主债权债务合同无效的，担保合同无效，但是法律另有规定的除外。据此可知，一般情形下，担保合同是设立担保物权的原因，担保合同是主债权债务合同的从合同。申言之，基于作为主债权债务合同之从合同的担保合同设立的担保物权从属于被其担保的主债权，随主债权的存在而存在，随主债权的消灭而消灭，即相对于被其担保的主债权，担保物权具有从属性。

3. 担保物权是一种支配物的交换价值的定限物权

为发挥物的交换价值，得设定担保物权[①]。质言之，担保物权不像所有权，权利人依自己的意思对物予以完全的支配，而只能依法支配担保物的交换价值。如：在抵押人不能履行到期债务时，抵押权人可以对抵押物折价抵债或从变现抵押物所得款项中优先受偿，即支配的是抵押物的交换价值。

4. 担保物权具有不可分性

担保物权的不可分性：一是指担保物的各个部分均对整个债权有担保责任。如：一间大的商铺因担保贷款债权经登记设立抵押权后，抵押人取得规划许可手续，将该间大商铺分割成两间小商铺，两间小商铺均对前述贷款债权承担担保责任，即作为抵押物的商铺虽然产生分割，但在该商铺

---

① 王泽鉴：《民法物权（用益物权）》，中国政法大学出版社2001年版，第3页。

上的抵押权在分割后的小商铺上仍然存续。二是债权是否被分割或部分履行，均不对担保物权的存在产生影响。据此可知，一个债权分割成两个债权后，仍然被原来的担保物权担保。申言之，两个债权可以设立一个担保物权担保。

5. 担保物权可以在债务人或第三人的物上设定

《民法典》第三百九十二条规定，被担保的债权既有物的担保又有人的担保的，债务人不履行到期债务或者发生当事人约定的实现担保物权的情形，债权人应当按照约定实现债权；没有约定或者约定不明确，债务人自己提供物的担保的，债权人应当先就该物的担保实现债权；第三人提供物的担保的，债权人可以就物的担保实现债权，也可以请求保证人承担保证责任。提供担保的第三人承担担保责任后，有权向债务人追偿。据此可知，担保物权可以在债务人的物上设立，也可以在第三人的物上设立。换言之，无论债务人还是第三人，有可以依法设定担保物权的物，并自愿以该物为自己或他人履行债务作担保的，就可以在其物上设立担保物权。

按《不动产登记暂行条例》第五条第（九）项规定，属于不动产登记对象的担保物权只有抵押权。该处的抵押权包括一般抵押权（为了行文方便，下称抵押权）和最高额抵押权。

二、反担保

反担保，是指债务人或第三人向为主债务人履行主债务提供担保的担保人所提供的，保障担保人的追偿权实现的担保[①]。质言之，在反担保中，担保权人不能是主债权的债权人，而是担保中的担保人，并且该担保人不能是主债务人，只能是第三人；但向该担保权人提供反担保的，可以是主债务人，也可以是其他第三人，但一般是主债务人。《民法典》第三百八十七条第二款规定，第三人为债务人向债权人提供担保的，可以要求债务人提供反担保。反担保适用本法和其他法律的规定。据此可知，反担保是确

---

① 郭明瑞：《担保法》，法律出版社2004年版，第19页。

保为债务人履行债务提供担保的第三人承担担保责任后,向债务人行使的追偿权实现。由此可知,法律规定反担保,旨在维护为债务人提供债务履行担保的第三人的合法利益。

如前所述,反担保的追偿权是一种将来的债权,该将来的债权不是提供担保的第三人与债务人通过合同约定,而是基于法律规定,提供担保的第三人承担了担保责任后,取代原债权人享有的对债务人的债权,即追偿权。申言之,提供担保的第三人的将来债权(追偿权),依附于主债权人与被担保的债务人间建立的主债权。如果债务人履行了债务,则提供担保的第三人不承担担保责任,即追偿权不成立,反担保也不成立,换言之,被担保的将来的债权不发生,反担保亦不成立。

以不动产作反担保抵押建立反担保关系的过程主要有:

(1)由债务人与债权人签订债权合同,如借款合同、货物供销合同等,建立主债权。

(2)债务人与保证人(提供担保的第三人,一般是担保公司)签订委托保证合同,委托保证人(提供担保的第三人)为自己向债权人提供债务履行保证。

(3)保证人与债权人签订保证合同,为债务人履行债务提供保证担保,建立将来的债权——追偿权。

(4)债务人或其他第三人与保证人签订反担保抵押合同,以自己的不动产作抵押担保,保障保证人的将来债权(追偿权)实现。

从本质说,反担保也是担保[①]。申言之,因反担保产生的不动产抵押权,与因借款、货物供销等产生的不动产抵押权本质上是一致的。在不动产登记实务中,当事人申请因反担保产生的抵押权登记时,提交的主合同是保证合同,从合同是反担保抵押合同。

三、抵押权的概念

《民法典》第三百九十四条规定,为担保债务的履行,债务人或者第三

---

① 刘保玉:《反担保初探》,载《法律科学》1997年第1期。

人不转移财产的占有，将该财产抵押给债权人的，债务人不履行到期债务或者发生当事人约定的实现抵押权的情形，债权人有权就该财产优先受偿。据此可知，抵押权，是指债权人对于债务人或第三人不转移占有而供担保的财产，于债务人不履行债务时，依法享有的就该财产变价并优先受偿的权利[①]。提供担保财产的债务人或第三人为抵押人，接受担保的债权人为抵押权人。

四、抵押权的特征

（1）抵押权具有前述担保物权的全部特征。

（2）抵押权具有追及效力。

抵押权的追及效力，是指抵押权的效力不因抵押物的转移、出租而受到影响。《民法典》第四百零五条规定，抵押权设立前，抵押财产已经出租并转移占有的，原租赁关系不受该抵押权的影响。据此可知，抵押权设立后才建立的租赁关系，不得影响抵押权。该法第四百零六条第一款规定，抵押期间，抵押人可以转让抵押财产。当事人另有约定的，按照其约定。抵押财产转让的，抵押权不受影响。据此可知，一般情形下，抵押人可以转让抵押财产，但抵押权不因抵押财产的转让而受影响，即抵押财产的受让人承接抵押财产上既有的抵押权负担。

（3）抵押权的顺位具有可处分性。

所谓顺位，就是不动产物权在不动产登记簿上依设立的时间先后所排列的顺序中所占据的位置[②]。《民法典》第四百一十四条第一款第（一）项规定，同一财产向两个以上债权人抵押的，拍卖、变卖抵押财产所得的价款，抵押权已经登记的，按照登记的时间先后确定清偿顺序。该法第四百零九条规定，抵押权人可以放弃抵押权或者抵押权的顺位。抵押权人与抵押人可以协议变更抵押权顺位以及被担保的债权数额等内容。但是，抵押权的变更未经其他抵押权人书面同意的，不得对其他抵押权人产生不利影

---

① 王利民：《民法学》，复旦大学出版社2004年版，第378页。
② 梁慧星：《中国民法典草案建议稿附理由：物权编》，法律出版社2004年版，第34页。

响。据此可知，同一财产存在两个经登记设立的抵押权时，顺位在先的抵押权优先受偿。一般情形下，由于抵押权的顺位具有优先受偿性，其也是一种可以由权利人依自己的意思表示以放弃、交换等方式处分的民事权利。

五、抵押权的变动

作为担保物权的抵押权，其变动亦指抵押权的设立、变更、转移和消灭。

1. 抵押权的设立

抵押权的设立，是指权利人创设一个原来不存在的抵押权以保障自己债权的实现。创设抵押权主要有两种途径：

（1）基于当事人的约定设立，这是抵押权设立的主要途径。通过当事人的约定设立抵押权主要有两个步骤：一是抵押当事人签订抵押担保合同。由于抵押担保合同是债权合同的从合同，故应当在债权合同成立后再签订抵押担保合同。二是办理不动产抵押权公示手续。不动产抵押权属于不动产担保物权，须经公示才能生效。按《民法典》第二百零八条规定，不动产物权的设立、变更、转让和消灭，应当依照法律规定登记。该法第二百一十四条规定，不动产物权的设立、变更、转让和消灭，依照法律规定应当登记的，自记载于不动产登记簿时发生效力。按该法第四百零二条规定，不动产抵押权自登记时设立。据此可知，不动产抵押权公示的方式是登记，自抵押权的权利信息记载在不动产登记簿上时起，不动产抵押权才生效。换言之，由于不动产抵押权是不转移抵押物的占有的物权，故法律规定不动产抵押权公示的方式是登记。在不动产登记实务中，《不动产登记暂行条例实施细则》第六十六条第一款规定，自然人、法人或者其他组织为保障其债权的实现，依法以不动产设定抵押的，可以由当事人持不动产权属证书、抵押合同与主债权合同等必要材料，共同申请办理抵押登记。质言之，抵押当事人设立不动产抵押权的，应当持相应的材料向登记机构申请抵押权登记，自抵押权信息记载在登记簿上时起抵押权生效。

（2）基于法律的规定直接取得，即无须登记，按法律的规定直接取得抵押权，俗称法定抵押权。《民法典》第三百八十一条规定，地役权不得单独抵押。土地经营权、建设用地使用权等抵押的，在实现抵押权时，地役权一并转让。据此可知，一般情形下，地役权不得单独抵押，但需役地上的土地经营权、建设用地使用权抵押时，作为需役地上的土地经营权、建设用地使用权的从权利的地役权随之抵押。换言之，抵押权人在对需役地上的土地经营权、建设用地使用权享有抵押权时，随之对作为需役地上的土地经营权、建设用地使用权的从权利的地役权享有抵押权，否则，在实现抵押权时，地役权不能与需役地上的土地经营权、建设用地使用权一并转让。

2. 抵押权的变更

在不动产登记实务中，按《不动产登记暂行条例实施细则》第二十六条和第六十八条规定，申请人申请一般抵押权变更登记的情形主要有：① 抵押权人、抵押人（下称当事人）的姓名或名称变更；② 抵押权人、抵押人（下称当事人）的身份证明类型或身份证明号码变更；③ 主债权数额变更；④ 债务履行期限变更；⑤ 抵押权顺位变更；⑥ 担保范围变更等。据此可知，抵押权变更登记，是指记载在登记簿上的不动产抵押权，权利主体不变，权利内容、权利客体和其他事项发生变更产生的登记。因此，抵押权的变更，是指记载在登记簿上的不动产抵押权，权利主体不变，权利内容、权利客体和其他事项发生变更的情形。

3. 抵押权的转移

《民法典》第四百零七条规定，抵押权不得与债权分离而单独转让或者作为其他债权的担保。债权转让的，担保该债权的抵押权一并转让，但是法律另有规定或者当事人另有约定的除外。据此可知，抵押权只能随被其担保的债权的转让而转让。债权转让，即债权让与，指不改变债的内容，

第四章 物　权

债权人将其享有的债权移转于第三人享有①。换言之，债权的转让，是债权的权利主体变动，债权内容不发生变动的情形。申言之，抵押权转移，是指登记簿上记载的不动产抵押权，在抵押权的内容、客体和相关事项不变的前提下，抵押权的权利主体发生变动的情形。在不动产登记实务中，按《不动产登记暂行条例实施细则》第六十九条规定，因主债权转让导致抵押权转让的，当事人可以申请抵押权转移登记。据此可知，在《不动产登记暂行条例实施细则》中，只规定了一种申请抵押权转移登记的情形，即抵押权随被担保的主债权转让而转让的情形。

已经登记的抵押权随被担保的主债权转让而转让时，自受让人取得主债权时起，无须登记即依法即时享有附于主债权设立的不动产抵押权。在司法实务中，最高人民法院在"再审申请人湖南绿某源糖业有限公司、丁某耀因与被申请人某城市建设投资有限公司、一审第三人庄某借款合同纠纷一案"中认为"物权法第一百九十二条规定：'抵押权不得与债权分离而单独转让或者作为其他债权的担保。债权转让的，担保该债权的抵押权一并转让，但法律另有规定或者当事人另有约定的除外。'（《民法典》第四百零七条规定，抵押权不得与债权分离而单独转让或者作为其他债权的担保。债权转让的，担保该债权的抵押权一并转让，但是法律另有规定或者当事人另有约定的除外。）本条系关于抵押权处分从属性的规定，抵押权作为从权利应随债权的转让而转让。债权受让人取得的抵押权系基于法律的明确规定，并非基于新的抵押合同重新设定抵押权，故不因受让人未及时办理抵押权变更登记手续而消灭。本案中城建投公司受让农发行某分行对绿某源公司享有的债权，依据法律规定有权受让与案涉债权相关的抵押权"②。

笔者认为，继受或继承也是取得抵押权的情形。此种情形下取得的抵

---

① 梁慧星：《中国民法典草案建议稿附理由：债权总则编》，法律出版社2006年版，第148页。
② 最高人民法院："再审申请人湖南绿某源糖业有限公司、丁某耀因与被申请人某城市建设投资有限公司、一审第三人庄某借款合同纠纷一案"，http://www.chncase.cn，访问日期：2019年8月31日。

押权，也只是抵押权的权利主体发生了变动，但抵押权的内容、客体和相关事项不变，故这也应当属于抵押权转移的范围。主要情形有：

（1）作为法人、非法人组织的抵押权人合并、分立导致抵押权转移的情形。

《民法典》第六十七条规定，法人合并的，其权利和义务由合并后的法人享有和承担。法人分立的，其权利和义务由分立后的法人享有连带债权，承担连带债务，但是债权人和债务人另有约定的除外。质言之，一般情形下，法人发生合并、分立时，不影响原有权利义务的享有和承担[①]。申言之，作为抵押权人的法人、非法人组织合并或分立后，抵押权可以由因合并或分立后的法人、非法人组织享有。

① 抵押权人的合并。

抵押权人的合并，主要指作为抵押权人的法人、非法人组织，按政策规定，或按其共同的上级组织决定，或与其他法人、非法人组织协商达成一致，归并到另一个法人或非法人组织中的情形，被归并的原法人或非法人组织不再存在。如：甲钢材销售公司经与乙销售公司协商，达成合并协议，甲公司整体合并到乙公司，合并完成后，甲公司注销。甲公司对丙物流公司享有的担保按时、保质、保量运输钢材的不动产抵押权依法由乙公司享有。

② 抵押权人的分立。

抵押权人的分立，主要指作为抵押权人的法人、非法人组织，按政策规定，或按其共同的上级组织决定，或经过法人、非法人组织内部协商达成一致，经过分割从原来的法人或非法人组织中独立出来，成立新的法人或非法人组织的情形。如：甲饲料厂股东会决定，从甲饲料厂中分立出乙饲料厂，乙饲料厂具有独立的法人资格。甲饲料厂对丙销售人享有的担保按时结算、回笼货款的房屋抵押权转归乙饲料厂享有。

（2）因继承导致抵押权转移的情形。

《民法典》第二百三十条规定，因继承取得物权的，自继承开始时发生

---

① 梁慧星：《中国民法典草案建议稿附理由：总则编》，法律出版社2004年版，第109页。

效力。该法第一千一百二十一条第一款规定,继承从被继承人死亡时开始。据此可知,不动产抵押权是法律规定的不动产物权,可以被依法继承,且自登记簿上记载的抵押权人死亡时起,无须登记,继承人基于继承取得的不动产抵押权依法、即时生效。如:李甲意外去世,他对张乙享有的担保按时归还借款的房屋抵押权依法由其独子李丙继承,且自李甲死亡时起,李丙因继承无须登记即依法享有对张乙的房屋抵押权。

至于当事人在抵押担保合同中约定的"流抵押契约",不能成为抵押物所有权转移的原因。所谓流抵押契约,是指当事人在抵押担保合同中约定,当债务履行期届满而债权未受清偿时,抵押物的所有权转移为抵押权人所有。

我国法律的规定不支持流抵押契约,即《民法典》第四百零一条规定,抵押权人在债务履行期限届满前,与抵押人约定债务人不履行到期债务时抵押财产归债权人所有的,只能依法就抵押财产优先受偿。据此可知,抵押权人在债务履行期限届满前,关于债务人不履行到期债务时抵押财产归债权人所有的约定,不受法律的保护,抵押权人只能在债务履行期限届满后,债务人不履行债务的情形下,就抵押物折价抵债,或者就抵押物的变现款优先受偿。法律何以做此规定?

债务人借债处于急迫窘困的情形,债权人可以利用债务人的这种不利处境,迫使债务人与其订立流抵押契约,以价值甚高的抵押物担保小额债权,图谋债务人不能清偿时取得抵押物的所有权,牟取非分利益。法律为保护债务人的利益,应当对流抵押契约加以禁止[①]。在不动产登记实务中,当事人在抵押合同中约定的流抵押契约,不能作为因抵押权实现产生的作为抵押物的不动产物权转移登记的原因,当事人据此申请的不动产物权转移登记,登记机构不予受理。

4. 抵押权的消灭

《民法典》第三百九十三条规定:"有下列情形之一的,担保物权消灭:

---

① 梁慧星:《中国民法典草案附理由:物权编》,法律出版社2004年版,第331页。

（一）主债权消灭；（二）担保物权实现；（三）债权人放弃担保物权；（四）法律规定担保物权消灭的其他情形。"据此可知，一般情形下，担保物权消灭的情形主要有主债权消灭、担保物权实现、债权人放弃担保物权。该法第二百二十九条规定，因人民法院、仲裁机构的法律文书或者人民政府的征收决定等，导致物权设立、变更、转让或者消灭的，自法律文书或者征收决定等生效时发生效力。该法第二百三十一条规定，因合法建造、拆除房屋等事实行为设立或者消灭物权的，自事实行为成就时发生效力。据此可知，基于人民法院、仲裁机构生效的法律文书消灭不动产物权的，自法律文书生效时起，不动产物权消灭。因拆除房屋的事实行为消灭不动产物权的，自事实行成就时起，不动产物权消灭。这些也是作为不动产物权之不动产担保物权消灭的情形。这属于《民法典》第三百九十三条第（四）项"法律规定担保物权消灭的其他情形"的规定。概言之，担保物权消灭的情形主要有主债权消灭、担保物权实现、债权人放弃担保物权、不动产实体全部永久灭失、人民法院或仲裁机构生效的消灭担保物权的法律文书。作为不动产物权之不动产抵押权，在出现这些情形时也消灭。据此可知，抵押权的消灭，是指已经依法存在的抵押权，在法律规定的消灭事由出现时，抵押权失去法律效力的情形。在不动产登记实务中，《不动产登记暂行条例实施细则》第七十条规定："有下列情形之一的，当事人可以持不动产登记证明、抵押权消灭的材料等必要材料，申请抵押权注销登记：（一）主债权消灭；（二）抵押权已经实现；（三）抵押权人放弃抵押权；（四）法律、行政法规规定抵押权消灭的其他情形。"据此可知，抵押权消灭的情形出现时，当事人应当持相关手续向登记机构申请抵押权注销登记。

《民法典》第四百一十九条规定，抵押权人应当在主债权诉讼时效期间行使抵押权；未行使的，人民法院不予保护。质言之，权利人未在主债权的诉讼时效期间内行使的抵押权，人民法院不予以保护，那么，此抵押权是否消灭呢？笔者认为，此抵押权不消灭。理由如下：

（1）抵押权人在主债权诉讼时效期间不行使抵押权，不是前述的法律规定的担保物权消灭的情形。

（2）我国法律没有关于抵押权存续期间的规定，作为民事实体权利的抵押权不因经过期间的长短而自动消灭。

（3）抵押权是依附于被其担保的债权而存在的担保物权，债权不消灭，则抵押权不消灭。《民法典》第一百九十二条规定，诉讼时效期间届满的，义务人可以提出不履行义务的抗辩。诉讼时效期间届满后，义务人同意履行的，不得以诉讼时效期间届满为由抗辩；义务人已经自愿履行的，不得请求返还。质言之，债权虽然超过诉讼时效期间不受人民法院的保护，但是不消灭。如果债权消灭，义务人在债权消灭后，自愿履行义务，债权人也接受的，则债权人的接受没有法律上的原因，形成不当得利，义务人可以请求返还。显然，这不是立法的本意。申言之，债权因超过诉讼时效而不消灭，附于其上的抵押权也不消灭。

在不动产登记实务中，抵押人以抵押权人超过主债权的诉讼时效为由申请抵押权注销登记的，登记机构不予受理。

六、抵押物

抵押物，即抵押权的客体或标的物，也称抵押财产。抵押物应当具备的条件主要有：

1. 抵押物是特定物

《民法典》第一百一十四条第二款规定，物权是权利人依法对特定的物享有直接支配和排他的权利，包括所有权、用益物权和担保物权。据此可知，作为担保物权的抵押权，其客体也须特定，即能够明确、具体。

2. 抵押物可依法转让

按《民法典》第三百九十五条规定，债务人或者第三人有权处分的财产可以抵押。在司法实务中，按《担保法司法解释》第五条规定，以法律、法规禁止流通的财产或者不可转让的财产设定担保的，担保合同无效。据此可知，抵押权的主要功能是担保债权的实现，抵押权是支配抵押物交换价值的担保物权，因此，抵押权从设立之时起，承载抵押权的抵押物始终存在被转让的可能,所以,虽然抵押人有权处分,但不能依法转让变现或不宜转让变现的特定物不得作为抵押物,换言之,抵押物须可以依法转让。

《民法典》第三百九十九条规定:"下列财产不得抵押:(一)土地所有权;(二)宅基地、自留地、自留山等集体所有土地的使用权,但是法律规定可以抵押的除外;(三)学校、幼儿园、医疗机构等为公益目的成立的非营利法人的教育设施、医疗卫生设施和其他公益设施;(四)所有权、使用权不明或者有争议的财产;(五)依法被查封、扣押、监管的财产;(六)法律、行政法规规定不得抵押的其他财产。"据此可知,除本条第(一)项至第(五)项规定的不得抵押的财产外,法律、行政法规没有明确规定不得抵押的财产,都可以抵押。但是,乡镇、村企业的建设用地使用权不得单独抵押。以乡镇、村企业的厂房等建筑物抵押的,其占用范围内的建设用地使用权一并抵押(《民法典》第三百九十八条规定)。

《民法典》第四百一十七条规定,建设用地使用权抵押后,该土地上新增的建筑物不属于抵押财产。该建设用地使用权实现抵押权时,应当将该土地上新增的建筑物与建设用地使用权一并处分。但是,新增建筑物所得的价款,抵押权人无权优先受偿。据此可知,在建设用地使用权已经依法设定抵押权后,该建设用地上新增加的房屋或其他建筑物、构筑物,不属于抵押物的范围,抵押权实现时,为了充分发挥物的效用,抵押权人可以将该建设用地上新增的房屋或其他建筑物、构筑物一并处分,但抵押权人对处分新增的建筑物、构筑物所得价款无优先受偿权。

七、最高额抵押权

《民法典》第四百二十条规定,为担保债务的履行,债务人或者第三人对一定期间内将要连续发生的债权提供担保财产的,债务人不履行到期债务或者发生当事人约定的实现抵押权的情形,抵押权人有权在最高债权额限度内就该担保财产优先受偿。最高额抵押权设立前已经存在的债权,经当事人同意,可以转入最高额抵押担保的债权范围。据此可知,最高额抵押权,是指债务人或第三人与抵押权人(债权人)协议在最高债权额度内,以抵押财产对一定期间内将要连续发生的债权提供抵押担保，当债务人不履行债务或发生当事人约定的实现抵押权的情形时，抵押权人有权在最高债权额度内就该担保财产优先受偿[①]。因此，最高额抵押权不同于一般抵押权，一般情形下，一般抵押权只为已经存在的某一笔明确、具体的债权作担保，且其存在依附于被担保的债权。简言之，一般抵押权的设立以债权的存在为前提。而最高额抵押权既可以只为将来发生的债权作担保，也可以同时为已经存在的债权和将来发生的债权作担保，即最高额抵押权担保的债权是不确定的。最高额抵押权的存在不依附于被其担保的债权。简言之，最高抵押权的设立不以债权的存在为前提。

在实际生活中，最高额抵押已经发展成为一种广泛的适用的担保方式，主要原因有：其一，最高额抵押有利于维系持续的信用关系，加速资金融通；其二，最高额抵押为当事人间持续发生的债权之担保，创造了便利条件[②]。

1. 最高额抵押权的特征

（1）最高额抵押权不具有从属性。

按《民法典》第四百二十条规定，最高额抵押权中，在最高债权额限度内，抵押物对一定期间内连续发生的债权作担保。最高额抵押权设立前已经存在的债权，经当事人同意，可以转入最高额抵押担保的债权范围。该法第四百二十一条规定，最高额抵押担保的债权确定前，部分债权转让的，最高额抵押权不得转让，但是当事人另有约定的除外。质言之，最高额抵押权既可以为已经存在的债权作担保，也可以为将来出现的债权作担保，还可以同时为已经存在的债权和将来出现的债权作担保。担保期间，债务人可以偿还债务消灭已经存在的债权，也可以继续借债，产生新的债权。债权人也可以将某笔或某几笔债权转让给他人。因此，最高额抵押权不随债权的消灭而消灭，最高额抵押权也不随某些具体债权的转让而转让。概言之，相对于被其担保的主债权，最高额抵押权不具有从属性。

[①] 王利民、尹飞、程啸：《中国物权法教程》，人民法院出版社2007年版，第495页。
[②] 梁慧星：《中国民法典草案附理由：物权编》，法律出版社2004年版，第351页。

（2）最高额抵押权担保的债权不特定。

如前所述，最高额抵押权中，在最高债权额限度内，抵押物对一定期间内连续发生的债权作担保，在该"一定期间内"，连续发生多少债权，无法特定，但最高额抵押权对该期间内发生的不超过最高限额的全部债权提供担保。

（3）最高额抵押权存在的基础是一定期间内连续发生债权的合同。

一定期间内连续发生债权的合同，是债权人与债务人就一定期间内连续发生债权债务关系的总合同，是确定最高额抵押中的最高债权限额的前提，最高额抵押权是对基于该合同发生的系列债权的概括性担保，不是只对基于该合同发生的某笔或某几笔明确、具体的债权作担保。

2. 最高额抵押权的确定

最高额抵押权担保的债权确定，也称"最高额抵押权担保的债权的特定"，是指最高额抵押权所担保的一定范围内的不特定债权，因一定事由的发生而归于具体特定[①]。抵押人和抵押权人所登记的被担保债权的范围，目的在于限定抵押权人和抵押人所发生的不特定债权的范围，但所担保的（将来发生的）债权本身并未特定。所以，在行使最高额抵押权时，其所担保的不特定债权应当特定[②]。法律规定最高额抵押权担保的债权因一定事由的发生而确定，旨在特定抵押权人优先受偿的权利范围，以阻止最高额抵押权无限期延长，保护抵押人和其他利害关系人的利益。如第三人为债务人提供最高额抵押担保时，若最高额抵押权无限期延长，作为担保物的不动产价值就会无限期地被债务人利用，对抵押人非常不利。

最高额抵押权担保的不特定债权在最高额抵押权确定时，转变为一般抵押权担保的债权。被担保债权确定后所发生的任何债权，不属于抵押担保的范围[③]。质言之，最高额抵押权确定，表明最高额抵押权因转化为一般抵押权而终止，在此基础上转化而来的一般抵押权设立。

[①] 王利明、尹飞、程啸：《中国物权法教程》，人民法院出版社2007年版，第501页。
[②] 梁慧星：《中国民法典草案建议稿附理由：物权编》，法律出版社2004年版，第355页。
[③] 梁慧星：《中国民法典草案建议稿附理由：物权编》，法律出版社2004年版，第355页。

使最高额抵押权担保的债权确定的事由,由法律规定,即《民法典》第四百二十三条规定"有下列情形之一的,抵押权人的债权确定:(一)约定的债权确定期间届满;(二)没有约定债权确定期间或者约定不明确,抵押权人或者抵押人自最高额抵押权设立之日起满二年后请求确定债权;(三)新的债权不可能发生;(四)抵押权人知道或者应当知道抵押财产被查封、扣押;(五)债务人、抵押人被宣告破产或者解散;(六)法律规定债权确定的其他情形。"在不动产登记实务中,《不动产登记暂行条例实施细则》第七十三条规定,当发生导致最高额抵押权担保的债权被确定的事由,从而使最高额抵押权转变为一般抵押权时,当事人应当持不动产登记证明、最高额抵押权担保的债权已确定的材料等必要材料,申请办理确定最高额抵押权的登记。

最高额抵押的公示、变更、消灭参见本书中的一般抵押权部分。

第五章 民法上的时间

时间也属于法律事实的一种，且时间在法律事实中占有重要位置，其适用亦最频繁①。时间在民事权利和义务的产生、持续、变动和终止中具有重要意义。关于民法上的时间，《民法典》的第一编第九章规定了诉讼时效，第十章规定了期间。笔者基于不动产登记实务，对民法上的时间中的期间、时效作介绍。

第一节 期　　间

一、期间的概念

所谓期间，指某一期日与另一期日的时间②。通俗地讲，期间是两个时间节点之间持续的时间段，开始的时间节点为始期，终止的时间节点为终期。期间在法律规范上的体现，如：按《民法典》第二百二十条第二款规定，登记机构予以异议登记，申请人自异议登记之日起十五日内不提起诉讼的，异议登记失效。该法第二百二十一条第二款规定，预告登记后，债权消灭或者自能够进行不动产登记之日起九十日内未申请登记的，预告登记失效。据此可知，其中的"异议登记之日""债权消灭或者自能够进行不动产登记之日"为期间开始计算的期日（时间节点），即始期。"十五日""九十日"的截止日期为期间终止计算的期日（时间节点），即终期。始期和终期之间持续的时间段"十五日""九十日"就是申请登记的与不动产相关的事项的存续期间。结合具体事件来说，如：某人于 2019 年 10 月 17

---

① 梁慧星：《民法总论》，法律出版社 2001 年版，第 252 页。
② 梁慧星：《民法总论》，法律出版社 2001 年版，第 252 页。

日申请房屋所有权异议登记，登记机构经查验后认为符合登记要求，于当日将该异议登记记载于登记簿，2019年10月17日就是该异议登记有效期间的始期，有效期间为15日，则2019年10月31日为该异议登记有效期间的终期，2019年10月17日—2019年10月31日这段持续的时间段就是该异议登记的有效期间，若期间的最后一天是法定节假日的，则顺延。

期日，是指一定的、不许分割的时间。通俗地讲，期日是一个确定的不可分割的时间节点。所谓确定，是指能够明确、具体的意思，如某年、某月、某日。在法律规范中的体现，如：《民法典》第二百一十四条规定，不动产物权的设立、变更、转让和消灭，依照法律规定应当登记的，自记载于不动产登记簿时发生效力。据此可知，记载于不动产登记簿之日，为民事主体享有的基本的民事权利之一的不动产物权生效的期日。在不动产登记实务中，甲将房屋卖给乙，甲和乙一起到登记机构申请转移登记，转移登记被核准后，乙因买卖取得的房屋所有权被记载于登记簿上的日期，即是甲终止了其法律上的房屋所有权的期日，也是乙取得法律上的房屋所有权的期日。

一般谓期日为由静的方面观察之时，期间为由动的方面观察之时，期日为点，期间为线[①]。

二、期间的种类

有学者认为，法定或指定的期间多用历法计算法，而约定的期间允许当事人选择[②]。据此可知，有法定的期间，也有指定的期间，还有当事人间约定的期间。

1. 法定期间

法定期间，是指由法律直接规定的期间。如：按《民法典》第二百二十条第二款规定，登记机构予以异议登记，申请人自异议登记之日起十五

---

① 史尚宽：《民法总论》，中国政法大学出版社2000年版，第612页。
② 张俊浩：《民法学原理》，第282页。转引自王利民：《民法学》，复旦大学出版社2004年版，第115页。

日内不提起诉讼的，异议登记失效。据此可知，其中的"十五日"是法律规定的申请人申请的异议登记记载于登记簿上后不起诉的情形下，异议登记的有效期间。再如：《民法典》第二百二十一条第二款规定，预告登记后，债权消灭或者自能够进行不动产登记之日起九十日内未申请登记的，预告登记失效。据此可知，其中的"九十日"是法律规定的申请人申请的预告登记记载于登记簿上后，能够进行不动产登记但申请人未申请登记的情形下，预告登记最后的有效期间。

2. 指定期间

指定期间，是指由人民法院、仲裁机构或其他有权部门在生效的法律文书或其他公文中指定的期间。如：在司法实务中，河北省廊坊市中级人民法院在"上诉人郑某因房屋买卖合同纠纷一案"中判决维持河北省三河市人民法院关于"杨某先行向第三人偿还郑某的涉案房产所欠贷款。贷款还清后十日内，郑某协助杨某办理房产过户手续"的判决[1]。其中，"贷款还清后 30 日内"即人民法院为当事人郑某指定的转移登记义务的履行期间。

3. 约定期间

约定期间，是指民事主体经平等协商议定的期间。如：房屋买卖双方在房地产转让合同中约定"卖方自收到购房款的 80%之日起 10 日内，配合买方到登记机构办理房屋所有权转移登记手续。"其中的"10 日内"便是买卖双方约定卖方履行协助办理房屋所有权转移登记义务的期间。

三、期间的意义

民法是保护民事主体合法的民事权益，调整民事主体的财产关系和人身关系的法律，其所调整的财产关系和人身关系，无一不在一定的时间中进行。基于此，期间的意义在于确定民事权利和义务产生、持续、变动和

---

[1] 廊坊市中级人民法院："上诉人郑某因房屋买卖合同纠纷一案"，http://lawyer.9ask.cn，访问日期：2019 年 9 月 3 日。

第五章 民法上的时间

终止的时间，从而确定民事权利的行使和民事义务的履行是否受法律的调整。笔者结合不动产登记实务就期间的意义做如下阐释：

1. 作为确认民事主体有无民事权利能力和民事行为能力的依据

《民法典》第十三条规定，自然人从出生时起到死亡时止，具有民事权利能力，依法享有民事权利，承担民事义务。该法第十七条规定，十八周岁以上的自然人为成年人。不满十八周岁的自然人为未成年人。按该法第十九条规定，八周岁以上的未成年人为限制民事行为能力人。按该法第二十条规定，不满八周岁的未成年人为无民事行为能力人。该法第五十九条规定，法人的民事权利能力和民事行为能力，从法人成立时产生，到法人终止时消灭。该法第一百零八条规定，非法人组织除适用本章规定外，参照适用本编第三章第一节的有关规定。据此可知，《民法典》通过对一定的期日和期间的规定，从而对自然人、法人及非法人组织的民事权利能力和民事行为能力的起始做了确认。在不动产登记实务中，登记机构根据《民法典》中关于民事主体的民事权利能力的规定，可以确定自然人、法人或非法人组织可否作登记簿上记载的不动产权利主体。如：自然人从出生到死亡期间具有民事权利能力，即具备作为登记簿上记载的不动产权利主体的资格。法人及非法人组织，从设定到终止期间具有民事权利能力，即具备作为登记簿上记载的不动产权利主体的资格。根据《民法典》中关于民事主体的民事行为能力的规定，一般情形下，通过审核申请人的身份证明上的出生时间（自然人）或存续期间（法人、非法人组织），可以确定该申请人是有民事行为能力人，或限制民事行为能力人，抑或无民事行为能力人，其提交的用作不动产登记原因证明的合同、协议等材料，是申请人单独实施民事法律行为产生，还是由其监护人或清算组织、破产财产代管人代为实施民事法律行为产生，该材料是否合法、有效，可否用作登记的证据材料，当然，当事人若为无民事行为能力、限制民事行为能力的自然人，或是民事行为能力受到限制的法人、非法人组织，则不能申请不动产登记。无民事行为能力、限制民事行为能力的自然人应当由其法定代理人（监护人）代为申请。民事行为能力受到限制的法人或非法人组织，由其清算组织、破产财产代管人代为申请。

2. 作为某些事实法律推定的依据

《民法典》第四十六条规定："自然人有下列情形之一的，利害关系人可以向人民法院申请宣告该自然人死亡：（一）下落不明满四年；（二）因意外事件，下落不明满二年。因意外事件下落不明，经有关机关证明该自然人不可能生存的，申请宣告死亡不受二年时间的限制。"据此可知，一般情形下，其中的"四年""二年"期间届满，利害关系人可以向人民法院申请宣告该自然人死亡。这些规定表明：一般情形下，某自然人只要经过前述法定的"四年""二年"期间，经利害关系人申请，人民法院即可以依法宣告其死亡。人民法院宣告自然人死亡，即是推定该自然人死亡的事实成就。自然人被宣告死亡，其财产作为遗产进入继承程序，人民法院宣告该自然人死亡的法律文书是登记机构判定因继承申请的不动产转移登记可否办理的证据材料之一。

3. 作为权利取得或灭失的依据

（1）依法登记的不动产生效的依据。

《民法典》第二百一十四条规定，不动产物权的设立、变更、转让和消灭，依照法律规定应当登记的，自记载于不动产登记簿时发生效力。据此可知，记载于不动产登记簿之日，为权利人依法律行为取得的不动产物权生效的期日。

（2）依法无须登记即产生效力的不动产权利生效的依据。

① 因继承取得的不动产。

《民法典》第一千一百二十一条第一款规定，继承从被继承人死亡时开始。该法第二百三十条规定，因继承取得物权的，自继承开始时发生效力。在司法实务中，《继承法司法解释》第一条规定，继承从被继承人生理死亡或被宣告死亡时开始。失踪人被宣告死亡的，以法院判决中确定的失踪人的死亡日期，为继承开始的时间。据此可知，继承人死亡的日期，就是继承产生的时间节点，质言之，继承人死亡的日期是继承人继承的不动产物权无须登记即生效的期日，同时，也是被继承人享有的不动产物权无须登记即终止的期日。登记机构可以通过审核登记簿上记载的不动产物权的权利人的死亡证明，以确定因不动产继承申请的转移登记可否办理（转移登记给谁则还需继承证明）。

按《民法典》第十六条规定，涉及遗产继承、接受赠与等胎儿利益保护的，胎儿视为具有民事权利能力。据此可知，胎儿尚未脱离母体，不能像已经出生的自然人那样具有民事权利能力，但是，法律规定，胎儿在继承遗产、接受赠与时，把其当作有民事权利能力的自然人对待。胎儿毕竟还没有出生，不能像已经出生的自然人那样行使权利，其继承遗产、接受赠与、行使损害赔偿请求权，应当准用关于未成年人监护制度的规定，即由监护人作为法定代理人代理胎儿行使权利。因胎儿没有出生，还没有姓名，赠与合同的受赠人只能写监护人的姓名，但实际的受赠人是胎儿而并不是监护人，所以应当在赠与合同中载明该财产是赠与胎儿的①。据此可知，死胎无民事权利能力，更无民事行为能力，胎儿脱离母体的期日是其有无继承权的关键。因此，新生婴儿的出生证明或户籍证明是登记机构决定其因继承、接受赠与取得的不动产物权可否转移登记至其名下的证据。

② 因司法判决、仲裁裁决、行政征收导致物权设立、变更或者消灭的依据。

《民法典》第二百二十九条规定，因人民法院、仲裁机构的法律文书或者人民政府的征收决定等，导致物权设立、变更、转让或者消灭的，自法律文书或者征收决定等生效时发生效力。据此可知，法律文书、人民政府的征收决定生效的期日，便是不动产物权设立、变更、转移或消灭的期日。在不动产登记实务中，登记人员要注意查验法律文书或征收决定的生效期

---

① 梁慧星：《〈民法总则〉重要条文的理解与适用》，http://ex.cssn.cn，访问日期：2018年7月25日。

日是否届至,否则,不得用作办理不动产登记的证据材料。

③ 因事实行为成就导致物权设立、变更或者消灭的依据。

《民法典》第二百三十一条规定,因合法建造、拆除房屋等事实行为设立或者消灭物权的,自事实行为成就时发生效力。其中,所谓事实行为成就,是指合法建造房屋至能满足正常使用之时,或者房屋的竣工之日;拆除房屋,则是指房屋被全部拆除之时。概言之,房屋竣工之日为权利人无须登记即依法、即时取得房屋权利的期日,房屋被全部拆除之日为权利人无须登记即依法即时失去房屋权利的期日。

4. 作为明确权利行使和义务履行的时间界限

在司法实务中,河北省廊坊市中级人民法院在"上诉人郑某因房屋买卖合同纠纷一案"中判决维持河北省三河市人民法院关于"杨某先行向第三人偿还郑某的涉案房产所欠贷款。贷款还清后十日内,郑某协助杨某办理房产过户手续"的判决[1]。质言之,"10日内"是双方办理房产买卖过户手续的权利行使和义务履行的时间界限。如果当事人一方未在10日内履行判决义务,另一方可以申请人民法院强制执行,登记机构凭法院的裁定书和协助执行通知书等法律文书办理转移登记手续。如果当事人双方在10日后共同申请转移登记,能够满足登记要求的,登记机构亦应当受理。这是因为,当事人在指定期间外履行登记义务,并不影响不动产登记的程序和对申请登记的事项的审核。

5. 作为确认法律关系效力的依据

按《民法典》第三百九十三条第(一)项规定,担保物权随主债权的消灭而消灭。质言之,债的关系存在的期间内,抵押关系也随之存在,债的关系消灭之日,抵押关系也随之消灭。换言之,债的关系消灭之日为抵押关系消灭的期日。债的关系消灭导致了抵押关系的消灭,成就了当事人申请抵押权注销登记的事由。

---

[1] 廊坊市中级人民法院:"上诉人郑某因房屋买卖合同纠纷一案",http://lawyer.9ask.cn,访问日期:2019年9月3日。

第二节 诉讼时效

一、时效的概念

时效,是指可确定的事实状态持续经过法定期间而产生相应法律后果的制度。它分为诉讼时效、取得时效和消灭时效。

时效制度的实质:一是敦促权利人及时行使其民事权利和对民事权利的限制;二是对权利人逾期未行使的民事权利予以限制。如:《民法典》第一百八十八条规定,向人民法院请求保护民事权利的诉讼时效期间为三年。法律另有规定的,依照其规定。诉讼时效期间自权利人知道或者应当知道权利受到损害以及义务人之日起计算。法律另有规定的,依照其规定。但是,自权利受到损害之日起超过二十年的,人民法院不予保护,有特殊情况的,人民法院可以根据权利人的申请决定延长。据此可知,一般情形下,受害人知道或者应当知道其权利被侵犯之日起,应当在三年的诉讼时效期间内以诉讼的方式请求人民法院保护。受害人提起诉讼的最长诉讼时效期间是二十年,逾期,受害人再提起诉讼的,得不到人民法院的保护,即其权利的行使因得不到人民法院的支持而受到很大的限制。民法关于时效的规定,属于强行性的规定,不得由当事人依自由意思予以排除,时效期间不得由当事人协议予以加长或缩短[1]。如《民法典》第一百八十八条规定的普通诉讼时效期间为"三年",最长诉讼时效期间为"二十年"。此处的"三年""二十年"都是法律规定的,当事人不能依自己的意思表示予以延长或缩短。

时效是民事法律关系发生、变更和消灭的依据之一,因此属于民事法律事实[2]。如:《民法典》第一千一百二十四条第二款规定,受遗赠人应当在知道受遗赠后六十日内,作出接受或者放弃受遗赠的表示;到期没有表示的,视为放弃受遗赠。据此可知,受遗赠人自知道受遗赠之日起六十日内,没有作出接受遗赠的意思表示的,视为放弃受遗赠,即受遗赠与遗赠间的遗赠法律关系消灭。

---

[1] 梁慧星:《中国民法典草案建议稿附理由:总则编》,法律出版社2004年版,第240页。
[2] 梁慧星:《中国民法典草案建议稿附理由:总则编》,法律出版社2004年版,第240页。

二、时效的作用

有学者将时效的作用归结为：稳定法律秩序、作为证据之代用、促使权利人行使权利①。笔者赞同之并结合不动产登记实务作如下阐释。

1. 稳定法律秩序

在社会生活中，对不动产实体的占有是事实上享有的权利状态的存在，以此为基础发生租赁、抵押、买卖、赠与、继承等各种法律关系，若此事实上享有的权利状态长期地存在下去，围绕其发生的各种法律关系亦日益纷繁复杂。如：租赁、抵押关系并存，甚至租赁、抵押和买卖关系并存等，如果法律秩序因此而无序、混乱，就剪不断理还乱了，不利于调动不动产占有人对不动产实施维修、改良、充分利用的积极性，也不利于权利享有人积极主动地行使权利、履行义务，以提高权利价值的使用效率和质量。建立时效制度，有利于理顺、稳定法律秩序，确认不动产权利归属，发挥物尽其用的积极作用。如：甲和乙同为一处房屋的继承人，占有房屋的甲隐瞒了乙享有继承权的事实，单独向登记机构申请因继承产生的转移登记并被记载于登记簿上。随后，甲告知乙，说为了省事，将本属于二人共同继承的房屋登记在了自己名下，乙顾及兄弟情分没有提出异议。尔后，甲用继承所得的房屋向银行抵押贷款20万元做生意，并办理了抵押权登记手续。如前所述，《民法典》第一百八十八条规定的普通诉讼时效期间为"三年"。据此可知，如果乙在三年内不提起继承权保护的诉讼，则乙丧失了受人民法院保护的权利，即胜诉权，甲继承取得的房屋所有权及在此基础上与银行建立的抵押关系得以稳定，并依法存在。

2. 作证据之代用

《民法典》第二百一十一条规定，当事人申请登记，应当根据不同登记事项提供权属证明和不动产界址、面积等必要材料。据此可知，权属证明是当事人申请不动产登记时应当向登记机构提交的材料。但是，在现实生活中，某些地区的某些人占有不动产或仅事实上享有不动产权利的状态几

---

① 王利民：《民法学》，中央广播电视大学出版社1995年版，第117页。

年、十年、二十年地存在,关于不动产权属证据的收集、保存随着时代变迁、环境变化,也越来越难,甚至无证据可寻,不动产权利产生的争执何以解决?如:某临江的小镇,1955年发大水,冲毁了大量财物是众所周知的事实,A于新中国成立前就开始住在某房屋内,房契1955年被大水冲走。1988年总登记时,A按遗失登记程序申请房屋所有权登记时,从新中国成立前一直在省外居住的A的堂兄B回到小镇,到登记机构称A所住房屋是其父亲的遗产,A只是借用,B以多次搬家房契遗失为由也请求按遗失登记程序申请房屋所有权登记,A和B都提供了房屋所有权归其所有的证人证言若干,孰是孰非?此案中,房屋所有权归属确认的难度可想而知。据悉,此房屋现时仍然未办理权属登记。因此,如果未来立法中建立了占有取得时效制度,以此作证据之代用,可免除房屋占有人A的举证之苦,以定纷止争,确定房屋所有权的归属,对维护社会秩序有重要作用。

3. 促使权利人行使权利

如前所述,时效制度的实质:一是敦促权利人及时行使其民事权利和对民事权利的限制;二是对权利人逾期未行使的民事权利予以限制。如果不动产权利人怠于行使权利,可以推定其默认了他人对自己不动产的占有,或他人享有自己的不动产物权的事实状态的存在,对因此而形成的无序、混乱的法律秩序起了促动作用,从客观上加大了不动产物权归属证据收集、保存的难度,是导致不动产权属纠纷的直接原因。建立时效制度,让权利人有怠于行使权利就可能失去权利的危机感,积极主动地行使权利,使法律关系简化明晰,克服证据收集、保存的困难,尽快确定不动产物权的归属,以定纷止争。对不动产的占有人,或事实上持续享有不动产权利的人,则能使之合法化,成为不动产物权的合法权利人,有利于不动产的改良和充分利用,使之保值、增值。

三、诉讼时效

1. 诉讼时效的概念

诉讼时效,是指在法律规定的期间内不主张权利的权利人,其胜诉权丧失的法律制度。换言之，权利人超过法定期间，向法院起诉，请求保护其权利，权利人有诉讼权，但没有胜诉权。《民法典》第四百一十九条规定，抵押权人应当在主债权诉讼时效期间行使抵押权；未行使的，人民法院不予保护。据此可知，抵押权人在主债权诉讼时效期间届满后，向人民法院起诉，请求保护其抵押权的，人民法院不予保护，但此抵押权不因失去人民法院的强制力保护而消灭。

《民法典》第一百九十二条第二款规定，诉讼时效期间届满后，义务人同意履行的，不得以诉讼时效期间届满为由抗辩；义务人已经自愿履行的，不得请求返还。据此可知，诉讼时效期间届满后，实体上的权利并不消灭，权利人在诉讼时效期间届满后仍然可以接受义务人履行义务而实现自己的权利，简言之，诉讼时效期间届满后，权利人没有胜诉权但不等于其享有的实体上的权利灭失。如：A 以海域使用权及海域内的构筑物所有权向 B 银行抵押获得贷款，借款合同约定债务履行期间为一年。A、B 申请并办理了抵押权登记，五年后 A 仍未归还贷款。B 银行诉至人民法院，请求实现抵押权。人民法院以超过诉讼时效为由驳回其诉讼请求。B 银行的诉讼请求虽然被驳回，但其享有的抵押权并不消灭，仍然存在。如果 A 持此判决书请求登记机构办理抵押权注销登记的，登记机构应当不予以办理。再如：父亲死后，甲和乙同为父亲遗留房屋的继承人，甲在国外谋生，乙擅自将房屋所有权通过继承转移登记为自己所有。二十多年后，甲从国外回来，居无定所，向乙主张对父亲遗留房屋的继承权被拒绝，遂向人民法院提起继承权保护诉讼。《民法典》第一百八十八条规定，向人民法院请求保护民事权利的诉讼时效期间为三年。法律另有规定的，依照其规定。诉讼时效期间自权利人知道或者应当知道权利受到损害以及义务人之日起计算。法律另有规定的，依照其规定。但是，自权利受到损害之日起超过二十年的，人民法院不予保护，有特殊情况的，人民法院可以根据权利人的申请决定延长。据此可知，一般情形下，受害人知道或者应当知道其权利被侵犯之日起，应当在三年的诉讼时效期间内以诉讼的方式请求人民法院保护。受害人提起诉讼的最长诉讼时效期间是二十年，逾期，受害人再提起诉讼的,得不到人民法院的保护。人民法院据此驳回了甲的起诉。后经社区居委会和亲戚、邻朋的劝说,乙念及兄弟之情,自愿将应由甲继承的房屋所有权部分返还给甲,此时的房屋所有权转移登记应不受诉讼时效的约束,若甲、乙共同申请返还房屋产生的转移登记,登记机构应当予以支持。

2. 诉讼时效的种类

《民法典》第一百八十八条规定,向人民法院请求保护民事权利的诉讼时效期间为三年。法律另有规定的,依照其规定。诉讼时效期间自权利人知道或者应当知道权利受到损害以及义务人之日起计算。法律另有规定的,依照其规定。但是,自权利受到损害之日起超过二十年的,人民法院不予保护,有特殊情况的,人民法院可以根据权利人的申请决定延长。据此可知,法律规定的诉讼时效有普通诉讼时效和特殊诉讼时效。

普通诉讼时效,是指普遍适用于法律未作特别规定的民事诉讼行为的期间,该诉讼时效期间为三年。如:《民法典》第一百八十八条规定"向人民法院请求保护民事权利的诉讼时效期间为三年",其中的"三年"即普通诉讼时效期间。

特别诉讼时效,是指法律对特定的民事诉讼行为而特别规定的诉讼时效。如:《民法典》第一百八十八条规定"自权利受到损害之日起超过二十年的,人民法院不予保护",其中的"二十年"即特殊诉讼时效期间。

按《民法典》第一百八十八条第二款规定,诉讼时效期间自权利人知道或者应当知道权利受到损害以及义务人之日起计算。法律另有规定的,依照其规定。但是,自权利受到损害之日起超过二十年的,人民法院不予保护。笔者认为,如果权利人知道或应当知道其权利被侵害的,不适用二十年的诉讼时效期间;权利人不知道或不应当知道其权利被侵害的,才适用二十年的时效期间。具体到不动产权属纠纷,若权利人知道或应当知道自己的权利被他人侵害的,其诉请人民法院保护适用三年的诉讼时效期间;若权利人不知道或不应当知道自己的权利被他人侵害的,则其诉请人民法院保护适用二十年的诉讼时效期间。

3. 诉讼时效的中止

《民法典》第一百九十四条规定:"在诉讼时效期间的最后六个月内,因下列障碍,不能行使请求权的,诉讼时效中止:(一)不可抗力;(二)无民事行为能力人或者限制民事行为能力人没有法定代理人,或者法定代理人死亡、丧失民事行为能力、丧失代理权;(三)继承开始后未确定继承人或者遗产管理人;(四)权利人被义务人或者其他人控制;(五)其他导致权利人不能行使请求权的障碍。自中止时效的原因消除之日起满六个月,诉讼时效期间届满。"据此可知,第一,产生诉讼时效中止的时间节点距诉讼时效期间届满之日不得超过六个月;第二,诉讼时效中止开始时,已经经过的诉讼时效期间有效,时效中止原因消除后,接着已经经过的诉讼时效期间继续计算诉讼时效期间。如:甲胆小怕事,其弱点被"操社会"的租房人乙利用,乙引诱甲将其空余的一间房屋低价卖给他,并签订了房地产转让合同,乙凭此合同相要挟,让甲与其一起到登记机构办理了转移登记手续。事后,甲又气又恨,但又不敢得罪乙,于诉讼时效期间届满前三个月精神分裂,被人民法院判决确认为无民事行为能力人,不能行使解除合同的请求权。此时,诉讼时效中止,若甲治愈,则自其治愈之日起接着已经经过的二年零九个月的诉讼时效期间继续计算,满三年为止。

4. 诉讼时效的中断

《民法典》第一百九十五条规定:"有下列情形之一的,诉讼时效中断,从中断、有关程序终结时起,诉讼时效期间重新计算:(一)权利人向义务人提出履行请求;(二)义务人同意履行义务;(三)权利人提起诉讼或者申请仲裁;(四)与提起诉讼或者申请仲裁具有同等效力的其他情形。"在司法实务中,《民法通则司法解释》第一百七十四条规定:"权利人向人民调解委员会或者有关单位提出保护民事权利的请求,从提出请求时起,诉讼时效中断。经调处达不成协议的,诉讼时效期间即重新起算;如调处达成协议,义务人未按协议所定期限履行义务的,诉讼时效期间应从期限届满时重新计算。"据此可知，诉讼时效中断时，已经经过的期间作废，时效中断原因消除后，从零开始重新计算诉讼时效期间。如：A 长期在外务工，其父死亡后，弟弟 B 将本应与 A 一同继承的土地承包经营权及地上林木所有权登记给了自己，A 知道后，找村委会的调解委员会调解，调解委员会接受了 A 的请求，并出具了受理通知书，此时，A 的诉讼时效从调解委员会发出的受理通知书之日起中断。若经调解达不成协议的，从调解结束之日起，A 的诉讼时效期间重新计算，已经经过的诉讼时效期间作废。

四、取得时效

取得时效，是指非所有权人以所有权人的意思表示公开、和平地持续占有他人的财产并经过法律规定的期间，则此非所有权人依法取得占有财产的权利。此时，法律规定的经过期间，就是取得时效。

我国现行的法律没有规定取得时效，在许多国家和地区，取得时效已成为一项法律制度。如：《瑞士民法典》第六百六十二条第一款规定"以所有权人的地位，30 年间继续和平占有未为登记土地者，亦得请求登记为所有权人"。再如：台湾地区所谓"民法典"规定"以所有的意思，20 年间和平继续占有他人未登记之不动产者，得请求登记为所有权人"。

随着我国经济、社会的发展，提高财产的利用率，充分利用财产价值，是市场经济的要求，也是与经济、社会的发展相协调的要求。《民法典草案（专家建议稿）》对取得时效制度有明确规定，即《民法典草案（专家建议稿）》第二百七十八条第一款规定"以自主占有的意思，和平、公开、持续占有他人未经登记的不动产满二十年者，可以请求登记为该不动产的所有权人"[①]。若依此规定，对一处他人未经登记的不动产，占有人凭有效的二十年持续占有该不动产的证明向不动产登记机构申请不动产登记时，登记机构应当支持，同时，真正的权利人也因此

[①] 梁彗星：《中国民法典草案建议稿附理由：物权编》，法律出版社 2004 年版，第 77 页。

而失去自己的不动产权利。如：1997年8月，甲享受房改政策，购买了一套房改住房，该房屋登记在甲和妻子名下。1998年8月，甲和妻子辞职去沿海地区发展，将该房屋转让给乙，签订了房地产转让合同，甲也将房屋交付给了乙，但因种种原因，没有办理转移登记。乙一直在该房屋中居住至今。若基于时效取得制度，乙现时可以取得该房屋的所有权。据笔者调查，此类情形在一定的范围内存在。遗憾的是，已经发布的《民法典》没有规定取得时效制度。

第六章 债　权

第一节 债

一、债的概念和特征

债是特定当事人之间可以请求特定给付的权利义务关系。债权债务关系中，享有权利的一方为债权人，负有义务的一方为债务人[1]。据此可知，法律上的债不同于民间普通的基于金钱借贷产生的债，这种债只是指欠款方所承担的债务，而法律上的债指某一种"权利和义务关系"，其中的权利称为债权，义务称为债务。如：A买了B的房屋，按照他们签订的房地产买卖合同约定，A负有向B支付购房款的义务，享有要求B移交房屋并协助办理房地产权利转移登记的权利。反之，B享有要求A支付购房款的权利，负有向A移交房屋并协助办理房地产权利转移登记的义务。A和B之间基于房地产买卖合同建立的权利和义务关系，就是债，且A和B互为债权人和债务人，相互享有债权和负有债务。债权人和债务人通过这种权利（债权）和义务（债务）关系，对作为财产权利的房地产权利的归属进行调整。因此，一般而言，债是指特定当事人之间的一种民事法律关系[2]。

债的本质是反映当事人之间的财产流转关系，不动产物权是重要的财产权利，就债与不动产登记的相关性考虑，债反映不动产物权的转让、赠与、抵押等流转关系。如：因房地产权利转让产生的转移登记，是在登记簿上将该房地产权利记载到受让人名下，以明确其新的归属，是一种静态的登记，即作为物权的房地产权利是一种静态的财产权利。而该转让转移

---

[1] 梁慧星：《中国民法典草案建议稿附理由·债权总则编》，法律出版社2006年版，第5页。
[2] 彭万林：《民法学》，中国政法大学出版社2002年版，第448页。

登记的基础，则是房地产权利在转让过程中基于转让合同建立的债，换言之，债是房地产权利流转关系的反映，动态地反映了转让人的房地产权利终止、受让人的房地产权利的产生。因此，债是因设立、变更、转移和消灭不动产物权产生的登记的前提，即债是设立、变更、转移和消灭不动产物权产生的登记的原因。因记载于登记簿实现设立、变更、转移和消灭不动产物权的目的，是债权人行使权利和债务人履行义务的结果，即因登记将不动产物权记载在登记簿上，使之"静"下来。在司法实务中，江苏省苏州市中级人民法院在"上诉人魏某因与被上诉人徐某、第三人某区房产咨询有限公司阳光店房屋买卖合同纠纷一案"中判决维持一审法院关于"魏某于本判决生效后继续履行与徐某之间关于某开发区青江秀韵15号楼506室的房屋买卖合同及补充协议，并于本判决生效后十日内将上述房产过户至徐某名下"的判决[①]。据此可知，魏某与徐某基于房屋买卖合同及补充协议建立的债，是向登记机构申请房屋转移登记的原因，通过转移登记使徐某基于此原因取得的房屋所有权登记到其名下，是其行使产权"过户"的权利（债权），卖方魏某履行协助办理产权"过户"的义务（债务）的结果。

根据债的概念结合不动产登记的相关性考虑，债的特征主要有：

1. 债是一种民事法律关系

如前所述，债是指特定当事人之间的一种民事法律关系。如：在不动产物权的流转过程中，原不动产物权的权利人欲转让该物权或抵押该物权，而受让人欲得到该物权或抵押权人接受该物权的抵押，其中的权利和义务通过双方自愿、平等的协商达成共识后以合同或协议的形式固定下来，这种固定下来的权利义务关系就是民事法律关系。另外，《民法典》第一百二十二条规定，因他人没有法律根据，取得不当利益，受损失的人有权请求其返还不当利益。据此可知，不当得利成立后，在受益人与受损人之间产

[①] 苏州市中级人民法院："上诉人魏某某因与被上诉人徐某、第三人某区房产咨询有限公司阳光店房屋买卖合同纠纷一案"，https://xin.baidu.com，访问日期：2019年9月10日。

生债权债务关系，即不当得利之债①。不当得利这种法律规定的债产生时，不当得利人负有向利益受损人返还其所得利益的义务，利益受损人享有接收返还利益的权利，这种通过法律规定的在特定当事人间形成的权利义务就是债，也是一种民事法律关系。民事法律关系是设立、变更、转移和消灭不动产物权产生的登记的原因，或者说是基础，它从实体上决定不动产物权是否设立、变更、转移和消灭，是设立、变更、转移和消灭不动产物权产生的登记能否被核准的前提条件之一。

2. 债是一种相对的民事法律关系

如前所述，债的本质是反映当事人之间的财产流转关系。因此，债相对于不动产物权而言，是基于当事人间的意思表示一致或基于法律的规定而成立的民事法律关系，一般情形下，无须采用任何公示手段即可成立，因而债的效力具有相对性，原则上只对债权人和债务人产生约束力，即债权只能由债权人行使，债务只能由债务人履行，除债的主体有约定或法律有规定外，对与债无关的人没有约束力。而经过登记机构记载在登记簿上的不动产物权，以登记为公示手段，向不特定的社会公众公示，因而具有对世性，即具有绝对的、公开的效力，对全体社会公众有约束力，任何社会成员不得侵犯之。《民法典》第二百一十五条规定，当事人之间订立有关设立、变更、转让和消灭不动产物权的合同，除法律另有规定或者当事人另有约定外，自合同成立时生效；未办理物权登记的，不影响合同效力。据此可知，《民法典》的规定采严格区分债权与物权的原则，即一般情形下，当事人之间基于合同或协议设立、变更、转让和消灭不动产物权时，若设立、变更、转让和消灭不动产物权产生的登记未被记载于登记簿上，则基于合同或协议设立、变更、转让和消灭的不动产物权不产生法律效力，不具有公开的、对世的、绝对的效力，但相对的民事关系，即债的关系成立，对当事人有约束力。简言之，基于合同或协议设立、变更、转让和消灭的不动产物权未记载于登记簿则不产生法律效力，但基于此合同或协议建立

---

① 王利明：《民法学》，复旦大学出版社 2004 年版，第 223 页。

的债权仍然有效,仍然约束债权人和债务人。

3. 债的主体特定且法律地位平等

债是特定当事人之间可以请求特定给付的权利义务关系。债权债务关系中,享有权利的一方为债权人,负有义务的一方为债务人[①]。据此可知,债的主体是建立债的关系的当事人,即行使权利的债权人和履行义务的债务人。在不动产登记实务中,一般情形下,债的主体之外的人,除受债的主体委托或履行法定的代理权外,不能作为基于债的关系设立、变更、转让和消灭不动产物权产生的登记的申请人。但是,按《民法典》第二百二十条第一款、第二款规定,权利人、利害关系人认为不动产登记簿记载的事项错误的,可以申请更正登记。不动产登记簿记载的权利人不同意更正的,利害关系人可以申请异议登记。据此可知,债的主体之外的人认为因债的关系产生的设立、变更、转让和消灭不动产物权产生的登记记载在登记簿上后,使自己的不动产物权受到了损害时,可以以利害关系人的名义向登记机构申请更正登记或异议登记,若满足更正登记或异议登记要求的,登记机构应当支持。

在债的关系中,债权人和债务人的法律地位平等,即使是国家机关作为债权人或债务人,亦与自然人、法人或非法人组织的法律地位平等。如:某市自然资源局与某房地产开发企业签订商品房买卖合同,购买600平方米房屋做档案库房。在基于商品房买卖合同建立的债的关系中,某市自然资源局与某房地产开发企业的法律地位平等。

4. 因债产生的债权是一种请求权

《民法典》第一百一十八条第二款规定,债权是因合同、侵权行为、无因管理、不当得利以及法律的其他规定,权利人请求特定义务人为或者不为一定行为的权利。据此可知,债权人为了实现自己的利益,行使请求债务人为或者不为一定行为的权利,即请求债务人给付。债权人在债务人给

[①] 梁慧星:《中国民法典草案建议稿附理由:债权总则编》,法律出版社2006年版,第5页。

付之前,不能直接支配该项给付的标的物,也不得直接支配债务人的行为,只能通过请求债务人履行债务,实现自己的利益[①]。概言之,债权是一种相对权、请求权。如:A 基于其与 B 签订的转让合同受让了 B 的房屋后,A 履行了支付房款等义务,为了管理房屋并取得房屋的所有权,A 有权请求 B 移交房屋并协助办理该房屋所有权转移登记手续,在 B 没有移交房屋并协助办理转移登记前,A 不能占有并使用房屋,更不能处分房屋,而只能请求 B 履行移交房屋并协助办理房屋所有权转移登记的债务。但是,A 因转让合同建立的债取得的房屋所有权被记载于登记簿上后,该房屋所有权是不动产物权,是支配权,在法律许可范围内,A 可以直接支配房屋,并排除他人的干扰,是一种绝对权。

二、债的构成要素

债作为一种相对的民事法律关系,构成债的基本要素,即债的组成部分有:债的主体、客体和内容。

1. 债的主体

《民法典》第一百一十八条第二款规定,债权是因合同、侵权行为、无因管理、不当得利以及法律的其他规定,权利人请求特定义务人为或者不为一定行为的权利。据此可知,债权人和债务人须按债的内容或法律的规定行使权利和履行义务。除此以外的人与这些权利的行使和义务的履行无关,即不按债的内容或法律的规定行使权利和履行义务的人就不是债的主体。简言之,债的主体是建立债的关系的当事人,即债权人和债务人。一般情形下,具备民事主体资格的自然人、法人和非法人组织,都可以成为债的主体。但是,在某些情况下,债的主体还应当具备相应的民事行为能力。如:在司法实务中,《商品房买卖合同纠纷司法解释》第二条规定,出卖人未取得商品房预售许可证明,与买受人订立的商品房预售合同,应当认定无效,但是在起诉前取得商品房预售许可证明的,可以认定有效。据

---

① 梁慧星:《中国民法典草案建议稿附理由:债权总则编》,法律出版社 2006 年版,第 6 页。

此可知，未取得商品房预售许可证明的房地产开发企业，不具备预售商品房的行为能力，不能成为因商品房预售合同建立的债的主体，即使该房地产开发企业与买方虽然签订了商品房预售合同，但产生诉讼时，该商品房预售合同也会被人民法院判决确认无效，即债的关系不存在，该商品房预售合同不能作为不动产登记中房屋所有权来源的证明材料。

2. 债的客体

债的客体是指在债的关系中，权利和义务共同指向的对象，即给付。一般地说，给付主要包括交付财物、支付金钱、移转权利、提供劳务、提交成果、不作为等[①]。与不动产登记相关的给付主要有交付财物、支付金钱、移转权利。如：在因拍卖取得土地承包经营权及地上林木所有权建立的债中，交付的财物就是转让方向受让方移交土地及地上的林木给受让人管护，支付金钱就是受让人向转让人支付转让款，移转权利则是转让方和受让方到现场指界交付土地及地上林木（土地承包经营权及地上林木所有权未首次登记的情形），或共同到登记机构办理土地承包经营权及地上林木所有权转移登记（土地承包经营权及地上林木所有权已完成首次登记的情形）。再如：因借款抵押建立的债中，则不存在交付财物，因为不动产抵押是以不转移占有抵押物为前提的；支付金钱，是债权人双方都有的行为，先是债权人发放借款，后是债务人还本付息；在抵押关系中，不产生权利移转，但抵押人应当协助抵押权人办理抵押权登记，以在抵押物上设定负担。

给付应当合法、确定和适格[②]，否则，债的目的就无法实现，因债的关系产生的设立、变更、转让和消灭不动产物权产生的登记不能办理。

给付的合法，是指给付不得违反法律和行政法规的禁止性规定。如：因房屋所有权买卖建立的债的关系中，即买方以现金、转账等合法方式向卖方支付购房款，卖方和平地腾空房屋交付给买方管领，买卖双方按法定

[①] 王利民：《民法学》，复旦大学出版社2004年版，第499页。
[②] 王利民：《民法学》，复旦大学出版社2004年版，第499页。

程序向法定的登记机构办理房屋所有权转移登记。

给付的确定，是指给付的内容明确、具体。如：因海域使用权及海域内的构筑物所有权转让建立的债中，受让方向转让方支付转让款的数额、支付方式、支付时间要确定，转让方向受让方移交海域及构筑物的范围、时间、手段要确定，转让方和受让方共同申请权利转移登记应该准备的证件、资料要确定，各自应该承担的税费和提起转移登记申请的时间要确定。再如：因担保货物供销结算建立的不动产抵押之债中，供货人的供货时间、供货方式、货物种类、数量等要明确具体，销售人结算的时间、付款方式、付款地点等要明确、具体，抵押权人和抵押人共同申请抵押权登记的时间和应当准备的资料等要确定。

给付的适格，是指给付能够作为债的标的。如：在司法实务中，《担保法司法解释》第五条规定，以法律、法规禁止流通的财产或者不可转让的财产设定担保的，担保合同无效。据此可知，当事人以法律、法规禁止转让的财产作为标的签订的担保合同，产生诉讼时，会被人民法院判决确认无效，即法律、法规禁止转让的财产不能作担保合同的标的。再如：福建省漳州市中级人民法院在"陈某明诉陈某坤房屋买卖案"中认为"讼争的房屋系被上诉人陈某坤于 1993 年间未经审批私自所建，属于非法占地建房，该房屋无合法产权依据，其与上诉人陈某明所签订的房屋买卖行为无效"。[1]质言之，非法建造的房屋无合法的产权依据，不能转让，作为债的标的不适格，从而导致房屋买卖行为无效。

3. 债的内容

债的内容，是指债的关系中产生的权利和义务，即债权人享有的债权和债务人履行的债务，债权和债务是相互依存，不能单独存在的。当事人在行使权利的同时也须履行一定的义务。在履行义务的同时，亦应该享受相应的权利。如：A 购买了 B 的房屋，A 向 B 履行了支付购房款的义务后，

---

[1] 漳州市中级人民法院："陈某明诉陈某坤房屋买卖案"，http://www.fabang.com，访问日期：2019 年 12 月 22 日。

也享有接管房屋，并要求 B 协助办理房屋所有权转移登记的权利。再如：债务人兼抵押人甲与银行签订房屋抵押合同，抵押人甲有接受贷款和占有抵押房屋的权利，同时，也有协助办理抵押权登记和保管、维护、保证抵押房屋安全的义务，支付贷款本息的义务。因设立、变更、转让和消灭不动产物权建立的债的内容，其目的就是履行债务以保证设立、变更、转让和消灭的不动产物权产生法律上的效力，使不动产物权经过流转后确定下来，完成由动向静的转换，经申请登记并被记载于登记簿上后，其归属得到确认，从而受到法律的保护。在司法实务中，湖北省高级人民法院在"湖北省某进出口公司诉武汉某房地产开发有限公司商品房预售合同案"中，对合同之债主体双方的权利义务判决"……二、某房地产公司于本判决生效之日起 60 日内，向针棉进出口公司交付综合楼，并与某进出口公司办理交付房屋资料及验收、结算过户手续。三、综合楼增加的电梯费用 94921 元，由某进出口公司支付给某房地产公司……"。① 据此可知，某房地产公司在履行交付综合楼和协助办理过户手续的义务后，也享有收取综合楼增加的电梯部分的费用的权利，即债权债务是并存的。

三、债的分类

有学者将债做了这样的分类②：① 以债的设立及其内容是否允许当事人以自由意思决定为划分标准，分为意定之债与法定之债；② 以债的主体双方人数是单一还是多数为划分标准，分为单一之债与多数人之债；③ 以债的标的是否可以由当事人选择决定为划分标准，分为简单之债与选择之债；④ 以两个债之间的关系为划分标准，分为主债与从债；⑤ 以债的给付为划分标准，分为实物之债、货币之债、利息之债、劳务之债、智慧成果之债、损害赔偿之债。笔者认为，与不动产登记相关的债主要有：意定之债、单一之债与多数人之债、主债和从债。

---

① 湖北省高级人民法院："湖北省某进出口公司诉武汉某房地产开发有限公司商品房预售合同案"，http://d.oldg.wanfangdata.com.cn，访问日期：2019 年 12 月 22 日。
② 王国征：《中国民法原理》，山东人民出版社 2004 年版，第 119~120 页。

第六章 债 权

1. 意定之债

意定之债,是指当事人基于自己的意思表示,在协商一致的基础上设立的债。意定之债是设立、变更、转移和消灭不动产物权产生的登记中常见的债。如:房屋买卖之债和房屋抵押之债。就我国现阶段而言,房屋对于大多数人来说,是最大的财产,房屋所有权的取得、转让、抵押,买卖双方、抵押人和抵押权人都持相当谨慎的态度,就其产生的权利义务经过充分的自由协商,达成共识后才能成立债。在不动产登记实务中,意定之债主要以合同、协议的方式出现。如:房地产买卖合同、海域使用权及海域内的构筑物所有权转让协议、土地承包经营权及地上林木所有权抵押合同、抵押合同变更协议、商品房买卖合同解除协议等。

2. 单一之债与多数人之债

单一之债与多数人之债,也是设立、变更、转移和消灭不动产物权产生的登记中常见的债。

(1)单一之债。

单一之债是指债权人和债务人均为1人的债。如:两个法人间因房屋转让、抵押建立的债;自然人因将登记为其单独所有的房屋转让、抵押给单个的法人或自然人建立的债等。

(2)多数人之债。

多数人之债是指债的主体一方或双方为2人以上的债。如:A、B夫妻二人将其共有的土地承包经营权及地上林木所有权转让给C,A、B共同作为转让方与受让方C签订转让合同建立的债。再如:甲、乙二家银行共同向丙、丁提供贷款,丙、丁以登记在其名下的海域使用权及海域内的构筑物所有权作抵押担保,甲、乙共同作为抵押权人与丙、丁签订抵押合同建立的债等。

3. 主债与从债

主债是指能够独立存在的债。从债则是指不能独立存在,须依存于主债的存在而存在的债。主债和从债主要出现在不动产抵押权登记中。当事人在

· 183 ·

申请抵押权登记前，债权人与债务人双方就借款、货物供销、货物承揽加工、货物运输等签定借款合同、承揽加工合同、运输合同等主合同建立主债，为了担保该主债的实现，债务人或第三人以其不动产向债权人作抵押担保，为此，抵押权人（债权人）与抵押人（债务人或第三人）签订抵押合同，即从合同，建立从债。抵押权人与抵押人持抵押合同等必需材料向登记机构申请抵押权登记，被记载于登记簿上后，作为担保物权的抵押权才成立。一般情形下，主债无效，则从债也无效；而从债无效，主债则不一定无效。

第二节 债的发生和履行

一、债的发生

债是一种相对的民事法律关系，民事法律关系的建立、变更和终止，都是以一定的法律事实为基础的，债的产生亦如此。

《民法典》第一百一十八条第二款规定，债权是因合同、侵权行为、无因管理、不当得利以及法律的其他规定，权利人请求特定义务人为或者不为一定行为的权利。据此可知，债的产生基于合同、不当得利、无因管理、侵权行为、缔约过失及法律的规定。与不动产登记相关的债的发生主要基于合同、不当得利、侵权行为。

1. 合 同

《民法典》第四百六十四条第一款规定，合同是民事主体之间设立、变更、终止民事法律关系的协议。该法第四百六十五条规定，依法成立的合同，受法律保护。依法成立的合同，仅对当事人具有法律约束力，但是法律另有规定的除外。按该法第四百九十条第一款规定，一般情形下，当事人采用合同书形式订立合同的，自当事人均签名、盖章或者按指印时合同成立。该法第五百零二条第一款规定，依法成立的合同，自成立时生效，但是法律另有规定或者当事人另有约定的除外。据此可知，作为不动产登记申请材料的合同书，一般情形下，自双方当事人签字或盖章、按指印时起生效，作为民事主体的当事人之间设立、变更、转移和消灭不动产物权的权利义务关系确立，即债产生。

2. 不当得利

《民法典》第一百二十二条规定，因他人没有法律根据，取得不当利益，受损失的人有权请求其返还不当利益。据此可知，不当得利，是指没有法律依据取得利益，且对他人的利益构成损失的法律事实，这个法律事实一旦成立，不当得利人和利益受损人之间便建立了一种返还利益和接收利益的义务、权利关系，此为基于法律规定而建立的债。与不动产登记相关的不当得利的情形主要有：

（1）恶意取得他人不动产。如：A 和 B 夫妻二人于 1995 年购买了一套商品房，登记在 B 名下。2015 年离婚时，登记在 B 名下的商品房经法院判决归 B，B 没有到登记机构办理转移登记手续，尔后，B 远嫁他乡，念及昔日夫妻之情，仍由 A 继续使用该房。2019 年，A 要外出务工需钱，将房屋卖给 C，卖房时，A 明确告知 C 房屋系 B 所有，并向 C 出示了判决书，但 C 仍以低价购得。A、C 伪造相关手续后申请并将房屋转移登记在 C 名下，此时，C 低价购得本属于 B 的房屋则属于不当得利。

（2）违反合同约定。如：甲受让了乙的土地承包经营权及地上林木所有权，在转让合同中约定：完成转移登记前付款 70%，完成转移登记后三十日内支付余款 30%，否则，合同自动解除。完成转移登记后，甲领取了不动产权属证书，享有了土地承包经营权及地上林木所有权，三个月后，乙要求甲支付剩下的 30%的转让款，甲却以受让价格过高为由拒绝。此情形下，基于甲、乙在转让合同中的约定，该转让合同自动解除，甲享有的土地承包经营权及地上林木所有权失去法律上的原因，属不当得利。

法律设立不当得利制度的目的，不在于制裁受益人的不当得利行为，而在于纠正受益人不当取得利益这种不合理的结果[1]。据前述《民法典》

---

[1] 梁慧星：《中国民法典草案建议稿附理由：债权总则编》，法律出版社 2006 年版，第 15 页。

第一百二十二条规定，在不动产登记实务中，以不当得利形式取得的不动产物权，应当通过转移登记程序恢复登记原权利人名下，以归还原权利人。

3. 侵权行为

侵权行为，是指以非法手段侵占他人合法权益的行为。《民法典》第一百一十八条规定，债权是因合同、侵权行为、无因管理、不当得利以及法律的其他规定，权利人请求特定义务人为或者不为一定行为的权利。该法第一百二十条规定，民事权益受到侵害的，被侵权人有权请求侵权人承担侵权责任。据此可知，侵权行为一旦发生，便建立了受害人享有要求加害人为或者不为一定行为的权利，加害人负有向受害人为或者不为一定行为的义务，即加害人和受害人间建立了债的关系。如：甲死亡后，遗留土地承包经营权及地上林木所有权100亩，甲有两个继承人乙、丙。乙在国外务工，丙隐瞒乙的存在，凭虚假材料申请继承转移登记，将此100亩土地承包经营权及地上林木所有权登记在其名下，此时，丙因隐瞒乙的存在，凭虚假材料申请继承转移登记侵占了乙应当继承享有的此100亩土地承包经营权及地上林木所有权的份额，侵害了乙的权利，乙因此享有要求丙返还其应当享有的土地承包经营权及地上林木所有权份额的权利，即乙、丙间建立了侵权之债。

二、债的履行

债的履行，是指债权人和债务人按照其约定或法律的规定，实现权利、履行义务的行为。与不动产登记相关的债的履行，应当遵循以下原则：

1. 实际履行原则

实际履行原则，即按照债的关系建立时确定的标的履行。如：债的关系建立时，确定的标的是收取房款、移交房屋和房屋所有权的转移，权利的行使和义务的履行就不能脱离这个标的。抵押合同订立时，确定的标的是发放借款和协助办理抵押权登记，权利的行使和义务的履行亦应围绕此目标进行。当然，实际履行原则，也要充分考虑履行是否可能和必要，如果没有履行的可能和必要，也不能机械性地要求实际履行。如：A 和 B 是夫妻，A 趁 B 在外出差时将夫妻共有的房屋卖给了不知情的 C，C 善意取得了原属 A 和 B 共有的房屋所有权，A 和 B 因侵权行为建立了债的关系，标的物是房屋所有权，依法律规定，C 善意取得的房屋所有权应当受到法律的保护，B 要求 A 返还房屋所有权就没有可能，实际履行也就不存在，只能通过要求 A 作金钱赔偿等其他途径维护自己的权益。

2. 全面、正确履行原则

全面、正确履行原则，即当事人或其代理人根据当事人约定的时间、地点、方式、标的等充分履行自己义务的行为。如：房地产买卖之债的履行，当事人应当根据房地产买卖合同的约定，在约定的时间，以现金、支票或其他方式支付购房款，现场完成房屋的验收、移交，相互配合到登记机构完成转移登记；在海域使用权及海域内的构筑物所有权抵押之债中，抵押权人、抵押人兼债务人根据抵押合同的约定，相互配合到登记机构完成抵押权登记，然后以现金、转账等形式完成借款的发放，接着，抵押人按合同约定占管海域及海域内的构筑物，履行管护、维修、保养义务，债务人按合同约定还本付息。

3. 诚信协作履行原则

《民法典》第七条规定，民事主体从事民事活动，应当遵循诚信原则，秉持诚实，恪守承诺。据此可知，诚实信用是民事主体参与民事活动时应当遵循的基本原则，在民事主体通过民事活动建立的债的关系中，当事人之间的诚实信用是债履行的前提，有了诚实信用才有配合协作，配合协作是债得以履行的保障，否则，债的履行便不可确定。因此，在债的履行中，诚信和协作缺一不可。如：前面例举的甲受让了乙的土地承包经营权及地上林木所有权，在转让合同中约定，完成转移登记前付款 70%，完成转移登记后三十日内支付余款 30%，否则，合同自动解除。完成转移登记后，甲领取了不动产权属证书，享有了土地承包经营权及地上林木所有权，三个月后，乙要求甲支付剩下的 30% 的转让款，甲却以受让价格过高为由拒绝。甲取得了土地承包经营权及地上林木所有权，但其因违背了诚信和协作原则而使支付剩下的30%转让款的债无法履行导致转让合同自动解除，故构成不当得利，取得的土地承包经营权及地上林木所有权应当依法返还给转让方。

第三节 债的转移和终止

一、债的转移

债的转移，变更债的主体的行为，就叫债的移转[①]。质言之，在债的转移中，发生变更的只是债的主体，即债权人或债务人，经过转移使其完全脱离债的关系，而债的内容、债的客体等不变。

债的转移有协议转移和法定转移两种方式[②]。

1. 债的协议转移

债的协议转移，是指转让人与受让人签订转让协议使债发生转移的情形。债的转移包括债权人转移债权和债务人转移债务。

（1）债权人转移债权。

按《民法典》第五百四十五条第一款规定，一般情形下，债权人可以将债权的全部或者部分转让给第三人。该法第五百四十六条第一款规定，债权人转让债权，未通知债务人的，该转让对债务人不发生效力。据此可知，债权人可以将自己基于合同享有的债权转让给他人，但应当将债权发生转让的事宜通知债务人。受让人自债权转让合同成立、生效时起，取得转让人基于合同享有的债权。此处的通知债务人，并非债权让与的生效要件，属于为方便债务人履行债务及保护债务人利益而设之附随义务。因此，债权让与，未经通知债务人，并不影响该债权让与的成立和生效，只是该债权让与不对债务人发生效力[③]。在不动产登记实务中，债权的转让主要

[①] 彭万林：《民法学》，中国政法大学出版社2002年版，第484页。
[②] 王利民：《民法学》，中央广播电视大学出版社1995年版，第250页。
[③] 梁慧星：《中国民法典草案建议稿附理由：债权总则编》，法律出版社2006年版，第154页。

体现在抵押权登记中。被抵押权担保的债权转让，除遵守《民法典》第五百四十六条第一款规定外，还要遵守《民法典》第四百零七条规定"抵押权不得与债权分离而单独转让或者作为其他债权的担保。债权转让的，担保该债权的抵押权一并转让，但是法律另有规定或者当事人另有约定的除外。"质言之，债权与抵押权必须一并转让。在不动产登记实务中，《不动产登记暂行条例实施细则》第六十九条规定，因主债权转让导致抵押权转让的，当事人可以持不动产权属证书、不动产登记证明、被担保主债权的转让协议、债权人已经通知债务人的材料等相关材料，申请抵押权的转移登记。据此可知，若转让方与受让方通过签订转让合同或转让协议的方式转让债权从而导致抵押权随之转让的，抵押权和债权的主体已发生变动，登记簿上记载的抵押权的主体与实质上的抵押权主体不一致，转让合同或转让协议的双方当事人应当及时向登记机构申请抵押权转移登记。

此外，债权还有基于债权人的合并或分立、继承等发生转移的情形。

（2）债务人转移债务。

《民法典》第五百五十一条第一款规定，债务人将债务的全部或者部分转移给第三人的，应当经债权人同意。据此可知，经债权人同意，债务人可以将其基于合同承担的义务转移给他人，从而使自己退出债的关系。此处的经债权人同意，是为了使债权人的利益不因新的债务承担人的信用和履行能力受损害而设立的债务转让的生效要件。即债务转让未经债权人同意的，转让行为不对债权人产生效力。申言之，债务转移未经债权人同意的，转移行为不对债权人产生效力。在不动产登记实务中，抵押权记载在登记簿上后，产生债务转移，即债务人发生变动时，由于债务人不是登记簿记载的内容，申请人据此申请的抵押权变更登记，登记机构应当不予受理。但是，如前所述，债务发生转移，原债务人退出债的关系而使其与债权人建立的债消灭，成就了申请抵押权注销登记的事由，当事人应当据此申请抵押权注销登记。债务受让人则与债权人新建立债的关系，若就其中的债权设立不动产抵押权保障其实现的，当事人应当申请抵押权首次登记。

2. 债的法定转移

债的法定转移，是指根据法律的规定而使债发生转移的情形。如：A 签订商品房预售合同后不久，因车祸死亡，B 是其唯一继承人。《民法典》第一千一百二十一条第一款规定，继承从被继承人死亡时开始。按该法第一千一百二十二条第一款规定，一般情形下，遗产是自然人死亡时遗留的个人合法财产。据此可知，从自然人死亡时起，其遗留的合法建立的以取得不动产物权为目的的合同债权，属于遗产，且自被继承人死亡时起，由其继承人继承。因此，B 可以凭 A 的死亡证明、B 享有继承权的证明、A 签订的商品房预售合同等材料取代 A 成为商品房预售合同的主体，享有 A 基于商品房预售合同应当享有的权利并履行相应的义务。若房屋已竣工并完成了首次登记的，B 在卖方的配合下，也可以凭这些材料向登记机构申请房屋所有权转移登记，将房屋从卖方名下直接转移登记到其名下；再如：甲公司以其办公的房屋向银行抵押获取贷款后，因公司发展需要，甲公司并入乙公司。《民法典》第六十七条第一款规定，法人合并的，其权利和义务由合并后的法人享有和承担。据此可知，法人被合并后，其基于合同享有的债权和应当履行的债务，由并入后的法人承接。因此，乙公司取代甲公司成为债务人和抵押人。

债的协议转移，受让人按转移协议的约定行使权利和履行义务不得超过原协议约定的权利和义务范围；债的法定转移，受让人直接承接原主体的权利和义务。

二、债的终止

债的终止，即债的消灭，指债的关系因一定的法律事实的出现而归于消灭[①]。债的消灭，较为常见的有：清偿、抵消、提存、混同、免除以及当事人死亡等[②]。

[①] 王利民：《民法学》，中央广播电视大学出版社 1995 年版，第 252 页。
[②] 彭万林：《民法学》，中国政法大学出版社 2002 年版，第 474 页。

第六章 债　权

1. 债因债权的清偿而消灭

债因债权的清偿而消灭，是指债务人按照约定履行债务，使债权因实现而消灭的情形。如：被不动产抵押权担保的主债权因借款人按时还本付息而使因借款产生的债权消灭。

2. 债因抵销而消灭

债因抵销而消灭，是指债权人和债务人相互享有债权时，各以其债权充抵债务，使相互享有的债权在对等额内消灭的情形。如：甲借款10万元给乙作经营建筑、装饰材料的流动资金，在乙还款前，甲因重新装修房屋，在乙处赊用了10万元的装修材料，甲、乙协商借款和材料款相抵消，使相互享有的债权消灭。

3. 债因提存而消灭

债因提存而消灭，是指因债权人的原因，债务人无法向其交付标的时，将该标的交给提存机构而使债权消灭的情形。如：产品承揽人完成加工任务后，定作人在约定的交货期限内没有提货，也无法联系，承揽人将定作人应当按时提取而未提取的货物交给提存机构提存，从而消灭因承揽加工产生的债权。

4. 债因债务被免除而消灭

债因债务被免除而消灭，是指债权人抛弃债权而使债权消灭的情形。如：甲将登记在其名下的土地承包经营权及地上林木所有权转让给朋友乙，甲、乙在转让协议中约定：乙向甲支付90%的转让款后，甲配合乙将土地承包经营权及地上林木所有权转移登记给乙；10%的余款在乙经营承包地及林木有收益后的第一年支付。之后，因森林火灾，承包地上的林木大部分被烧毁。甲考虑到乙的现状，也念及朋友之情，向乙书面声明免除其欠款债务。

5. 债因混同而消灭

债因混同而消灭，是指债权和债务同属一人时使债权消灭的情形。《民法典》第五百七十六条规定,债权和债务同归于一人的,债权债务终止,但是损害第三人利益的除外。质言之,一般情形下,债权人和债务人同一后,彼此间的债权债务均消灭。如:生产厂家甲与经销公司乙签订产品供销合同建立了相应的债权债务关系,后甲、乙经协商达成合并协议,乙并入甲,成为甲的一个销售部而使债权债务归于甲而消灭。

6. 债权因生效的法律文书而消灭

债权因生效的法律文书而消灭,是指基于人民法院、仲裁机构生效的判决书、裁定书、裁决书或调解书,使债权债务终止的情形。如:仲裁机构生效的裁决书解除主债权合同等。

按《民法典》第三百九十三条第(一)项规定,担保物权随主债权的消灭而消灭。在不动产登记实务中,按《不动产登记暂行条例实施细则》第七十条规定,债权消灭属于当事人申请抵押权注销登记的情形。据此可知,在不动产登记实务中,与债的终止相对应的不动产登记主要是抵押权注销登记。当债权消灭时,作为担保主债权实现的抵押权也随之消灭,当事人应当持债权消灭的证明等材料向登记机构申请抵押权注销登记。此外,按《不动产登记暂行条例实施细则》第八十九条规定,债权消灭属于当事人申请预告登记注销登记的情形。前已述及,预告登记是一种临时性的债权保全措施,以确保债权目的实现,使预告登记的权利人确定地取得基于被保全的债权转化而来的不动产物权。被保全的债权消灭,债权目的无法实现,预告登记失去既有的功用,故应当由当事人申请预告登记注销登记。

第七章 合 同

第一节 合同的概念和特征

一、合同的概念

按《民法典》第四百六十四条第一款规定，合同是民事主体之间设立、变更、终止民事法律关系的协议。据此可知，合同是平等主体的自然人、法人及非法人组织之间设立、变更、终止民事权利义务关系的协议，也就是说，合同是一种发生民法效果的合意[①]。所谓设立，是指当事人通过意思表示，使他们之间产生民事权利义务关系的行为。所谓变更，是指当事人对于已经设立的民事权利义务关系，通过意思表示使其发生变化，形成新的民事权利义务的行为。所谓终止，是指当事人通过意思表示，使他们之间既有的民事权利义务关系归于消灭的行为[②]。

在实际生活中，一般情形下，人们认为合同就是协议，协议也就是合同，没有什么区别。如：房地产买卖合同，也可以称之为房地产买卖协议；土地承包合同，也可以称之为土地承包协议等。但是，在法律上，协议包括的范围大于合同，合同是协议，而协议不一定是合同。如：A公司欲购买B公司的一幢楼房作为办公用的写字楼，双方经过接触，达成了买卖意向，遂签订了房地产买卖意向协议。这个房地产买卖意向协议就不是房地产买卖合同，它只是就买方有意购买楼房，卖方有意出卖该楼房的意思倾向而达成的一种协议，没有对买卖的实质内容，即买卖关系中当事人双方彼此的权利和义务进行明确、固定。因此，只有确立了民事主体间权利和

[①] 王利明：《民法学》，复旦大学出版社2004年版，第540页。
[②] 崔建远：《合同法》，法律出版社2007年版，第2页。

义务的协议才能称之为合同。

合同是债发生的重要原因，在不动产登记实务中，因不动产买卖或转让合同、作价入股合同、赠与合同、抵押合同等建立的债，是不动产物权设立、变更、转移和消灭的重要原因，建立这些债的合同，是申请人申请相关不动产登记时应当向登记机构提交的登记申请材料。

二、合同的特征

合同是民事主体间设立、变更、转移、终止权利义务关系的法律形式，这种法律形式由民事主体双方经过充分的协商，达成共识，确定了彼此的权利义务后才能成立。因此，合同是双方或多方法律行为，其特征主要有：

1. 合同主体的法律地位平等

合同主体，即合同的当事人。由于合同属于民事法律行为，故合同当事人的法律地位平等，一方不得将自己的意志强加给另一方。其中，所谓平等，是指订立合同的民事主体，如果是自然人，不管其性别、年龄、健康状况、政治地位、经济条件等，在合同中的法律地位一律平等；如果是法人或非法人组织，不管其规模、地域、经济实力等，在合同中的法律地位一律平等。国家在从事民事活动时与其他民事主体一样，地位都是平等的，即国家作为合同的当事人时，与作为对方当事人的自然人、法人或非法人组织的法律地位平等；如果合同的主体是自然人与法人、非法人组织，彼此在合同中的法律地位一律平等。如：自然人间进行房屋买卖，卖方是公务员，买方是农民工，在房地产买卖合同中，买卖双方处于平等地位；自然人因购买商品房而与房地产开发公司签订的商品房买卖合同中，也不能因房地产开发公司是中央直管企业规模大、实力强，在商品房买卖合同中的地位就高于势单力薄的自然人。在司法实务中，河南省郑州市中级人民法院在"上诉人河南某置业有限公司（以下简称某公司）因与被上诉人吴某房屋买卖合同纠纷一案"中认为"根据庭审查明，吴某所购房屋，虽因涉及经济适用住房，办理有项目立项、规划、申报、审批等行政许可事项，并对购买者实行有申请、审核和公示等制度要求，但上述程序均发生在其与某公司签订商品房买卖合同之前，在双方签订商品房买卖合同之后，已不存在与经济适用住房相关的行政管理事项，故双方是在自愿合法的基础上以平等民事主体的身份签订达成的买卖合意，应受合同法的调整。"① 据此可知，人民法院的认为强调的是合同主体地位的平等。

2. 合同的约束力特定

《民法典》第四百六十五条第二款规定，依法成立的合同，仅对当事人具有法律约束力，但是法律另有规定的除外。据此可知，一般情形下，因合同是平等的民事主体之间通过各自真实的意思表示，就相互间设立、变更、转移、终止民事权利和义务进行充分的协商，达成共识后签订的协议，基于此协议确定的权利和义务与协议参与人以外的人无关，只能由协议的参与人，即协议的当事人行使或履行，因此，合同的约束力是特定的，换言之，一般情形下，合同的约定由合同的当事人遵守，只对合同的当事人有约束力。在司法实务中，最高人民法院在"海南省海口市某海娱乐有限公司与海南某信物业公司房屋买卖合同纠纷上诉案"中认为"本案是某海公司与某信公司因房屋买卖合同发生的诉讼，恒某公司既不是合同房屋买卖的主体，也未参与合同债务的履行，其与某信公司之间的纠纷可以依法另行起诉。……某信公司要求参加本案诉讼的申请应予驳回。"② 质言之，人民法院的认为强调的是房屋买卖合同对合同主体才有约束力。

3. 合同具有法律后果

在社会生活中，合同是民事主体参与民事活动，实施民事法律行为最

---

① 郑州市中级人民法院："上诉人河南某置业有限公司因与被上诉人吴某房屋买卖合同纠纷一案"，http://www.51djl.com，访问日期：2019年9月23日。
② 最高人民法院："海南省海口市某海娱乐有限公司与海南某信物业公司房屋买卖合同纠纷上诉案"，http://www.maxlaw.cn，访问日期：2019年9月21日。

普遍的方式，通过订立合同，明确当事人之间的权利和义务，旨在期待相应的法律后果的产生。与不动产登记实务相关的合同，其订立的最主要的目的，就是实现设立、变更、转移和消灭不动产物权的法律后果。如：甲、乙双方签订不动产抵押合同为贷款债务的履行作担保，确定了双方的权利和义务，期待发生的法律后果就是一方要保障债务人取得贷款，另一方要取得不动产抵押权，使贷款的归还有保障。再如：转让方 A 和受让方 B 签订土地承包经营权及地上林木所有权转让合同，期待的法律后果是 A 获得转让土地承包经营权及地上林木所有权的转让款，B 支付转让款以获得土地承包经营权及地上林木所有权。据此可知，合同是产生法律后果的民事法律行为，没有不产生法律后果的合同。

第二节　合同的成立和生效

一、合同的成立

《民法典》第四百七十一条规定，当事人订立合同，可以采取要约、承诺方式或者其他方式。按该法第四百七十二条规定，要约是希望与他人订立合同的意思表示。该法第四百七十九条规定，承诺是受要约人同意要约的意思表示。该法第四百八十三条规定，承诺生效时合同成立，但是法律另有规定或者当事人另有约定的除外。该法第四百八十四条第一款规定，以通知方式作出的承诺，生效的时间适用本法第一百三十七条的规定。该法第一百三十七条规定，以对话方式作出的意思表示，相对人知道其内容时生效。以非对话方式作出的意思表示，到达相对人时生效。以非对话方式作出的采用数据电文形式的意思表示，相对人指定特定系统接收数据电文的，该数据电文进入该特定系统时生效；未指定特定系统的，相对人知道或者应当知道该数据电文进入其系统时生效。当事人对采用数据电文形式的意思表示的生效时间另有约定的，按照其约定。据此可知，合同的订立，就是当事人之间通过意思表示，经过平等的充分的协商，就合同的权利义务达成共识的过程，或者说当事人双方通过交互进行的意思表示以期

第七章 合　同

达成意思表示一致而形成合意的过程①。合同属于法律行为中的双方法律行为，由两个意思表示——要约和承诺组成②，据此可知，订立合同，要经过要约和承诺2个步骤。

所谓要约，是指一方当事人就特定的合同目的向对方当事人作出欲订立合同的意思表示，这个意思表示必须反映所要订立合同的主要内容。要约的目的在于取得相对人的承诺，建立合同关系③。如：甲欲购买乙的房屋，在乙引领下看房后，就房屋的价格、办理权利转移登记手续等事项向乙做了陈述，并表达了若乙对其陈述无异议就可签订房地产转让合同的愿望，甲的陈述和愿望就是对乙发出的要约。现实生活中，公告栏上有各种房屋买卖的招贴，大街上有房地产公司发放的楼盘销售说明书等，通常情形下，这些招贴和说明书没有就实现合同目的的权利义务予以明确，也没有明确的要求订立合同的意思表示，故均不是要约，而是希望看到这些东西的人向其发出要约的要约邀请。按《民法典》第四百七十三条规定，要约邀请是希望他人向自己发出要约的表示。据此可知，要约邀请，也称要约引诱，是指行为人邀请他人向其提出要约。要约引诱不是合同订立的必经程序，因而不具有法律意义，即对行为人不具有法律约束力④。要约邀请确切地说，仅是当事人订立合同的一种预备行为⑤。

按《民法典》第四百八十八条规定，承诺的内容应当与要约的内容一致。受要约人对要约的内容作出实质性变更的，为新要约。据此可知，所谓承诺，是指收到要约的另一方当事人在有效期间内同意要约的意思表示，该意思表示须对要约的内容完全同意。如：甲欲购买乙的房屋，在乙引领下看房后，就房屋的价格、办理权利转移登记手续等事项向乙做了陈述，并表达了若乙对其陈述无异议就可签订房地产转让合同的愿望，甲的陈述和愿望就是对乙发出的要约。若乙对甲的要约中的购房款及权利转移登记

---

① 谢怀栻：《民法总则讲要》，北京大学出版社2007年版，第148页。
② 谢怀栻：《民法总则讲要》，北京大学出版社2007年版，第151页。
③ 彭万林：《民法学》，中国政法大学出版社2002年版，第484页。
④ 彭万林：《民法学》，中国政法大学出版社2002年版，第485页。
⑤ 彭万林：《民法学》，中国政法大学出版社2002年版，第485页。

等事宜无异议，并对甲表示，同意与之签订房地产转让合同，则乙的表示就是承诺。

《民法典》第四百八十三条规定，承诺生效时合同成立，但是法律另有规定或者当事人另有约定的除外。据此可知，一般情形下，承诺生效是合同成立的标志。如前所述，订立合同，要经过要约和承诺2个步骤。要约以信件或者电报作出的，承诺期限自信件载明的日期或者电报交发之日开始计算。信件未载明日期的，自投寄该信件的邮戳日期开始计算。要约以电话、传真、电子邮件等快速通讯方式作出的，承诺期限自要约到达受要约人时开始计算（《民法典》第四百八十二条规定）。因此，承诺生效的时间便是当事人完成要约和承诺的时间，换言之，承诺生效，表明当事人就实现合同目的的权利、义务达成了一致，即当事人就实现合同目的达成了合意，合同成立。简言之，当事人达成合意，合同成立。在司法实务中，最高人民法院在"唐某因与程某房屋买卖合同纠纷一案"中认为"当事人达成合意是合同的成立的必备要件。《中华人民共和国合同法》第三十二条规定：'当事人采用合同书形式订立合同的，自双方当事人签字或者盖章时合同成立。'（按《民法典》第四百九十条第一款规定，当事人采用合同书形式订立合同的，自当事人均签名、盖章或者按指印时合同成立。）该条明确了当事人在合同书上签字或盖章的时间为合同成立的时间，不仅确认了当事人达成合意的外在表现形式为签字或者盖章，而且赋予了盖章与签字在合同成立上同等的法律效力。因此，经当事人签字或者盖章的合同应该是当事人达成合意的体现，对双方当事人具有法律拘束力"。[①] 据此可知，人民法院的认为强调的是当事人的合意是合同成立的必备条件。

《民法典》第四百六十九条规定，当事人订立合同，可以采用书面形式、口头形式或者其他形式。书面形式是合同书、信件、电报、电传、传真等可以有形地表现所载内容的形式。以电子数据交换、电子邮件等方式能够有形地表现所载内容，并可以随时调取查用的数据电文，视为书面形式。

---

① 最高人民法院："唐某因与程某房屋买卖合同纠纷一案"，http://www.court.gov.cn，访问日期：2019年9月23日。

据此可知，当事人订立合同的形式，有书面合同，也有口头合同。

《民法典》第三百四十八条第一款规定，通过招标、拍卖、协议等出让方式设立建设用地使用权的，当事人应当采用书面形式订立建设用地使用权出让合同。按该法第三百五十四条规定，建设用地使用权转让、互换、出资、赠与或者抵押的，当事人应当采用书面形式订立相应的合同。该法第三百六十七条第一款规定，设立居住权，当事人应当采用书面形式订立居住权合同。该法第三百七十三条第一款规定，设立地役权，当事人应当采用书面形式订立地役权合同。该法第四百条第一款规定，设立抵押权，当事人应当采用书面形式订立抵押合同。《房地产管理法》第四十一条规定，房地产转让，应当签订书面转让合同，合同中应当载明土地使用权的方式。《农村土地承包法》第二十二条第一款规定，发包方应当与承包方签订书面承包合同。在不动产登记实务中，按《不动产登记操作规范（试行）》1.8.2.2条规定，不动产登记申请材料的形式应当为纸质介质。据此可知，与不动产登记相关的建设用地使用权出让合同、房地产转让合同、房地产赠与合同、抵押合同等设立、变更、转移和消灭不动产物权的合同，鉴于不动产价值量大，涉及的法律关系复杂等因素，均须是书面合同。按《民法典》第四百九十条第一款规定，当事人采用合同书形式订立合同的，自当事人均签名、盖章或者按指印时合同成立。据此可知，设立、变更、转移和消灭不动产物权的合同的成立，以当事人签字、签章或者按指印为准。

《民法典》第五百零二条第一款规定，依法成立的合同，自成立时生效，但是法律另有规定或者当事人另有约定的除外。按该法第四百九十条第一款规定，当事人采用合同书形式订立合同的，自当事人均签名、盖章或者按指印时合同成立。该法第四百九十二条第一款规定，承诺生效的地点为合同成立的地点。据此可知，如前所述，设立、变更、转移和消灭不动产物权的合同均是书面合同，因此，此类合同成立、生效的地点为双方当事人签字或者盖章、按指印的地点。《民法典》第二百一十条第一款规定，不动产登记，由不动产所在地的登记机构办理。据此可知，不动产登记实行属地登记原则。设立、变更、转移和消灭不动产物权的合同，当事人可以在不动产所在地之外的地方签订，但基于此合同产生的不动产登记，只能由不动产所在地的登记机构办理。在不动产登记实务中，登记机构收取登记申请材料时，不得强制要求申请提交在不动产所在地签订的设立、变更、转移和消灭不动产物权的合同。

二、合同的生效

合同的生效，是指依法成立的合同所产生的法律效力，即依法成立的合同对当事人行使权利和履行义务产生的约束力。这个约束力是权利正常行使和义务顺利履行的保证，也是实现合同目的的保证。

合同的成立与合同的生效是不同的。合同的成立是确认合同有效的前提，只有存在一个具体的合同，才有必要判断该合同是否有效。判断合同成立与否，解决的是意思表示内容的一致性；判断合同生效与否，解决的是意思表示内容的合法性。因此，生效的合同必须是已经成立的合同，而已经成立的合同未必是一个生效的合同[①]。如：甲公立小学为修建运动场，与乙小额贷款公司签订抵押合同约定以其教学楼作贷款抵押担保，按《民法典》第五百零二条第一款和第四百九十条第一款规定，甲、乙双方在抵押合同上签章后抵押合同即成立，但是，按《民法典》第三百九十九条第（三）项规定，学校、幼儿园、医疗机构等为公益目的成立的非营利法人的教育设施、医疗卫生设施和其他公益设施不得抵押。在司法实务中，《担保法司法解释》第五十三条规定，学校、幼儿园、医院等以公益为目的的事业单位、社会团体，以其教育设施、医疗卫生设施和其他社会公益设施以外的财产为自身债务设定抵押的，人民法院可以认定抵押有效。笔者对此作反面解释：学校、幼儿园、医院等以公益为目的的事业单位、社会团体，以其教育设施、医疗卫生设施和其他社会公益设施等财产为自身债务设定抵押的，产生诉讼时，人民法院可以认定抵押无效。因此，由于甲公立小学是以公益为目的的单位，甲、乙因学校的教学楼抵押签订的抵押合同成立，但该合同产生诉讼时会被人民法院判决确认无效，故登记机构不得将

---

① 谢怀栻：《民法总则讲要》，北京大学出版社2007年版，第153~154页。

第七章 合 同

此抵押合同用作办理抵押权登记的证据材料。

1. 合同的一般生效条件

《民法典》第一百四十三条规定："具备下列条件的民事法律行为有效：（一）行为人具有相应的民事行为能力；（二）意思表示真实；（三）不违反法律、行政法规的强制性规定，不违背公序良俗。"据此可知，作为法律行为之一的合同，其生效条件满足《民法典》第一百四十三条规定即可。

其中，"合同不得违反法律、行政法规的强制性规定"，是指合同不得违反法律、行政法规中的强制性规范。但是，强制性规范的违反也不必然导致对合同效力的绝对否定。这涉及效力性的强制规范和管理性的强制规范的分类及其对合同效力的影响①。

效力性的强制性规范，是指合同违反法律、行政法规关于其效力的强制性规定，而使其处于无效或效力待定状态的情形。一般情形下，效力性强制性规范，由法律、行政法规以明确、具体的表述来体现。如：按《民法典》第三百八十八条第一款规定，一般情形下，担保合同是主债权债务合同的从合同。主债权债务合同无效的，担保合同无效。再如：按《民法典》第六百八十二条第一款规定，一般情形下，保证合同是主债权债务合同的从合同。主债权债务合同无效的，保证合同无效。

管理性的强制性规范，是指合同违反法律、行政法规非关于其效力的强制性规定，不影响其生效，但不排除其受到刑事上或行政上的处理。如：按《房地产管理法》第三十九条第一款第（二）项规定，以出让方式取得土地使用权的，转让房地产时，应当按照出让合同约定进行投资开发，属于房屋建设工程的，完成开发投资总额的百分之二十五以上，属于成片开发土地的，形成工业用地或者其他建设用地条件。据此可知，当事人转让以出让方式取得的属于房屋建设工程用地的国有建设用地使用权的，须完成开发投资总额的百分之二十五以上。但是，在司法实务中，最高人民法院于 2016 年 11 月 30 日发布实施的《最高人民法院关于第八次全国法院民

---

① 崔建远：《合同法》，法律出版社 2007 年版，第 103 页。

事商事审判工作会议（民事部分）纪要》（法〔2016〕399号）第十三条规定，城市房地产管理法第三十九条第一款第二项规定并非效力性强制性规定，当事人仅以转让国有土地使用权未达到该项规定条件为由，请求确认转让合同无效的，不予支持。据此可知，当事人签订合同转让以出让方式取得的属于房屋建设工程用地的国有建设用地使用权时，虽然未完成开发投资总额的百分之二十五，由于该规定属于管理性的强制性规定，不是效力性的强制性规定，产生诉讼时，人民法院不确认转让合同无效。《合同法司法解释二》第十四条规定，合同法第五十二条第（五）项规定的"强制性规定"（现《民法典》第一百四十三条第（三）项规定"不违反法律、行政法规的强制性规定，不违背公序良俗"），是指效力性强制性规定。据此可知，违反法律、行政法规关于效力性的强制性规定的，合同无效。违反法律、行政法规关于管理性的强制性规定的，合同不一定无效。

在司法实务中，与不动产登记相关的以下几种合同产生诉讼时，会被人民法院确认无效：

（1）国家机关和以公益为目的的事业单位、社会团体违反法律规定提供担保的，担保合同无效。（《担保法司法解释》第三条规定）

（2）以法律、法规禁止流通的财产或者不可转让的财产设定担保的，担保合同无效。（《担保法司法解释》第五条规定）

（3）未经国家有关主管部门批准或者登记对外担保的，或者未经国家有关主管部门批准或者登记，为境外机构向境内债权人提供担保的，对外担保合同无效。（《担保法司法解释》第六条规定）

（4）企业法人的分支机构未经法人书面授权提供保证的，保证合同无效。（《担保法司法解释》第十七条规定）

（5）法人的职能部门提供保证的，保证合同无效。（《担保法司法解释》第十七条规定）

（6）出卖人未取得商品房预售许可证明，与买受人订立的商品房预售合同，应当认定无效，但是在起诉前取得商品房预售许可证明的，可以认定有效。（《商品房买卖合同司法解释》第二条规定）

这些合同，登记机构均不得用作办理相关不动产登记的证据材料。

2. 合同生效的特殊条件

《民法典》第一百五十八条规定，民事法律行为可以附条件，但是根据其性质不得附条件的除外。附生效条件的民事法律行为，自条件成就时生效。附解除条件的民事法律行为，自条件成就时失效。该法第一百六十条规定，民事法律行为可以附期限，但是根据其性质不得附期限的除外。附生效期限的民事法律行为，自期限届至时生效。附终止期限的民事法律行为，自期限届满时失效。据此可知，在特殊情形下，作为民事法律行为的合同，其生效还须满足当事人约定的生效条件或生效期限。在民事法律行为部分，笔者结合不动产登记的实际对这些条件已作阐释，此处不再赘述。

《民法典》第五百零二条第一款规定，依法成立的合同，自成立时生效，但是法律另有规定或者当事人另有约定的除外。按该法第四百九十条第一款规定，当事人采用合同书形式订立合同的，自当事人均签名、盖章或者按指印时合同成立。该法第二百一十五条规定，当事人之间订立有关设立、变更、转让和消灭不动产物权的合同，除法律另有规定或者当事人另有约定外，自合同成立时生效；未办理物权登记的，不影响合同效力。据此可知，设立、变更、转移和消灭不动产物权的合同，若法律和行政法规没有规定须登记或批准方能生效的，则自合同成立时起即依法生效，换言之，合同成立的时间即合同生效的时间。

关于无效合同、效力待定的合同、可撤销的合同，笔者已在无效的民事行为、效力特定的民事行为、可撤销的民事行为部分结合不动产登记实务做了阐释，此处不再赘述。

在不动产登记实务中，设立、变更、转移和消灭不动产物权的合同作为登记申请材料时，登记机构是否对其生效与否进行审查？即是否对当事人行使权利与履行义务产生的约束力进行审查？有观点认为："债务人交易、处分房地产等不动产行为的生效必经程序是行政机关的行政确认。例如，债务人将自己的房地产转让给第三人，房地产行政机关必须在审查房屋买卖合同合法有效的前提下，进行变更登记。"① 有观点则认为："只要登记申请人提供的资料能够满足法律所规定的程序条件，不动产登记局即为其登记，而对申请人与相对人的关于实体法律关系的意思表示不予审查的原则。因为不动产登记机关在登记中既不享有权利也不承担义务进行调查和举证，所以登记机关无法对申请人的实质权利义务关系进行审查。另外，不动产登记机关无权、也不必要改变当事人依据自己的意愿建立的财产法律关系。"② 笔者认为，此二观点都有道理，结合不动产登记实务，登记机构应当从四个方面对合同进行审核：一是从合同签订的时间或约定的生效期限是否届至、生效条件是否成就上判定合同是否已生效。二是核对不动产登记申请人与合同当事人是否一致，根据申请人提供的身份证明，判断合同当事人是否具有民事行为能力，如果合同的当事人是限制民事行为能力人或无民事行为能力人的，须查验合同上是否有法定代理人的追认签字，以确认合同是否有效。三是核对申请登记的内容与合同固定的不动产物权是否相符，欲在登记簿上记载的不动产物权是否属于可以依法处分的范围，不动产物权上有无处分限制等。四是核对合同载明的内容是否满足登记簿记载的需要。凡不到生效时间或者不满足生效条件的合同，无完全民事行为能力人签订的且无法定代理人追认的合同，固定的不动产物权与申请登记的物权不一致的合同，固定的不动产物权属于不可以依法处分范围或有处分限制的合同，载明的内容不满足登记簿记载的需要的合同，登记机构均不得用作办理不动产登记的证据材料。在司法实务中，人民法院在审查判断登记机构的责任时，也应该充分考虑登记机构的能力，应当以"力所能及"作为判断标准③。笔者据此以为，登记机构若履行了前述审核职责，就尽到了"力所能及"的审核职责，即使产生行政复议或者行政诉讼，也可能免责或者减轻责任。

---

① 王达：《房屋所有权、抵押权登记行政诉讼理论与实务》，知识产权出版社 2006 年版，第 149 页。
② 孙宪忠：《中国物权法原理》，法律出版社 2004 年版，第 220 页。
③ 王达：《房屋所有权、抵押权登记行政诉讼理论与实务》，知识产权出版社 2006 年版，第 193 页。

第七章 合　同

第三节　合同的分类

有学者根据合同的法律特征，以及不同的标准对合同做了以下分类①。

一、根据合同的订立是否以国家指令性计划为依据分类

根据合同的订立是否以国家指令性计划为依据，将合同分为计划合同和非计划合同。一般情形下，计划合同和非计划合同不出现在不动产登记实务中。

二、根据合同当事人双方权利义务的分担方式分类

根据合同当事人双方权利义务的分担方式，将合同分为双务合同和单务合同。

双务合同，是指合同的当事人双方相互行使权利和履行义务的合同，换言之，双务合同是合同的当事人相互向对方承担义务的合同。如：不动产转让合同，转让方有保证转让的不动产物权权属合法、清晰，向受让方移交不动产，协助受让方办理不动产物权转移登记的义务，同时有要求受让方按约定支付转让款的权利；受让方有要求转让方按约定移交不动产和协助办理不动产转移登记的权利，同时有按合同约定支付转让款的义务。再如：债务人用登记在其名下的房地产作抵押以获取借款，与债权人签订房地产抵押合同，债权人有要求债务人协助办理抵押权登记并监管债务人（抵押人）安全用房、合法用房的权利，同时有按合同约定向债务人发放借款的义务；债务人（抵押人）有保证用于抵押的房地产权利合法、清晰，协助办理房地产抵押权登记，合法、安全用房，按约定还本付息的义务，同时，有按合同获得贷款的权利。

单务合同，是指当事人中由一方承担义务，而另一方享有权利的合同。

---

① 王利民：《民法学》，中央广播电视大学出版社1995年版，第258～262页。

如：不附义务的房地产赠与合同，赠与方承担保证赠与的房地产权利合法、清晰，移交房地产并协助办理房地产权利转移登记的义务，而受赠方享有接管房地产，要求赠与方协助办理房地产权利转移登记的权利。

三、根据合同当事人一方从对方取得利益有无代价分类

根据合同当事人一方从对方取得利益有无代价，将合同分为有偿合同和无偿合同。

有偿合同，是指当事人一方以向对方支付代价为条件取得相应利益的合同。如：土地承包经营权及地上林木所有权转让合同，受让方想得到转让方的土地承包经营权及地上林木所有权，必须以支付转让款为代价。再如：债务人用登记在其名下的海域使用权及海域内的构筑物所有权作贷款抵押与债权人签订抵押合同，债务人（抵押人）想得到对方的贷款，必须以支付海域使用权及海域内的构筑物所有权作抵押为代价，即债务人（抵押人）牺牲了海域使用权及海域内的构筑物所有权在抵押权存续期间内的交换价值。

无偿合同，是指合同当事人一方无须向对方支付任何代价即取得利益的合同。如：《民法典》第六百五十七条规定，赠与合同是赠与人将自己的财产无偿给予受赠人，受赠人表示接受赠与的合同。据此可知，不动产受赠人无须向赠与人支付任何代价，即可取得赠与人的不动产权利。

四、根据合同的成立是否具备特定的方式分类

根据合同的成立是否具备特定的方式，即是否具备特定的形式要件，将合同分为要式合同和不要式合同。

要式合同，是指具备法律规定的形式要件才能成立的合同。反之，则为不要式合同。在我国现行法中，法律要求的要式合同多为普通的书面形式的合同[①]。《房地产管理法》第四十一条规定，房地产转让，应当签订书

[①] 崔建远：《合同法》，法律出版社 2007 年版，第 33 页。

面转让合同，合同中应当载明土地使用权取得的方式。按《民法典》第三百五十四条规定，建设用地使用权转让、互换、出资、赠与或者抵押的，当事人应当采用书面形式订立相应的合同。该法第三百六十七条第一款规定，设立居住权，当事人应当采用书面形式订立居住权合同。该法第三百七十三条第一款规定，设立地役权，当事人应当采用书面形式订立地役权合同。该法第四百条第一款规定，设立抵押权，当事人应当采用书面形式订立抵押合同。《农村土地承包法》第二十二条第一款规定，发包方应当与承包方签订书面承包合同。该法第四十条第一款规定，土地经营权流转，当事人双方应当签订书面流转合同。在不动产登记实务中，按《不动产登记操作规范（试行）》1.8.2.2 条规定，申请材料形式应当为纸质介质。据此可知，与不动产登记相关的建设用地使用权出让合同、房地产转让合同、房地产赠与合同、抵押合同、地役权合同、土地承包合同等设立、变更、转移和消灭不动产物权的合同，均须是书面合同，即作为不动产登记申请材料的设立、变更、转移和消灭不动产物权的合同，均为要式合同。在司法实务中，终审法院黔西南布依族苗族自治州中级人民法院按审判监督程序再审"范某诉郭某买房款未付清房屋买卖和换房无效纠纷案"中认为"房屋买卖系要式法律行为，买卖双方应依法订立书面契约，有中间人证明，并按约定付清全部房款和交付房屋，办理过户、契税等相关手续。郭某与范某虽有口头房屋买卖协议，但未书写契约，也没有中人参与，对买卖房屋的具体未协商出一致意见，以至发生纠纷；……"，判决"范某与郭某的口头买卖协议无效，范某返还郭某房价款 7120 元"。[①] 质言之，人民法院的认为和判决强调的是房屋买卖合同必须是要式合同，即书面合同。

五、根据合同的成立是否以交付标的物为要件分类

根据合同的成立是否以交付标的物为要件，将合同分为诺成合同和实践合同。

---

① 黔西南布依族苗族自治州中级人民法院："范某诉郭某买房款未付清房屋买卖和换房无效纠纷案"，https://www.66law.cn，访问日期：2019 年 9 月 24 日。

诺成合同，是指当事人双方达成合意但无须交付标的物即成立的合同。如：以海域使用权及海域内的构筑物所有权作抵押签订抵押合同，是抵押人不移转占有标的物（海域及海域内的构筑物）而向抵押权人提供债务履行担保订立的合同。再如：《民法典》第七百二十五条规定，租赁物在承租人按照租赁合同占有期限内发生所有权变动的，不影响租赁合同的效力。据此可知，法律的规定确立了"买卖不破租赁"的原则，即租赁期间，出租人出卖出租物的，买受人应当遵守出租人（卖方）与承租人签订的租赁合同，承租人继续享有占有、使用出租物的权利，卖方不向买方交付出租物。因此，在有租赁合同存在的情形下签订的房地产转让合同，也是不用实际交付房屋即成立的诺成合同。

实践合同，是指当事人达成合意并以实物交付或完成其他给付为成立要件的合同。如：甲、乙签订地役权合同约定，乙不得在其土地上建造建筑、构筑物，以妨碍甲观山望景；甲应当一次性付给乙人民币20万元；本合同自乙收到甲支付的20万元人民币时起成立、生效。再如：《民法典》第六百七十九条规定，自然人之间的借款合同，自贷款人提供借款时成立。据此可知，自然人之间的借款合同，以贷款人向借款人提供的借款发生为生效前提。在不动产登记实务中，登记机构办理自然人间因借款债权申请的不动产抵押权登记时，在收取借款合同时，同时收取借款人出具的收到借款的说明等借款已经发生的证明，以证明作为主合同的借款合同已经生效。

六、根据合同间的关系分类

根据合同间的关系，将合同分为主合同和从合同。

主合同，是指不以其他合同的存在为条件而独立存在的合同。如：不动产抵押权登记中的借款合同、货物供销合同等建立被抵押权担保的主债权的合同，即主合同。

从合同，是指依附于主合同，随主合同的存在而存在，亦随主合同的终止而终止的合同。《民法典》第三百八十八条规定，设立担保物权，应当依照本法和其他法律的规定订立担保合同。担保合同包括抵押合同、质押合同和其他具有担保功能的合同。担保合同是主债权债务合同的从合同。主债权债务合同无效的，担保合同无效，但是法律另有规定的除外。据此可知，一般情形下，当事人申请不动产抵押权登记的申请材料中，作为担保合同的抵押合同属于从合同，随借款合同、货物供销合同等主合同的存在而存在，也随主合同的消灭而消灭。

七、根据法律是否对合同名称作规定分类

根据法律是否对合同名称作规定，将合同分为有名合同和无名合同。

有名合同，是指法律对合同名称作规定的合同，反之，则为无名合同。《民法典》《房地产管理法》《土地管理法》《农村土地承包法》等法律对以设立、变更、转移和消灭不动产物权为目的的买卖合同、赠与合同、借款合同、土地承包合同、借款合同、抵押合同作了命名，即作为不动产登记申请材料的合同，大多是有名合同。

八、根据为什么人的利益订立合同分类

根据为什么人的利益订立合同，将合同分为订约人自己订立的合同和为第三人利益订立的合同。

订约人为自己订立的合同，是指订约人作为合同当事人订立并从中取得利益的合同。如：同一集体经济组织内的村民间签订的宅基地及地上房屋转让合同；权利人为获取贷款，以登记在其名下的集体建设用地使用权及地上房屋所有权作抵押与抵押权人直接订立的抵押合同等。

为第三人利益订立的合同，是指委托人、监护人、指定代理人和法定代理人，在代理权限内为第三人利益订立的合同。如：未成年人的监护人为了给未成年人筹集手术费，转让未成年人的房产而与他人签订的房地产转让合同；某公司的财务人员，受公司的委托，为了公司取得贷款与银行签订的土地承包经营权及地上林木所有权抵押合同等。

第四节　合同的内容

《民法典》第四百七十条第一款规定:"合同的内容由当事人约定,一般包括下列条款:(一)当事人的姓名或者名称和住所;(二)标的;(三)数量;(四)质量;(五)价款或者报酬;(六)履行期限、地点和方式;(七)违约责任;(八)解决争议的方法。当事人可以参照各类合同的示范文本订立合同。"据此可知,根据我国《合同法》第十二条的规定(现《民法典》第四百七十条第一款规定),合同的内容由当事人约定,由各项合同条款构成,可见我国立法中所言的合同内容是指当事人约定的各项条款[1]。

合同条款依其对合同成立的意义,有主要条款和非主要条款之分。所谓主要条款,也称必要条款、必备条款,是指合同必须具备的条款,缺少这些条款,合同不能成立。此外的条款即非主要条款[2]。

合同的主要条款当然由合同的类型和性质决定。按照合同的类型和性质的要求,应当具备的条款,就是合同的主要条款[3]。以设立、变更、转移和消灭不动产物权为目的合同类型众多,这些合同的主要条款有哪些呢?

《民法典》第二百一十二条规定:"登记机构应当履行下列职责:(一)查验申请人提供的权属证明和其他必要材料;(二)就有关登记事项询问申请人;(三)如实、及时登记有关事项;(四)法律、行政法规规定的其他职责。申请登记的不动产的有关情况需要进一步证明的,登记机构可以要求申请人补充材料,必要时可以实地查看。"据此可知,登记机构在履行查验申请材料、询问申请人、查看现场等程序后,对满足登记要求的申请,根据申请人提交的登记申请材料上载明的信息如实、及时地在登记簿上记载有关事项是其法定职责。因此,作为不动产登记申请材料的合同,一是作为申请登记的不动产物权的权利凭证,如土地承包经营权合同、地

---

[1] 王利明:《民法学》,复旦大学出版社2004年版,第609页。
[2] 王利明:《民法学》,复旦大学出版社2004年版,第610页。
[3] 崔建远:《合同法》,法律出版社2007年版,第81页。

第七章 合 同

役权合同等；二是作为申请不动产登记的原因凭证，即权源凭证，如房地产买卖合同、抵押合同等。笔者认为，不管是作为权利凭证的合同，还是作为权源凭证的合同，其主要条款是否具备，以其载明条款是否满足登记簿的记载需要为判定标准。如：《不动产登记簿填写说明》规定，房地坐落、登记原因（填写买卖、互换，以房屋出资入股，分割、合并共有房屋等）、独用土地面积/分摊土地面积、房屋幢号、所在层/总层数、规划用途、房屋结构、建筑面积、专有建筑面积、分摊建筑面积、房地产交易价格、房屋性质等是房地产权登记信息。因此，房地产买卖合同中载明了这些内容的则其主要条款齐备。再如：《不动产登记簿填写说明》规定，地役权人、供役地权利人、登记原因（填写合同设立等）、地役权内容、地役权利用期限等是地役权登记的内容。因此，地役权设立合同中载明了这些内容的则其主要条款齐全。又如：《不动产登记簿填写说明》规定，抵押不动产类型、抵押权人、抵押人、抵押方式（填写一般抵押）、登记原因（填写合同设立）、被担保主债权数额、债务履行期限等是一般抵押权登记的内容。因此，抵押合同中载明了这些内容的则其主要条款充分。

笔者认为，在不动产登记实务中，登记机构可以不对合同当事人的意思表示的真实性进行审查，但应当结合登记要求对合同主要内容进行查验，凡不能满足不动产登记要求的合同（所谓满足登记要求，是指能充分提供登记所需要的并有合法证据支撑的信息），登记机构不得作为登记证据材料采用，应当告知申请人补正合同信息后再申请登记。

第八章 继　　承

第一节　继　承　权

一、继承权的概念

继承权，是指自然人死亡时，其法律规定范围内的亲属，基于法律的规定或死者生前立下的合法、有效的遗嘱指定，取得死者遗留的合法财产的权利。死者遗留的合法财产，叫遗产；遗留遗产且该遗产的权利转移给继承人的死者，叫被继承人；依法取得被继承人遗产的人，叫继承人。如：A死亡后，其最小的儿子B根据A生前立下的公证遗嘱指定，取得A遗留的土地承包经营权及地上林木所有权，A遗留的土地承包经营权及地上林木所有权即是其遗产，A是被继承人，A最小的儿子B是继承人。

《民法典》第一千一百二十三条规定，继承开始后，按照法定继承办理；有遗嘱的，按照遗嘱继承或者遗赠办理；有遗赠扶养协议的，按照协议办理。据此可知，继承分为法定继承和遗嘱继承，申言之，继承权分为法定继承权和遗嘱继承权。依照法律的规定产生的继承权叫法定继承权，依照死者生前立下的合法有效的遗嘱指定产生的继承权叫遗嘱继承权。遗赠本质上是赠与，不是继承，当事人基于此享有的不是继承权。

二、我国《民法典》关于继承的基本原则

1. 保护自然人继承权的原则

继承人行使继承权，产生的主要法律后果就是要取得被继承人的遗产权利，故继承权本质上是一种财产权，是自然人享有的一项基本的民事权利。为此，《宪法》第十三条第二款规定，国家依照法律规定保护公民的私

第八章 继 承

有财产权和继承权。《民法典》第一百二十四条第一款规定，自然人依法享有继承权。该法第二百三十条规定，因继承取得物权的，自继承开始时发生效力。据此可知，这些法律的规定充分表明了国家对自然人依法享有的继承权予以保护的立场，同时，也表明继承权是自然人依法享有的基本的民事权利，他人不得侵犯。继承权在受到不法侵害时，能够得到国家法律的保护。

2. 继承权男女平等原则

《妇女权益保障法》第二条第一款规定，妇女在政治的、经济的、文化的、社会的和家庭的生活等各方面享有同男子平等的权利。《民法典》第一千一百二十六条规定，继承权男女平等。据此可知，基于家庭关系、血缘关系、身份关系等产生的继承权，继承人无论男女，均依法平等地享有继承权。具体地说，在确定继承人的范围、继承的顺序和遗产分配的份额方面，男女继承人的地位平等，不得因性别不同而有所偏颇。在不动产登记实务中，当事人申请因继承产生的转移登记时，某些男性继承人以"嫁出去的女如泼出去的水"的不良习俗为由侵夺女性继承人的继承份额的情形时有出现，尤以申请宅基地使用权及地上房屋所有权、土地承包经营权及地上林木所有权继承转移登记为甚。登记人员在查验登记申请材料和依法询问申请人时，如果发现此类情况，应当向申请人讲明法律关于男女继承权平等的规定，要求其如实、依法申请登记，否则作不予受理处理。

3. 养老育幼照顾病残者原则

养老育幼，即赡养老人，抚育未成年子女以及照顾病残者，是我国社会主义家庭的主要职能之一[①]。也是中华民族几千年的优良传统美德和善良风俗。《民法典》第八条规定，民事主体从事民事活动，不得违反法律，不得违背公序良俗。该法第十六条规定，涉及遗产继承、接受赠与等胎儿利益保护的，胎儿视为具有民事权利能力。但是，胎儿娩出时为死体的，其民事权利能力自始不存在。《民法典》第一千一百三十条第二款、第三款

---

① 彭万林：《民法学》，中国政法大学出版社2002年版，第650页。

和第四款规定，对生活有特殊困难又缺乏劳动能力的继承人，分配遗产时，应当予以照顾。对被继承人尽了主要扶养义务或者与被继承人共同生活的继承人，分配遗产时，可以多分。有扶养能力和有扶养条件的继承人，不尽扶养义务的，分配遗产时，应当不分或者少分。该法第一千一百五十五条规定，遗产分割时，应当保留胎儿的继承份额。胎儿娩出时是死体的，保留的份额按照法定继承办理。在司法实务中，《继承法司法解释》第四十五条第一款规定，应当为胎儿保留的遗产份额没有保留的应当从继承人所继承的遗产中扣回。在我国台湾地区，胎儿为继承人时，应由其母以胎儿名义申请登记，俟其出生办理户籍登记后，再行办理更名登记[①]。如将来为死产者，其经登记之权利，溯及继承开始时消灭，由其他继承人共同申请更正登记[②]。据此可知，法律、司法解释对在继承关系中养老育幼照顾病残者做了较为详细的规定，这也是公序良俗的民法基本原则在继承关系中的具体体现。长期以来，法律关于在继承关系中养老育幼照顾病残者的规定得到贯彻实施，为稳固婚姻家庭关系，建设社会主义精神文明发挥了积极的作用，也为构建和谐社会发挥了积极作用。在不动产登记实务中，登记机构在办理因继承产生的转移登记时，申请人提交没有经过公证的继承证明材料的情形下，在查验继承人范围及遗产分配份额时，发现有继承人不参与遗产继承分配的，应当查验继承证明材料中有无该继承人放弃继承权的材料，并按《不动产登记操作规范（试行）》1.8.6.5 条规定，启动公示程序，将遗产分配情况在登记机构的门户网站或当地公开发行的报刊上公示，在一定的期间内向社会公众征询异议，逾期无异议的才可以记载于登记簿上，以防止侵害幼、病、残继承人权益的现象发生，确保登记质量。

4. 权利义务一致原则

按《民法典》第一千一百五十九条规定，一般情形下，分割遗产，应当清偿被继承人依法应当缴纳的税款和债务。按该法第一千一百六十一条

[①] 王泽鉴：《民法概要》，中国政法大学出版社 2003 年版，第 688 页。
[②] 王泽鉴：《民法概要》，中国政法大学出版社 2003 年版，第 688 页。

规定，一般情形下，继承人以所得遗产实际价值为限清偿被继承人依法应当缴纳的税款和债务。质言之，继承是继承人对被继承人权利和义务的全面承受，此即《民法典》规定的概括继承原则，也是权利义务一致的民法基本原则在我国民法制度中的具体反映。

三、继承权的法律特征

继承权是基于被继承人遗产权利发生转移而产生的民事权利。无论是法定继承权，还是遗嘱继承权，根据我国《民法典》的有关规定，其法律特征主要有以下几种。

1. 继承权的产生基于法定事实的成就

《民法典》第一千一百二十一条第一款规定，继承从被继承人死亡时开始。在司法实务中，《继承法司法解释》第一条规定，继承从被继承人生理死亡或被宣告死亡时开始。失踪人被宣告死亡的，以法院判决中确定的失踪人的死亡日期，为继承开始的时间。据此可知，被继承人死亡的时间节点，是继承开始的时间节点。申言之，继承权的产生，以被继承人的死亡为前提，即被继承人的死亡是法定的产生继承权的事实，被继承人不死亡，继承权不产生。被继承人的死亡包括生理死亡和宣告死亡。《民法典》第二百三十条规定，因继承取得物权的，自继承开始时发生效力。在不动产登记实务中，因继承产生的不动产权利转移登记，亦以被继承人的死亡事实为前置条件，即申请人提交被继承人的死亡证明及不动产继承材料的，登记机构按继承转移登记程序为其办理不动产权利转移登记手续；若申请人不能提交被继承人的死亡证明，仅凭遗嘱申请因继承产生的不动产转移登记的，登记机构应当告知、引导申请人申请转让、赠与等行为产生的不动产转移登记。

被继承人的死亡证明主要有：① 公安派出所出具的因死亡注销户籍的证明；② 公安机关在刑事、交通等案件处理中出具的死亡证明；③ 应急管理机关在处理消防案件中出具的死亡证明；④ 人民法院宣告死亡的判决书；⑤殡仪馆的遗体火化证明；⑥医院出具的医学死亡证明等。

2. 继承权的取得基于血缘和身份关系

《民法典》第一千一百二十七条规定："遗产按照下列顺序继承：（一）第一顺序：配偶、子女、父母；（二）第二顺序：兄弟姐妹、祖父母、外祖父母。继承开始后，由第一顺序继承人继承，第二顺序继承人不继承；没有第一顺序继承人继承的，由第二顺序继承人继承。本编所称子女，包括婚生子女、非婚生子女、养子女和有扶养关系的继子女。本编所称父母，包括生父母、养父母和有扶养关系的继父母。本编所称兄弟姐妹，包括同父母的兄弟姐妹、同父异母或者同母异父的兄弟姐妹、养兄弟姐妹、有扶养关系的继兄弟姐妹。"该法第一千一百二十九条规定，丧偶儿媳对公婆，丧偶女婿对岳父母，尽了主要赡养义务的，作为第一顺序继承人。据此可知，根据我国《民法典》的规定，通过血缘关系取得继承权的人主要有：子女、父母、兄弟姐妹、祖父母、外祖父母；通过身份关系取得继承权的人主要有：配偶，对公婆尽了主要赡养义务的儿媳，对岳父、岳母尽了主要赡养义务的女婿。

《民法典》第一千一百三十一条规定，对继承人以外的依靠被继承人扶养的人，或者继承人以外的对被继承人扶养较多的人，可以分给适当的遗产。据此可知，法定继承人之外的基于其与被继承人间建立的被抚养关系或抚养关系参与被继承人遗产分配而取得遗产的人，因其与被继承人无血缘和身份关系，不属于继承人的范围，其参与遗产分配并取得的遗产也不属于继承取得。

《民法典》第一千一百三十三条第三款规定，自然人可以立遗嘱将个人财产赠与国家、集体或者法定继承人以外的组织、个人。据此可知，受遗赠人是与遗赠人无血缘和身份关系的法定继承人以外的自然人、法人和非法人组织。

在因继承产生的不动产转移登记中，查明转移登记申请人与死者的关系，是决定采用继承转移登记，还是遗赠转移登记的关键。若转移登记申请人是法定继承人的，按继承转移登记程序办理，否则，按遗赠转移登记程序办理。但是，基于与死者的抚养或被抚养关系的人分配取得的遗产，不是因继承人的转让、赠与取得，也不是因死者的遗赠遗嘱取得，而基于法律的规定取得，因此，遗产分配或分割协议、权利取得人与死者的抚养或被抚养关系证明组合，形成其享有不动产物权的权源证明，转移登记原因为法定（基于抚养或被抚养关系分配遗产）取得。

3. 继承人继承取得的遗产须是被继承人遗留的合法的个人财产

《民法典》第一千一百二十二条规定，遗产是自然人死亡时遗留的个人合法财产。其中，所谓个人财产，即被继承人享有权利的财产，被继承人生前借用、代管的他人财产，不是其个人享有权利的财产，即不是其遗产。如：A生前借用B的房屋暂住，暂住期间，A因车祸死亡，但A借用B的房屋因不是其个人享有所有权的财产，不能作为遗产被其继承人继承。在司法实务中，人民法院对死者通过遗嘱处分不属于其遗产的行为也不予支持，即《继承法司法解释》第三十八条规定"遗嘱人以遗嘱处分了国家、集体、或他人所有的财产，遗嘱的这部分无效"。所谓合法的个人财产，是指被继承人生前通过合法手段或正常的法律途径取得的个人财产，否则，不能作为遗产由其继承人继承。如：甲生前任要职，以受贿方式取得一套房屋的所有权，甲在被监察机关留置期间因病而亡，其受贿取得的房屋不是甲的合法财产，不能作为遗产被其继承人继承。在因继承产生的不动产物权转移登记中，登记机构判定不动产是否是被继承人的合法财产的证据主要有：①已经记载在登记簿上且未被查封、扣押；②人民法院、仲裁机构生效的确认不动产权属的法律文书，或者有权的国家机关出具的确认不动产权属的公文；③有合法、有效的土地使用权证明、规划材料、竣工证明等系统、完整、相关的权属来源证明的不动产等。

四、继承权的接受、放弃、丧失

1. 继承权的接受

继承权的接受，是指继承人在继承开始后，遗产处理前，明确表示享有继承权，或没有作出放弃继承意思表示的行为。《民法典》第一千一百二十四条第一款规定，继承开始后，继承人放弃继承的，应当在遗产处理前，以书面形式作出放弃继承的表示；没有表示的，视为接受继承。据此可知，继承开始后，继承人无明确的放弃继承权的意思表示的，即是接受了继承权。如：在司法实务中，广东省深圳市中级人民法院在"谢某清等诉谢某宏等财产继承纠纷上诉案"中认为"上诉人谢某清、谢某春在遗产开始继承后未有口头或书面放弃遗产继承的意思表示，被上诉人谢某宏一九九七年十二月十三日向两上诉人出具的遗产分割协议时间，应视为两上诉人主张权利的时间，故本案未超过诉讼时效，且被上诉人罗某莲没有证据证实该份协议的真实性有误。对两上诉人请求分割遗产的主张，本院予以支持"。①质言之，人民法院的认为强调的是继承人没有作出放弃继承权的意思表示，即表明其接受继承，故对其应当享有继承权的诉求予以支持。在因继承产生的不动产物权转移登记中，继承人接受继承权的证明为继承权证明、继承权公证书等。

2. 继承权的放弃

继承权的放弃，是指继承人基于自己的意思表示抛弃其应当享有的继承权的行为。《民法典》第一千一百二十四条第一款规定，继承开始后，继承人放弃继承的，应当在遗产处理前，以书面形式作出放弃继承的表示；没有表示的，视为接受继承。在司法实务中，《继承法司法解释》第四十七条规定，继承人放弃继承应当以书面形式向其他继承人表示。用口头方式表示放弃继承，本人承认或有其他充分证据证明的，也应当认定其有效。据此可知，继承人放弃继承权的意思表示作出的时间节点，

---

① 深圳市中级人民法院："谢某清等诉谢某宏等财产继承纠纷上诉案"，http://www.law110.com，访问日期：2019年11月28日。

应当在继承开始后，遗产分割前，否则，其作出的放弃继承权的意思表示无效。在不动产登记实务中，按《不动产登记操作规范(试行)》第 1.8.2.2 条规定，不动产登记申请材料的形式应当为纸质介质。据此可知，由于不动产实体存续时间长，价值量大，与之相关的法律关系多而杂，对继承人放弃不动产继承权的意思表示要求以书面形式作出，因此，登记机构在受理因继承产生的转移登记申请时，登记人员通过核对申请人提交的继承人的花名册和放弃继承权的书面证明材料，判定是否漏报、瞒报了其他继承人或其他继承人的继承份额，确认其申请的继承转移登记是否合法。如果继承人没有出具放弃继承权的书面材料，而是在登记人员面前口头表示放弃继承权的，登记人员应当制作笔录，经放弃继承权的继承人签字确认后，视作书面放弃继承权的证明而予以采用。当然，如果申请人提交的是继承权公证书的，由于继承权公证书是公证机构在审查了继承人情况、继承人继承情况、继承人放弃继承情况等后作出的，登记机构无须再要求申请人另行提交其他继承人放弃继承权的证明材料。

按《继承法司法解释》第八条规定，法定代理人一般不能代理被代理人放弃继承权、受遗赠权。据此可知，无民事行为能力人、限制民事行为能力人的监护人（法定代理人）只能代理其行使继承权，不能代理其放弃继承权。在不动产登记实务中，无民事行为能力人和限制民事行为能力人或其监护人（法定代理人）出具的放弃不动产继承权的证明，登记机构应当不予采用。

3. 继承权的丧失

继承权的丧失，是指继承人的继承权被依法剥夺。继承权的剥夺权由人民法院行使[①]。登记机构在办理因继承产生的不动产物权转移登记时，在申请人没有提交其他继承人放弃继承权的证明材料的情形下，对该继承人丧失继承权的判定证据只能是人民法院的生效的判决书，否则，应当认

---

① 参见《继承法司法解释》第九条至第十三条规定。

定该继承人享有继承权,告知申请人通知该继承人一起依法申请因继承产生的转移登记。

五、继承冲突的处理

《民法典》第一千一百二十一条第一款规定,继承从被继承人死亡时开始。该法第一千一百二十三条规定,继承开始后,按照法定继承办理;有遗嘱的,按照遗嘱继承或者遗赠办理;有遗赠扶养协议的,按照协议办理。在司法实务中,《继承法司法解释》第五条规定,被继承人生前与他人订有遗赠抚养协议,同时又立有遗嘱的,继承开始后,如果遗赠抚养协议与遗嘱没有抵触,遗产分别按协议和遗嘱处理;如果有抵触,按协议处理,与协议抵触的遗嘱全部或者部分无效。据此可知,自被继承人死亡时起,在无遗嘱和遗赠抚养协议的情形下,按法定继承办理;有遗嘱无遗赠抚养协议的情形下,按遗嘱继承办理;在有遗嘱和遗赠抚养协议的情形下,遗嘱和遗赠抚养协议不冲突的,分别按遗嘱和遗赠抚养协议办理。在遗嘱和遗赠抚养协议相冲突的,按遗赠抚养协议办理。

《民法典》第一千一百四十二条第三款规定,立有数份遗嘱,内容相抵触的,以最后的遗嘱为准。据此可知,在被继承人所立的数份遗嘱中,遗嘱内容相互冲突的情形下,以最后一份遗嘱的内容为准。《民法典》的规定,排除了公证遗嘱的优先效力。

在不动产登记实务中,登记机构办理因遗嘱继承产生的不动产继承转移登记时,通过询问申请人和对继承转移登记内容予以公示的方式,证明自己对收取的遗嘱是否是最后一份遗嘱尽到合理审慎的注意义务即可,无须要求申请人提交该遗嘱是否是最后一份遗嘱的证明。如果他人举证证明用作继承转移登记证据的遗嘱不是最后一份遗嘱的,则遗产的继承产生纠纷,由当事人通过协商、申请调解或仲裁、提起诉讼等方式解决,登记机构按解决结果材料办理相关登记。在司法实务中,湖北省武汉市中级人民法院在"上诉人某市不动产登记局因与被上诉人沈某明房屋行政登记一案"

第八章 继 承

中认为"被上诉人在申请时向上诉人提交了身份证复印件、户籍证明、居民死亡证明、遗嘱公证书、房屋产权登记、土地登记信息查询单、民事调解书、委托书等相关材料，上述材料符合《不动产登记暂行条例实施细则》第十四条'因继承、受遗赠取得不动产，当事人申请登记的，应当提交死亡证明材料、遗嘱或者全部法定继承人关于不动产分配的协议以及与被继承人的亲属关系材料等，也可以提交经公证的材料或者生效的法律文书'的规定，且根据《中华人民共和国继承法》第二条'继承从被继承人死亡时开始'（《民法典》第一千一百二十一条第一款规定，继承从被继承人死亡时开始），以及第五条'继承开始后，按照法定继承办理；有遗嘱的，按照遗嘱继承或者遗赠办理；有遗赠扶养协议的，按照协议办理'（《民法典》第一千一百二十三条规定，继承开始后，按照法定继承办理；有遗嘱的，按照遗嘱继承或者遗赠办理；有遗赠扶养协议的，按照协议办理）的规定，被上诉人的不动产登记申请材料中既有被继承人沈某明的死亡证明也有被继承人沈某明的遗嘱公证书，而上诉人仍以被上诉人未提交继承权生效的公证书或生效的法律文书为由，作出不予受理的决定没有法律依据。上诉人武汉市不动产登记局的上诉理由不能成立"。[①] 据此可知，人民法院的认为强调的是申请人提交了被继承人的死亡证明和遗嘱公证书后，登记机构就应当为继承人办理继承转移登记，没有要求登记机构查明该遗嘱是否为最后一份遗嘱，该遗嘱继承人享有的继承权已经生效。

第二节 法 定 继 承

一、法定继承

法定继承，是指继承人的范围、继承顺序、继承份额由法律直接规定的继承方式。法定继承是相对于遗嘱继承而言的，也称为非遗嘱继承或无

[①] 武汉市中级人民法院："上诉人某市不动产登记局因与被上诉人沈某明房屋行政登记一案"，http://cache.baiducontent.com，访问日期：2019年9月27日。

遗嘱继承①。

1. 继承人范围

《民法典》第一千一百二十七条规定:"遗产按照下列顺序继承:(一)第一顺序:配偶、子女、父母;(二)第二顺序:兄弟姐妹、祖父母、外祖父母。继承开始后,由第一顺序继承人继承,第二顺序继承人不继承;没有第一顺序继承人继承的,由第二顺序继承人继承。本编所称子女,包括婚生子女、非婚生子女、养子女和有扶养关系的继子女。本编所称父母,包括生父母、养父母和有扶养关系的继父母。本编所称兄弟姐妹,包括同父母的兄弟姐妹、同父异母或者同母异父的兄弟姐妹、养兄弟姐妹、有扶养关系的继兄弟姐妹。"据此可知,法定继承的继承人主要有:

(1)配偶。

配偶,即具有合法婚姻关系的夫或妻一方。在司法实务中,广东省深圳市中级人民法院在"罗某等五人诉吴某房屋产权、继承纠纷案"中认为"被上诉人吴某与李某领取结婚证,违反了《中华人民共和国婚姻法》和《婚姻登记管理条例》的有关规定,其婚姻关系是无效的,故对吴某主张该房产继承权的请求不应支持"。②据此可知,人民法院的认为强调的是无合法婚姻关系的人,不是配偶,不能相互继承遗产。

(2)子女。

子女,包括婚生子女、非婚生子女、养子女和有扶养关系的继子女。但子女与他人建立收养关系后,与生父母终止子女关系,不能作生父母的继承人。在司法实务中,福建省厦门市中级人民法院在"纪某治诉纪某琴房屋继承纠纷案"中认为"上诉人纪某治自幼由他人收养,依法与生母的权利义务关系消除,不能作为法定继承人继承被继承人的遗产"。③据此可

---

① 梁慧星:《中国民法典草案建议稿附理由:侵权行为编·继承编》,法律出版社2004年版,第154页。
② 深圳市中级人民法院:"罗某等五人诉吴某房屋产权、继承纠纷案",http://china.findlaw.cn,访问日期:2019年9月26日。
③ 厦门市中级人民法院:"纪某治诉纪某琴房屋继承纠纷案",http://www.zhzfcls.com,访问日期:2019年9月26日。

知,人民法院的认为强调的是因与他人建立收养关系而与自己的生父母终止子女关系的人,不能作生父母的继承人。上海市第二中级人民法院在"上诉人王某因法定继承纠纷一案"中认为"本案中上诉人与王某某之间的收养关系成立,上诉人对王某某的遗产享有继承权。王某某和被上诉人封某的夫妻共同财产的一半应归于被上诉人封某所有,其余部分为王某某的遗产,应由上诉人和封某、王小某、骆某依照法定继承的原则进行继承"。①据此可知,人民法院的认为强调的是养子女对养父母的遗产享有继承权。

(3)父母。

父母,包括生父母、养父母,有扶养关系的继父母。在司法实务中,上海市第二中级人民法院在"上诉人邓1、蒋某某因与李某某法定继承纠纷一案"中认为"上诉人蒋某某与上诉人邓1结婚时,被继承人邓2尚未成年,一审法院认定蒋某某与邓2形成抚养关系,但根据本案实际情况,酌情确定蒋某某所取得的遗产份额,符合公平原则,与法不悖,本院予以认可"。②据此可知,人民法院的认为强调的是与被继承人形成抚养关系的继父母也是其合法的继承人。

(4)丧偶儿媳或丧偶女婿。

丧偶儿媳或丧偶女婿,仅指对公、婆或岳父、岳母尽了主要赡养义务的丧偶儿媳或丧偶女婿。《奉化日报》2019年8月21日第5版刊载《丧偶儿媳、女婿可否继承公婆、岳父母的遗产?》:毛某育有长子毛一、次子毛二。因毛一常年在外工作,毛某与毛二、毛二的妻子李某共同生活,毛二于2015年2月因病去世。毛二去世后,李某与他人再婚。因毛某身患糖尿病、高血压等多种疾病,李某仍为其支付医疗费用,在其住院期间进行照顾,雇用了保姆照料其日常生活,并时常看望。后毛某于2018年9月去世,留下房屋一套。因该套房屋的继承问题毛一和李某双方发生了争执,毛一

---

① 上海市第二中级人民法院:"上诉人王某因法定继承纠纷一案",http://www.findlaw.cn,访问日期:2019年9月26日。
② 上海市第二中级人民法院:"上诉人邓1、蒋某某因与李某某法定继承纠纷一案",http://www.shezfy.com,访问日期:2019年9月26日。

认为应由其继承毛某的全部遗产,而李某认为其也应当有相应的份额。双方争执不下,诉诸法院。该案经法院审理,判决由毛一继承毛某遗产的65%,由李某继承毛某遗产的 35%①。据此可知,丧偶儿媳对公、婆尽了扶养义务的,有权继承公、婆的遗产。

(5)兄弟姐妹。

包括同父母的兄弟姐妹、同父异母或同母异父的兄弟姐妹、养兄弟姐妹、有抚养关系的兄弟姐妹等。

(6)祖父母、外祖父母。

包括被继承人的养父母的父亲、母亲和与被继承人有扶养的继父、继母的父亲、母亲。

2. 继承顺序

按《民法典》第一千一百二十七条和第一千一百二十九条规定,法定继承的顺序分为第一顺序和第二顺序。第一顺序继承人包括:配偶、子女、父母、对公(婆)或岳父(岳母)尽了主要赡养义务的丧偶儿媳或丧偶女婿;第二顺序继承人包括:兄弟姐妹、祖父母、外祖父母。继承开始后,由第一顺序继承人继承,第二顺序继承人不继承。没有第一顺序继承人的,由第二顺序继承人继承。其中,没有第一顺序继承人继承的情形主要有:一是第一顺序的继承人全部已经死亡;二是第一顺序的继承人全部放弃继承权;三是第一顺序的继承人全部被人民法院生效的法律文书剥夺了继承权。

3. 遗产分配

法定继承间分配遗产,以等额分配为原则,以不等额分配为例外。《民法典》第一千一百三十条规定,同一顺序继承人继承遗产的份额,一般应当均等。对生活有特殊困难又缺乏劳动能力的继承人,分配遗产时,应当予以照顾。对被继承人尽了主要扶养义务或者与被继承人共同生活的继承人,分配遗产时,可以多分。有扶养能力和有扶养条件的继承人,不尽扶养义务的,

---

① 《奉化日报》:2019 年 8 月 21 日第 5 版标题《丧偶儿媳、女婿可否继承公婆、岳父母的遗产?》,http://daily.cnnb.com.cn,访问日期:2019 年 9 月 26 日。

分配遗产时，应当不分或者少分。继承人协商同意的，也可以不均等。据此可知，一般情形下，同一顺序继承人继承遗产的份额应当均等，但是，在继承人协商一致的情形下，也可以不均等。对生活困难且无劳动能力、对死者尽了主要扶养义务或与其共同生活的继承人，分配遗产时还应当多分。在司法实务中，河南省开封市中级人民法院在"郭某元因析产继承纠纷上诉案"中认为"由于代位继承人郭某元未满十八周岁，缺乏劳动能力。其家庭又是社会救济对象，可适当照顾多分遗产"。[①] 据此可知，人民法院的认为强调的是对生活困难且无劳动能力的继承人在遗产分配时应当予以多分。

夫妻共同所有的财产，除有约定的外，遗产分割时，应当先将共同所有的财产的一半分出为配偶所有，其余的为被继承人的遗产（《民法典》第一千一百五十三条规定）。

无人继承又无人受遗赠的遗产，归国家所有，用于公益事业；死者生前是集体所有制组织成员的，归所在集体所有制组织所有（《民法典》第一千一百六十条规定）。

在不动产登记实务中，登记机构办理因继承产生的不动产转移登记时，对申请人资格的审查是重中之重，通过核查户口簿的记载或亲属关系证明，查清申请人与被继承人的关系，判定其是否属于法定继承人的范围，是否属于行使继承权的顺序中的继承人，其作为继承转移登记申请人是否适格，从而确定其申请的继承转移登记可否受理。至于遗产分割协议中份额的约定，只要全部继承人或其代理人在该协议上有签名的，则表明他们对遗产分割协议内容的认可，故从其约定办理转移登记手续，不必拘泥于同一顺序继承人继承遗产的份额应当均等的规定。按《不动产登记操作规范（试行）》1.8.6.1 条之 3 规定，继承人（申请人）与被继承人之间的亲属关系证明主要有：户口簿、婚姻证明、收养证明、出生医学证明，公安机关以及被继承人或继承人单位出具的证明材料以及其他能够证明相关亲属关系的材料等。

---

① 开封市中级人民法院："郭某元因析产继承纠纷上诉案"，http://www.shzhhyjcls.com，访问日期：2019 年 9 月 26 日。

二、代位继承

《民法典》第一千一百二十八条规定，被继承人的子女先于被继承人死亡的，由被继承人的子女的直系晚辈血亲代位继承。被继承人的兄弟姐妹先于被继承人死亡的，由被继承人的兄弟姐妹的子女代位继承。代位继承人一般只能继承被代位继承人有权继承的遗产份额。据此可知，代位继承产生的条件主要有：① 先于被继承人死亡的人是被继承人的子女、兄弟姐妹。② 已经死亡的继承人对被继承人应当享有的继承权没有被依法剥夺。按《继承法司法解释》第二十八条规定，继承人丧失继承权的，其晚辈直系血亲不得代位继承。据此可知，死亡的继承人享有的继承权被依法剥夺的，其晚辈直系血亲丧失基于此产生的代位继承权。因此，已经死亡的继承人对被继承人应当享有的继承权没有被依法剥夺是代位继承产生的条件之一。③ 已经先于被继承人死亡的人须有晚辈直系血亲。④ 被继承人须有能被合法继承的遗产。如：A有两个儿子B、C，B有一个儿子D，2018年B病亡，2019年A病亡，则D作为代位继承人与C一起继承A遗留的不动产。在司法实务中，终审法院河南省开封市中级人民法院在审理"郭某元因析产继承纠纷上诉案"中认为"继承人郭某生已先于被继承人郭某喜死亡。郭某生应继承的份额依法由其女儿郭某元代位继承"。① 据此可知，人民法院的认为强调的是对代位继承人继承权的保护。

代位继承，不是代位继承人代位被代位继承人之权利而为继承，而是代位继承人以自己固有的权利，直接承继被继承人的遗产。代位继承人本为次顺序的继承人，因有先顺位继承人的存在，致不能继承。是在先顺位的继承人有死亡或丧失继承权时（台湾地区所谓"民法"第一千一百四十条规定，丧失继承权的继承人死亡后，代位继承人的代位继承权不丧失。我国法律无此规定），理应有代位继承权，以维持同一顺序应继份的公平②。

按《民法典》第一千一百二十七条和第一千一百二十九条规定，法定

---

① 开封市中级人民法院："郭某元因析产继承纠纷上诉案"，http://www.shzhhyjcls.com，访问日期：2019年9月26日。
② 王泽鉴：《民法概要》，中国政法大学出版社2003年版，第682页。

继承的顺序分为第一顺序和第二顺序,没有第一顺序继承人的,才由第二顺序继承人继承,被继承人的兄弟姐妹是第二顺序继承人。按《民法典》第一千一百五十四条第(三)项规定,遗嘱继承人先于遗嘱人死亡的,遗嘱中的遗产按法定继承办理,换言之,该遗嘱失效。据此可知,如果被继承人立遗嘱指定其兄弟姐妹继承其遗产,但其兄弟姐妹先于该继承人死亡的,该遗嘱失效,其兄弟姐妹的子女不能据此享有代位继承权。按《民法典》第一千一百二十八条规定,作为第二顺序继承人的被继承人的兄弟姐妹先于被继承人死亡时,被继承人的兄弟姐妹的子女有权代位继承被继承人的遗产。笔者据此认为,代位继承适用于法定继承情形,且被继承人的兄弟姐妹的子女代位继承,适用于被继承人没有第一顺序继承人的情形。

三、转继承

《民法典》第一千一百五十二条规定,继承开始后,继承人于遗产分割前死亡,并没有放弃继承的,该继承人应当继承的遗产转给其继承人,但是遗嘱另有安排的除外。据此可知,转继承产生的条件主要有:① 继承人在其死亡前没有作出过放弃继承权的意思表示;② 继承人死于继承开始后,遗产分割前;③ 已经死亡的继承人有法定继承人。如:A 是 B、C 的父亲,D 是 B 的妻子,E 是 B 的儿子。2019 年 7 月,A 病亡,B、C 安葬好 A 后,在回家的路上,B 因车祸而亡,D、E 作为转继承人与 C 一起继承 A 遗留的不动产。

转继承既适用于法定继承,也适用于遗嘱继承。

第三节 遗嘱继承

一、遗嘱继承的概念

《民法典》第一千一百三十三条第二款规定,自然人可以立遗嘱将个人财产指定由法定继承人中的一人或者数人继承。据此可知,遗嘱继承,是与法定继承相对的一种继承方式，是指继承人基于被继承人生前所立的合法有效的遗嘱取得继承权的情形。遗嘱继承的继承人由被继承人通过遗嘱在其法定继承人中指定，继承人享有继承权的顺序、继承遗产的份额等均由被继承人在遗嘱中确定。

遗嘱继承的产生须同时具备三个条件：① 被继承人已死亡；② 被继承人所立遗嘱合法、有效；③ 遗嘱中指定的继承人须是法定继承人。如果遗嘱中指定的继承人是法定继承人之外的人，该"继承关系"应当视为遗赠。

遗嘱是自然人按照法律的规定处分自己的财产，安排与此有关的事务，并于死亡后发生效力的单方法律行为[①]。按《民法典》第一千一百三十四条至第一千一百三十九条规定，遗嘱形式有自书遗嘱、代书遗嘱、打印遗嘱、录音录像遗嘱、口头遗嘱和公证遗嘱。在不动产登记实务中，按《不动产登记操作规范（试行）》1.8.2.2 条规定，不动产登记申请材料的形式应当为纸质介质。据此可知，用作不动产登记申请材料的遗嘱应当是公证遗嘱、自书遗嘱、代书遗嘱和打印遗嘱。

二、遗嘱的形式

1. 公证遗嘱

《民法典》第一千一百三十九条规定，公证遗嘱由遗嘱人经公证机构办理。据此可知，公证遗嘱，是指公证机构根据立遗嘱人的亲自申请，严格遵循公证程序，对遗嘱内容的真实性和合法性审查、认可后办理的遗嘱。公证遗嘱由遗嘱和公证书两部分组成。

2. 自书遗嘱

《民法典》第一千一百三十四条规定，自书遗嘱由遗嘱人亲笔书写，签名，注明年、月、日。据此可知，自书遗嘱必须由遗嘱人亲笔书写遗嘱的全部内容。自书遗嘱既不能由他人代笔也不能用打印或印刷方式，只能由

[①] 梁慧星：《中国民法典草案建议稿附理由：侵权行为编·继承编》，法律出版社2004年版，第176页。

遗嘱人自己用笔将其意思记录下来①。否则，遗嘱无效。在司法实务中，上海市第一中级人民法院在"上诉人王某1、王某2及被上诉人王某3因法定继承纠纷一案"中认为"王某3二审中提交的所谓王某4的自书遗嘱，经笔迹鉴定，并非王某4本人所写，该自书遗嘱无效，系争房屋应按法定继承办理。"②据此可知，人民法院的认为强调的是自书遗嘱必须由立遗嘱人亲自书写。

3. 代书遗嘱

《民法典》第一千一百三十五条规定，代书遗嘱应当有两个以上见证人在场见证，由其中一人代书，并由遗嘱人、代书人和其他见证人签名，注明年、月、日。该法第一千一百四十条规定："下列人员不能作为遗嘱见证人：（一）无民事行为能力人、限制民事行为能力人以及其他不具有见证能力的人；（二）继承人、受遗赠人；（三）与继承人、受遗赠人有利害关系的人。"据此可知，立遗嘱时，须有两个以上的见证人在场见证，由其中的一个见证人代为书写遗嘱，且代书人、见证人、遗嘱人应当在立遗嘱完毕时同时签名。代书遗嘱的见证人须是具有完全民事行为能力人且与遗嘱中指定的继承人无利害关系的继承人以外的人。在司法实务中，云南省昆明市中级人民法院在"上诉人徐某兰因与被上诉人姚某梅继承纠纷一案"中认为"《中华人民共和国继承法》第十七条第三款规定，'代书遗嘱应当有两个以上见证人在场见证，由其中一人代书，注明年、月、日，并由代书人、其他见证人和遗嘱人签名。'（《民法典》第一千一百三十五条规定，代书遗嘱应当有两个以上见证人在场见证，由其中一人代书，并由遗嘱人、代书人和其他见证人签名，注明年、月、日。）而本案中涉及的《会议纪要》系以召开会议的形式形成，相关见证人的签名系在几年之后补签，遗嘱人亦未在纪要上签字，加盖

---

① 梁慧星：《中国民法典草案建议稿附理由：侵权行为编·继承编》，法律出版社2004年版，第189页。

② 上海市第一中级人民法院："上诉人王某1、王某2及被上诉人王某3因法定继承纠纷一案"，https://www.qichacha.com，访问日期：2019年9月24日。

的印章也无法核实,故该份《会议纪要》不符合代书遗嘱的法定形式要件,不能作为确定遗产分割的依据"。① 据此可知,人民法院的认为强调的是代书遗嘱必须按照法定的要求制作,否则,产生诉讼时,人民法院不支持不符合法定要求的代书遗嘱。概言之,不按《民法典》第一千一百三十五条规定制作的代书遗嘱无效。

4. 打印遗嘱

《民法典》第一千一百三十六条规定,打印遗嘱应当有两个以上见证人在场见证。遗嘱人和见证人应当在遗嘱每一页签名,注明年、月、日。该法第一千一百四十条规定:"下列人员不能作为遗嘱见证人:(一)无民事行为能力人、限制民事行为能力人以及其他不具有见证能力的人;(二)继承人、受遗赠人;(三)与继承人、受遗赠人有利害关系的人。"据此可知,须有两个以上的见证人在场的情形下,才可以打印遗嘱,且打印出来的遗嘱的每一页上面,须同时具备遗嘱人和见证人的签名及其各自注明的年、月、日。遗嘱打印时,应当认真校核,避免打印错误,确保遗嘱的打印质量。打印遗嘱的见证人须是具有完全民事行为能力人且与遗嘱中指定的继承人无利害关系的继承人以外的人。

在因继承产生的不动产物权转移登记中,公证遗嘱的真实性毋庸置疑,但登记机构对自书遗嘱、代书遗嘱和打印遗嘱的真实性的判定比较困难、复杂。笔者认为,遗嘱是民事权利主体根据其意思表示作出的单方民事行为,登记机构对其真实性的判定履行的是力所能及的注意义务。如:注意同一份自书遗嘱中字体墨迹的新旧程度是否一致,内容有无改动痕迹等。此外,按《不动产登记操作规范(试行)》1.8.6.5 条规定,登记机构应当启动公示程序,将继承种类、继承转移登记的内容在登记机构的门户网站或当地公开发行的报刊上予以公示,在一定的期间内向社会公众征询异议,逾期无异议的,才可以记载于登记簿上。此处的公示,是对自书遗嘱、代书遗嘱和打印遗嘱真实性的辅助审查手段。

---

① 昆明市中级人民法院:"上诉人徐某兰因与被上诉人姚某梅继承纠纷一案",http://www.law-lib.com,访问日期:2019 年 9 月 24 日。

第八章 继　承

第四节　遗赠和遗赠扶养协议

一、遗　赠

《民法典》第一千一百三十三条第三款规定，自然人可以立遗嘱将个人财产赠与国家、集体或者法定继承人以外的组织、个人。据此可知，遗赠也是自然人生前通过遗嘱形式处分自己的财产，在自己死后生效的单方法律行为，受遗赠人可以是自然人、法人或非法人组织。遗赠与继承最大的不同是：基于继承取得遗产的必须是法定继承人，基于遗赠取得遗产的必须是法定继承人之外的人。在司法实务中，安徽省合肥市中级人民法院在"上诉人康某甲因与被上诉人刘某、原审被告康某乙遗赠纠纷一案"中认为"根据当事人上诉及答辩意见，本案二审争议焦点为刘某与康某生前的关系是否影响案涉遗赠行为的效力。遗赠一般是指被继承人通过遗嘱的方式，将其遗产的一部分或全部赠予国家、社会或者法定继承人以外的人的一种民事法律行为。遗赠属于单方民事法律行为，其生效要件包括：立遗嘱人在立遗嘱时，须有完全行为能力，且遗嘱的意思表示真实、自愿、合法，遗嘱人须对财产享有处分权，遗嘱应当对缺乏劳动能力又没有生活来源的继承人保留必要的遗产份额。本案中，康某生前所立遗嘱内容中对其所有的两套房屋进行了处分，在其死后赠与刘某，该遗嘱真实、有效，亦为康某本人所书写。且康某并无缺乏劳动能力又没有生活来源的继承人。现康某身故，该遗赠自然发生法律效力"。[①] 据此可知，人民法院的认为强调的是遗赠一般是以遗嘱的方式来体现，遗赠是被继承人将其财产的一部分或全部赠与法定继承人以外的人。遗赠是赠与人死后生效的行为，遗赠不得损害缺乏劳动能力又没有生活来源的继承人的利益。

《民法典》第一千一百二十四条第二款规定，受遗赠人应当在知道受遗赠后六十日内，作出接受或者放弃受遗赠的表示；到期没有表示的，视为放弃受遗赠。据此可知，受遗赠人可以不接受遗赠，即受遗赠人可以放弃

---

① 合肥市中级人民法院："上诉人康某甲因与被上诉人刘某、原审被告康某乙遗赠纠纷一案"，https://www.tianyancha.com，访问日期：2019年9月24日。

受遗赠。

在不动产登记实务中，遗赠遗嘱须与遗赠人的死亡证明组合后，遗赠遗嘱才有效。按《不动产登记暂行条例》第十四条第二款第（二）项规定，因遗赠产生的转移登记由受遗赠人单方申请。

二、遗赠扶养协议

《民法典》第一千一百五十八条规定，自然人可以与继承人以外的组织或者个人签订遗赠扶养协议。按照协议，该组织或者个人承担该自然人生养死葬的义务，享有受遗赠的权利。据此可知，遗赠扶养协议是指遗赠人与扶养人之间订立的关于扶养人承担遗赠人生养死葬义务，遗赠人的财产在其死后转归扶养人所有的协议[①]。与遗赠相比较，遗赠扶养协议最大的特点是受遗赠人只有承担了对遗赠人生养死葬的义务后，才能取得其遗产的权利，即遗赠扶养协议才能最后生效。登记机构在办理因遗赠扶养协议产生的转移登记时，与办理因遗赠产生转移登记程序一致。

[①] 彭万林：《民法学》，中国政法大学出版社2002年版，第682～683页。

第九章 善意取得制度

一、善意取得制度简述

善意取得，是指财产占有人无权处分其占有的财产，如果他将该财产转让给第三人，受让人取得该财产时出于善意，则受让人将依法即时取得对该财产的所有权或其他物权。这里的财产包括了动产和不动产。在司法实务中，按《最高人民法院关于审理房屋登记案件若干问题的规定》（法释〔2010〕15号）第十一条第三款规定，被诉房屋登记行为违法，但房屋已为第三人善意取得的，判决确认被诉行为违法，不撤销登记行为。据此可知，诉讼中，善意取得的房屋受人民法院的保护。

《民法典》第三百一十一条规定："无处分权人将不动产或者动产转让给受让人的，所有权人有权追回；除法律另有规定外，符合下列情形的，受让人取得该不动产或者动产的所有权：（一）受让人受让该不动产或者动产时是善意；（二）以合理的价格转让；（三）转让的不动产或者动产依照法律规定应当登记的已经登记，不需要登记的已经交付给受让人。受让人依据前款规定取得不动产或者动产的所有权的，原所有权人有权向无处分权人请求损害赔偿。当事人善意取得其他物权的，参照适用前两款规定。"据此可知，不动产善意取得应当具备的条件主要有：① 权利取得人不知道或不应当知道处分人对处分物无处分权；② 权利取得人为取得处分物所支付的价值与市场价值相当；③ 权利取得人与处分人的成交须是平等协商，无胁迫、欺诈；④ 作为标的的不动产物权已经登记在权利取得人名下。笔者认为，善意仅对权利取得人而言，对处分人则无须探究他是善意还是恶意。

善意取得制度是物权法中的一项重要的法律制度，该制度的建立主要是为了维护正常的物权变动秩序，保护物权变动的安全。

二、不动产登记实务中善意取得产生的几种情形

根据笔者的工作经历和研习体会，因处分不动产物权产生的登记中导致善意取得的前置条件是无权处分人能够向对方当事人（权利取得人）提供现场查看不动产的条件和相关证件，主要有以下几种情形：

（1）有矛盾的夫妻中的一方，利用提取不动产权属证书、身份证明、结婚证等证书、证件方便的机会，在对方当事人（权利取得人）不知情的情形下，引领对方当事人（权利取得人）现场查看不动产后处分（转让、抵押等）该不动产，并伪造了夫或妻的授权委托手续协助对方当事人（权利取得人）办理了转移登记、抵押权登记等处分不动产产生的登记，对方当事人（权利取得人）成为善意取得者。如：夫张 A 与妻王 B 争吵后，张 A 趁王 B 不在家之机，带领银行的信贷员和评估公司的估价师现场查勘了其与王 B 共同承包经营的果场，尔后，张 A 持自己与王 B 的身份证、结婚证，伪造了王 B 委托他代为抵押土地承包经营权及地上林木所有权并办理抵押权登记的公证书，与银行签订了 100 万元的抵押贷款合同，债务履行期间 1 年，并与银行的业务员一起申请并完成了抵押权登记手续。张 A 领取了贷款后失去联系。1 年半后，银行收取贷款无果，申请实现抵押权时王 B 才知情，此情形下，银行是抵押权的善意取得人。

（2）不法之徒交付租房定金后领取了出租房屋的钥匙，同时以向登记机构核实出租房业主是否属实，或称拟订租房合同填写房屋情况之用骗取不动产权属证书，或以复印不动产权属证书为名用伪造的假不动产权属证书（假不动产权属证书记载的信息来源于租房广告或其他途径）偷换真不动产权属证书，事后迅速采用高科技手段伪造身份证件及相关手续，在引领权利取得人现场查看房屋后将出租房屋转让，并与权利取得人一起申请并完成了转移登记手续，此情形下，受让人为房屋所有权的善意取得人。

（3）司法确认和不动产登记的衔接脱节。如：A、B夫妻共有的一套房屋登记在B名下。A于2017年经人民法院判决与B离婚，原夫妻共有的住房判决归A所有，A念及夫妻旧情，在B交付不动产权属证书后，同意B继续使用该房，后A再婚搬出，亦没有到登记机构办理离婚产生的转移登记手续。B向登记机构申请办理不动产权属证书遗失补办手续，登记机构按程序为B补办了不动产权属证书。尔后，B将房屋卖给了不知情的C，B持再婚的结婚证（证明房屋是其婚前取得的单独所有的财产）、不动产权属证书等材料和C一起到登记机构按程序办理了转移登记手续，此情形下，C成为该房屋的善意取得人。

（4）登记机构的工作失误所致。在登记工作中，一个小区几百套甚至上千套的房屋转移登记要在规定的时限内完成，确实是件艰苦的事，忙中出错也就在所难免，主要情形是登记机构将同户型但不同楼层的业主或同户型但不同单元的业主张冠李戴，即登记簿和不动产权属证书载明的房屋与业主实际占有、使用的房屋不一致。有的业主，在没有拿到不动产权属证书时，由于工作调动离开了房屋所在地，拿到不动产权属证书后又急忙转让，办理转移登记手续后，受让人成为善意取得人。

三、登记机构应当注意的事项

善意取得不动产物权的人，只要在办理不动产转让或抵押权手续时不知道对方是无权处分不动产的人或是被限制处分不动产的人，且是按市场价值购得不动产或按规定的比例发放贷款，办理了转移登记或抵押权登记手续，其利益就会受到法律上的善意取得制度的保护，利益受损人奈何不了他，在向处分人主张权利受阻或有困难时，往往会把矛头对准登记机构，以"审查不严"或"程序不合法"为由提起行政诉讼，并要求赔偿。为此，笔者认为，登记机构在办理不动产转移登记或抵押权登记时应当注意以下两点：

1. 认真审查申请人申请转移登记、抵押权登记的不动产物权的真实性、合法性

在不动产登记实务中，按《不动产登记暂行条例实施细则》第三十八条、第四十六条、第五十八条、第六十二条、第六十六条和第七十一条规定，当事人申请不动产转移登记、抵押权登记时，权利人应当向登记机构提交不动产权属证书、不动产登记证明等申请材料。按《不动产登记操作规范（试行）》4.8.2条之5规定，申请登记的事项与不动产登记簿的记载相冲突的，登记机构应当作不予登记处理。据此可知，登记机构办理不动产物权转移登记和抵押权登记时，对不动产物权的真实性、合法性进行审查是重中之重，是是否核准转移登记或抵押权登记的前提。笔者认为，对不动产物权真实性、合法性的审查离不开计算机系统的支持，在计算机系统的支持下，对不动产物权的审查应注意三个方面：一是鉴定不动产权属证书、不动产登记证明的真伪。主要是通过查验不动产权属证书、不动产登记证明上的防伪标志、标识进行确认，此外，还须核对登记簿或登记档案资料上记载的证书号与权利证书上的是否一致，证书上记载的不动产物权状况与登记簿或登记档案材料上的记载是否吻合。二是鉴定不动产权属证书、不动产登记证明的效力。主要是辨识不动产权属证书、不动产登记证明是否是权利人已经声明遗失的证书，登记簿上有无证书补发情况记载；在申请人提交登记簿制度建立前颁发的权属证书的情形下，还须查明是否是登记机构已经完成注销登记并公告作废的证书。三是要查明不动产物权处分是否受限。主要是查清不动产物权上有没有共有权人，有几个；有没有查封登记，查封期限是否届满或是否解除查封；是否有预告登记等。

2. 严格按程序办理不动产登记

登记机构将转移登记和抵押权登记记载于登记簿上是一种行政行为，依程序行政是依法行政的重要内涵，程序合法是行政行为合法、有效的决定性因素之一。为此，笔者认为，办理不动产物权转移登记和抵押权登记时，应当注意的程序问题有三：一是核对当事人的身份。按《不动产登记暂行条例》第十四条规定，因合同、协议产生的转移登记和抵押权登记应当由当事人双方共同申请。其中的当事人，是指转让方和受让方或抵押人和抵押权人。在不动产登记实务中，《不动产登记暂行条例实施细则》第九条规定，申请不动产登记的，申请人应当填写登记申请书，并提交身份证明以及相关申请材料。据此可知，不动产物权转移登记或抵押权登记，必须由转让方、受让方或抵押人、抵押权人持身份证明共同向登记机构申请，登记人员在对照当事人的身份证原件核对其身份后，收取经当事人签字确认的身份证复印件留存备查。按《不动产登记暂行条例实施细则》第十三条规定，若当事人是委托他人前来办理的，受托人必须提交书面委托书。如果自然人作为处分人出具的委托书，委托书应当是在登记机构办理的或经过公证的。境外当事人委托他人办理处分不动产产生的登记的，其授权委托书应当按照国家有关规定办理认证或者公证。二是认真核对申请不动产物权转移登记、抵押权登记的资料是否齐全。在不动产登记实务中，按《不动产登记暂行条例实施细则》第三十八条、第四十六条、第五十八条、第六十二条、第六十六条和第七十一条规定，明确了登记机构办理不动产物权转移登记、抵押权登记时应当收取的登记申请材料，连同经当事人签字认定的身份证复印件要一件不漏地全部收取，特别要注意因转让、赠与、作价入股等转让原因产生的转移登记时，一定要收取纳税凭证。将收取的资料悉数登记在收件收据上，一式两份，一份给受让人或抵押权人作为领取不动产权属证书、不动产登记证明的凭证，一份存档备查。三是注意各种登记类型的办结时限，不能超时限办理。

四、公告程序的启用

公告作为不动产登记的辅助审查手段，对查清申请登记的不动产物权或相关事项的真实性，提高不动产登记的准确性具有重要作用。但是，《不动产登记暂行条例实施细则》第十七条规定了登记机构适用公告的情形和公告的期限。在登记机构对申请人申请的转移登记或抵押权登记有疑问而不能解除，又不满足《不动产登记暂行条例实施细则》第十七条规定的登记机构适用公告的情形时，登记机构可否启用公告辅助查清申请登记的不动产物权或相关事项的真实性呢？

笔者认为是可以的。理由：《民法典》第二百一十二条规定"登记机构应当履行下列职责：（一）查验申请人提供的权属证明和其他必要材料；（二）就有关登记事项询问申请人；（三）如实、及时登记有关事项；（四）法律、行政法规规定的其他职责。申请登记的不动产的有关情况需要进一步证明的，登记机构可以要求申请人补充材料，必要时可以实地查看。"《不动产登记暂行条例》第十八条规定"不动产登记机构受理不动产登记申请的，应当按照下列要求进行查验：（一）不动产界址、空间界限、面积等材料与申请登记的不动产状况是否一致；（二）有关证明材料、文件与申请登记的内容是否一致；（三）登记申请是否违反法律、行政法规规定。"概言之，登记机构对申请人提交的登记申请材料的合法性、真实性和有效性有审查之责，审查的方式或手段有核对登记申请材料、询问申请人、查看不动产现场等。笔者据此认为，公告也属于登记机构履行审查登记申请材料的合法性、真实性和有效性之责的审查方式或审查手段之一。申言之，在《不动产登记暂行条例实施细则》第十七条规定的登记机构适用公告的情形之外，登记机构启动公告，符合法律和行政法规的规定，与"法无授权不可为"的行政法原则并不相悖。

因此，登记机构对申请人申请的转移登记或抵押权登记有疑问而不能解除时，可以启用公告辅助查清申请登记的不动产物权或相关事项的真相，确保登记质量。但此公告系由登记机构自行启动的，公告期间应当计入登记办结时限。

综上所述，只要对善意取得制度有了正确的认识、了解，严格依法、依程序办理不动产登记，即使在不动产转移登记或抵押权登记中出现了善意取得事件，登记机构尽到了合理审慎（力所能及）的审查职责，产生行政复议或行政诉讼时，登记即使被行政复议机关或人民法院确认违法（错误）或被撤销，也可能免责或减轻责任。

第十章 公证制度

一、公证的概念

《公证法》第二条规定，公证是公证机构根据自然人、法人或者其他组织的申请，依照法定程序对民事行为、有法律意义的事实和文书的真实性、合法性予以证明的活动。

1. 公证中的民事行为

公证中的民事行为，是指依法成立并生效的民事行为。公证中，与不动产物权登记相关的民事行为主要有：不动产转让、抵押、交换、分割合同或协议，不动产赠与、遗赠，与办理不动产登记相关的委托书或委托合同、声明、承诺、遗嘱等。如：无民事行为能力人或限制民事行为能力人与他人订立的房地产转让、赠与、抵押合同，或出具的委托书、声明等属无效或效力待定的民事行为，公证机构不得公证或不得直接予以公证。

2. 公证中有法律意义的事实

公证中有法律意义的事实，是指能引起民事法律关系发生、变更、转移和消灭的客观现象。与不动产登记相关的法律事实主要有：婚姻状况、亲属关系、收养关系、出生、生存、死亡、身份等。如：限制民事行为能力人为了其利益，与他人签订房产转让合同或抵押协议，由于此类合同或协议需要监护人的追认方为有效，才能作为转移登记或抵押权登记的要件。此情形下，监护人的资格就是一种有法律意义的事实。在申请因转让房屋产生的转移登记，或申请抵押房屋产生的抵押权登记时，须由限制民事行为能力人的监护人代为申请，监护人的资格又决定代为申请的转移登记或抵押权登记可否启动，从而决定代为申请的转移登记或抵押权登记能否被记载在登记簿上，受让人的房屋权利或抵押权人的抵押权可否设立。

3. 公证中有法律意义的文书

公证中有法律意义的文书，主要指有特定法律意义的证明、文件、资料等。如：香港、澳门的企业组织申请不动产登记时提交的作为身份证明的商业登记证复印件［可以由内地公证机构办理公证，也可以由国家司法部委托的港澳律师办理公证，但其出具的公证书须加盖"中国法律服务（香港）有限公司"转递章］。

公证机构依法开展公证活动，有三个方面的含义：

（1）公证机构办理公证，必须以自然人、法人或者非法人组织的申请为前提。

一般情形下，民事主体对其民事行为、有法律意义的事实和文书是否需要公证，完全取决于民事主体的自愿，公证机构或其他组织不能强迫民事主体违背其自愿进行公证，更不得在民事主体未申请的前提下为其办理公证并出具公证书。因此，登记机构办理继承、民间借贷等产生的转移登记、抵押权登记时，不得强制要求申请人提交经过公证的登记申请材料。

（2）公证的办理和公证书的制作、出具主体法定。

由什么机构、什么人、以什么方式对民事主体的民事行为、有法律意义的事实和文书的真实性、合法性进行证明并出具公证书，法律有专门的规定。

《公证法》第二条规定，公证是公证机构根据自然人、法人或者其他组织的申请，依照法定程序对民事行为、有法律意义的事实和文书的真实性、合法性予以证明的活动。该法第六条规定，公证机构是依法设立，不以营利为目的，依法独立行使公证职能、承担民事责任的证明机构。该法第十六条规定，公证员是符合本法规定的条件，在公证机构从事公证业务的执业人员。该法第三十二条规定，公证书应当按照国务院司法行政部门规定的格式制作，由公证员签名或者加盖名章并加盖公证机构印章。公证书自出具之日起生效。在公证实务中，《公证程序规则》第四十二条第一款、第二款规定："公证书应当按照司法部规定的格式制作。公证书包括以下主要内容：（一）公证书的编号；（二）当事人及其代理人的基本情况；（三）公证证词；（四）承办公证员的签名（签章）；（五）出具日期。公证证词证明是公证书的组成部分。"据此可知，公证机构和公证员是法律规定的办理公证和制作、出具公证书的主体，即代表国家开展证明活动，依法行使国家证明权并出具公证书的只能是依法设立的公证机构和依法执业的公证员，除此之外的机构和人员无权办理公证和制作、出具公证书。公证机构出具的公证书应当符合《公证程序规则》规定的格式和载明相关内容，以达到证明民事行为、有法律意义的事实和文书的真实性、合法性的目的。在不动产登记实务中，作为从事诉讼和非诉讼法律服务的民事主体的律师事务所、基层法律服务所，它们制作的见证书相似于同为民事主体的自然人出具的书面证言，是以民事主体自身的信誉为见证书上载明的内容的合法性、真实性、有效性作保证。而法定的公证机构出具的公证书是以国家的信誉为公证书上载明的内容的合法性、真实性、有效性作保证，具有高于见证书的效力。因此，律师事务所、基层法律服务所等非公证机构出具的对民事行为、有法律意义的事实和文书的真实性、合法性予以证明的见证书等非公证书，登记机构不宜用作办理不动产登记的证据材料。

（3）公证书载明的公证事项必须真实、合法。

按《公证法》第二十八条第（四）项规定，审查申请公证的事项是否真实、合法是公证机构的法定义务。据此可知，当事人申请的公证事项，即当事人申请公证的民事行为、有法律意义的事实和文书直接关系到民事法律关系的设立、变更、转移、消灭，其真实与否，合法与否，直接关系到设立、变更、转移、消灭的民事权利、义务是否有效。申言之，在不动产登记实务中，当事人申请公证的事项是否真实、合法，直接关系到登记簿上记载的不动产物权及相关事项是否有效。因此，公证事项的真实性和合法性是公证书的灵魂。

二、公证的作用

如前所述,公证是由法定的公证机构和公证人员,依照法定的程序开展证明活动并制作、出具证明文件的行为,其作用主要有:

1. 预防纠纷,保障当事人的合法权益

民事行为、有法律意义的事实和文书,经过公证,以公证书的形式将其真实性、合法性固定下来,拘束相关当事人正视现实,正确行使权利和积极履行义务,从而预防纠纷,保障相关当事人的合法权益。如:A 将坐落于地铁站旁边的某花园小区的房屋转让给 B,订立了房地产转让合同,在约定的办理转移登记手续的日期前,房地产价格大幅度上涨,A 欲反悔,以合同显失公平为由,请求 B 解除合同。如果该房地产转让合同经过公证,则其真实性、合法性、公平性会得到公证书的支持,A 提出的解除合同的"理由"不成立,同时,拘束 A 积极履行包括协助 B 办理房屋所有权及房屋分摊的国有建设用地使用权转移登记的合同义务,使 B 的合法利益得到充分保护,消除不必要的麻烦。

2. 作为法律行为生效的条件

根据法律的规定或民事法律行为当事人间的约定,该行为必须在办理公证后,才能成立并生效,否则,不成立,不生效。此情形下,公证成为法律行为生效的条件。如:甲、乙就海域使用权及海域内的构筑物所有权抵押签订抵押合同,约定该抵押合同须经公证后才生效,此时,公证成为此抵押合同生效的前提,否则,该抵押合同不生效,对甲、乙双方无拘束力。在不动产登记实务中,登记机构应当注意用作办理不动产登记证据材料的合同或协议有无约定的生效条件,如果约定以公证为生效条件的,必须收取经过公证的合同或协议,不得以合同或协议是当事人亲自制作、当场提交为由收取未经过公证的合同或协议作为办理不动产登记的证据材料。

曾经的《城市房屋拆迁管理条例》第十四条规定,房屋拆迁管理部门代管的房屋需要拆迁的,拆迁补偿安置协议必须经公证机关公证,并

第十章 公证制度

办理证据保全。据此可知,在该条例有效期内,登记机构办理代管房屋的拆迁还房所有权登记时,用作登记权源证据材料的拆迁补偿安置协议必须是经过公证的。据笔者查考,除此之外,法律、行政法规没有再对与不动产登记相关的事项应当公证作出规定。但国外的立法中有明确规定,如《德国民法典》第311b条之(1)规定,使一方有义务转让或取得土地所有权的合同,必须做成公证书[①]。笔者以为,国外的这些经验值得借鉴,由公证机构和公证员参与不动产登记的相关登记申请材料的合法性、真实性、有效性的审查,分担登记部门的责任和风险,对预防纠纷、提高登记质量具有积极的作用,希望未来的立法对此予以关注。

3. 用作认定事实的根据

《公证法》第三十六条规定,经公证的民事法律行为、有法律意义的事实和文书,应当作为认定事实的根据,但有相反证据足以推翻该项公证的除外。据此可知,一般情形下,公证书载明的事项,在公证过程中,公证机构和公证员对其真实性、合法性进行了全面的审查,并予以了认可,因此,公证书的采用人无须再对公证事项的真实性、合法性进行调查、确认。如:因土地承包经营权及地上林木所有权继承产生的转移登记中,若申请人提交了继承权公证书,登记机构直接凭继承权公证书载明的继承人、继承份额等办理转移登记手续即可,无须对继承人有无缺漏、继承份额是否客观、真实进行审查。

在司法实务中,按《民事诉讼证据规则》第九条规定,当事人无须对被有效公证文书所证明的事实承担举证责任。按该规则第七十七条第(二)项规定,经过公证的书证,证明力大于未经过公证的书证、视听资料和证人证言。据此可知,在发生不动产物权争议的民事诉讼时,公证书的优势证据地位更加突出,即相对于非经公证的证据材料,公证书具有优先效力。

---

① 陈卫佐:《德国民法典》,法律出版社2006年版,第110~111页。

在不动产登记实务中，就申请登记的事项，申请人提交的权源证据材料中有经过公证的权源证据材料和未经过公证的权源证据材料的情形下，一般情形下，登记机构应当收取经过公证的；如果有多份经过公证的权源证据材料的情形下，应当收取最后一份。

4. 具有强制执行的效力

《公证法》第三十七条第一款规定，对经公证的以给付为内容并载明债务人愿意接受强制执行承诺的债权文书，债务人不履行或者履行不适当的，债权人有权依法向有管辖权的人民法院申请执行。《民事诉讼法》第二百三十八条第一款规定，对公证机关依法赋予强制执行效力的债权文书，一方当事人不履行的，对方当事人可以向有管辖权的人民法院申请执行，受申请的人民法院应当执行。据此可知，公证书具有赋予债权文书强制执行力的功用。如：不动产抵押权登记中，登记机构用作办理抵押权登记证据材料的贷（借）款合同，有很多是经过公证并载明了债务人愿意接受强制执行承诺的条款。债务履行期间届满后，一旦债务人不履行或不充分履行还本付息义务时，债权人（抵押权人）无须经过诉讼，可以直接向人民法院申请执行，要求债务人为还本付息的给付。在执行中，人民法院可以裁定将房屋抵债或裁定拍卖、变卖，登记机构凭抵债裁定书或拍卖成交裁定书、变卖成交裁定书为权利取得人办理不动产转移登记。此举可以减少债权人主张债权的程序，节约成本，快速高效地了结债权债务。

三、公证书的办理和生效

前已述及，公证书的出具，以自然人、法人或非法人组织的申请为前置条件，即应当由自然人、法人或非法人组织就明确、具体的事项向公证机构提出公证申请，并提交支撑申请公证的事项真实、合法的证明材料及其他相关材料，公证机构和公证员对申请人提交的材料进行审

第十章 公 证 制 度

查,对相关情况进行调查,经过综合的审查、判定后才向当事人出具公证书。

《公证法》第二十五条规定:"自然人、法人或者其他组织申请办理公证,可以向住所地、经常居住地、行为地或者事实发生地的公证机构提出。申请办理涉及不动产的公证,应当向不动产所在地的公证机构提出,申请办理涉及不动产的委托、声明、赠与、遗嘱的公证,可以适用前款规定。"据此可知,公证的办理,有地域限制。对涉及不动产的委托、声明、赠与、遗嘱四种事项的公证,可以在申请人的住所地、经常居住地、行为地或事实发生地办理公证,但涉及不动产的转让、交易、继承、分割、合并、抵押等则应当在不动产所在地的公证机构办理。那么,不动产所在地之外的公证机构办理并出具的涉及不动产的转让、交易、继承、分割、合并、抵押等的公证书是否有效呢?笔者认为,《公证法》第二十五条关于"申请办理涉及不动产的公证,应当向不动产所在地的公证机构提出"的规定,是对公证申请人申请公证和公证机构办理公证的地域约束,属于管理性的规定,不是关于公证文书效力性的规定。在司法实务中,最高人民法院在"某音像著作权集体管理协会与某童话音乐空间钱柜店著作权权属、侵权纠纷案"中认为"即使存在公证机构超出执业区域范围公证的问题,根据公证法的相关规定,相关司法行政机关可能对公证机构进行相应处理,但并不意味着公证书无效"。[①] 据此可知,人民法院的认为强调的是公证机构超出执业区域范围办理的公证书也是有效的,公证机构对其超出执业区域范围办理公证的行为承担行政上的责任。因此,在不动产登记实务中,不管是当地公证机构出具的公证书,还是异地公证机构出具的公证书,都可以作为登记机构办理不动产登记时的证据材料。

按《公证法》第三十二条第一款规定,公证书自出具之日起生效。据此可知,在不动产登记实务中,当事人或其代理人提交的真实的公证

---

① 最高人民法院:"某音像著作权集体管理协会与某童话音乐空间钱柜店著作权权属、侵权纠纷案",http://www.sohu.com,访问日期:2019年9月30日。

书都可以作为登记机构办理不动产登记的证据材料采用，无须要求当事人或其代理人另行提交公证书已生效的证明。

四、公证争议的解决

《公证法》第三十九条规定，当事人、公证事项的利害关系人认为公证书有错误的，可以向出具该公证书的公证机构提出复查。公证书的内容违法或者与事实不符的，公证机构应当撤销该公证书并予以公告，该公证书自始无效；公证书有其他错误的，公证机构应当予以更正。在司法实务中，《最高人民法院关于审理涉及公证活动相关民事案件的若干规定》第二条规定，当事人、公证事项的利害关系人起诉请求变更、撤销公证书或者确认公证书无效的，人民法院不予受理，告知其依照公证法第三十九条规定可以向出具公证书的公证机构提出复查。据此可知，当事人、公证事项的利害关系人对公证书有异议的，只可以向办理公证书的公证机构请求复查，公证机构根据复查情况对其办理的公证书予以撤销、更正。公证机构经复查撤销公证书的，该公证书自始无效。变更公证书的，变更后的公证书自出具时起生效。当事人、公证事项的利害关系人即使向人民法院起诉请求判决撤销、更正公证书的，也不会得到人民法院的支持。至于公证机构的主管机关司法行政主管机关可否撤销公证书或确认公证书无效，法律、行政法规没有作规定，基于"法无授权不可为"的行政法基本原则，司法行政主管机关也无权撤销公证书。

五、公证的法律责任

作为民事证明行为，公证的法律责任分为公证当事人的法律责任和公证机构的法律责任。

1. 当事人的法律责任

按《公证法》第四十四条规定，当事人提供虚假材料，骗取公证书，利用虚假公证书从事欺诈活动，伪造、变造或者买卖伪造、变造公证书、公证机构印章的，由其承担与此相关的所有民事责任。据此可知，当事人骗取公证书或伪造、变造公证书并因使用该公证书损害国家利益、社会公共利益、他人利益的，由其承担全部民事责任。

2. 公证机构的法律责任

按《公证法》第四十三条第一款规定，公证机构及其公证员因过错给当事人、公证事项的利害关系人造成损失的，公证机构承担相应的赔偿责任。据此可知，公证机构承担赔偿责任须同时具备两个条件：一是因公证机构及公证员的过错或没有切实履行审查义务，导致公证事项的合法性、真实性不成立；二是不合法、不真实的公证事项与当事人所受的损失有直接的因果关系。

《民法典》第二百二十条第一款规定，权利人、利害关系人认为不动产登记簿记载的事项错误的，可以申请更正登记。不动产登记簿记载的权利人书面同意更正或者有证据证明登记确有错误的，登记机构应当予以更正。据此可知，登记簿上记载的事项有错误时，适用更正登记予以纠正。在不动产登记实务中，登记机构采用了申请人提供的其骗取、伪造、变造的公证书，或者公证机构出具的公证事项的合法性、真实性不成立的公证书作为办理不动产登记的证据材料，据此将申请登记的事项记载于登记簿上并颁发了不动产权属证书、不动产登记证明的，在该被骗取的公证书或公证机构出具的公证事项的合法性、真实性不成立的公证书被撤销，伪造、变造的公证书被有效的证据揭露的，表明登记机构因收取骗取、伪造、变造的公证书，或收取公证机构出具的公证事项的合法性、真实性不成立的公证书，导致登记程序错误，进而导致登记簿上的记载错误，当事人应当持撤销公证书的证明或揭露伪造、变造公证书的证明等材料向登记机构申请更正登记。登记机构也可以按《不动产登记暂行条例实施细则》第八十一条规定，启动依职权更正登记，纠正登记簿上记载的错误登记。

如果公证书内容变更的，若变更的内容与已经登记的不动产物权和基于此颁发的不动产权属证书、不动产登记证明无关的，已经登记的不动产物权和基于此颁发的不动产权属证书、不动产登记证明当然有效。若与已经登记的不动产物权和基于此颁发的不动产权属证书、不动产登记证明相关的，应当通过更正登记处理。登记机构是否承担责任，以其是否履行合理审慎（力所能及）的审查职责为限，即公证书载明的公证事项是否与申请登记的事项一致，公证书是否符合法定形式，即公证书上公证机构和公证员的印鉴是否齐全等。若登记机构履行了力所能及的注意义务，则可能免责。

第十一章 拍卖制度

一、拍卖的概念

《拍卖法》第三条规定，拍卖是指以公开竞价的形式，将特定物品或者财产、权利转让给最高应价者的买卖方式。质言之，拍卖是一种买卖方式。

1. 公开竞价

所谓公开竞价，是指买卖双方对标的物的出卖价格不进行协商，而是在公开的场所，在拍卖机构的拍卖师的主持下，由两个以上的买方，就出卖标的物的买受价进行应价竞争。如：甲、乙两个买方，在拍卖师的主持下，就一处房地产的出卖价格，甲出价500万元，乙马上应价550万元，甲再出价600万元……最后，乙以850万元的最高应价取得该房地产。

2. 特定物品或者财产权利

所谓特定物品或者财产权利，是指依法能够转让的物品或财产权利，它包括两层含义：一是拍卖委托人对拍卖标的物享有处分权，即拍卖委托人须是拍卖标的物的权利人或其委托人，或履行职责的国家公权机关；二是拍卖标的物可以依法转让。

3. 最高应价者

所谓最高应价者，是指在公开的拍卖场合，对拍卖标的物的买受价做最后一次应价且得到拍卖师落槌确认的竞买者，即最终的买方。

二、拍卖的种类

《拍卖法》第九条规定，国家行政机关依法没收的物品，充抵税款、罚款的物品和其他物品，按照国务院规定应当委托拍卖的，由财产所在地的省、自治区、直辖市的人民政府和设区的市的人民政府指定的拍卖人进行拍卖。拍卖由人民法院依法没收的物品，充抵罚金、罚款的物品以及无法返还的追回物品，适用前款规定。该法第二十五条规定，委托人是指委托拍卖人拍卖物品或者财产权利的公民、法人或者其他组织。据此可知，根据拍卖委托人的不同，拍卖的种类主要有：① 普通拍卖，即出卖人为普通民事主体的自然人、法人、非法人组织，由其委托合法经营的拍卖公司实施的拍卖；② 人民法院委托的拍卖，即人民法院委托合法经营的拍卖公司实施的拍卖。人民法院委托的拍卖也称为司法拍卖；③ 行政机关委托的拍卖，即国家行政机关委托合法经营的拍卖公司实施的拍卖。

三、拍卖的当事人

按《拍卖法》第三章规定，拍卖的当事人有：拍卖人、委托人、竞买人、买受人。

1. 拍卖人

《拍卖法》第十条规定，拍卖人是指依照本法和《中华人民共和国公司法》的规定设立的从事拍卖活动的企业法人。按该法第十一条规定，设立拍卖企业必须经所在地的省、自治区、直辖市人民政府负责管理拍卖业的部门审核批准。《公司法》第七条第一款规定，依法设立的公司，由公司登记机关发给公司营业执照。公司营业执照签发日期为公司成立日期。据此可知：① 拍卖企业实行市场准入制，主要指拍卖企业所在地的省、自治区、直辖市人民政府拍卖主管行政部门向拍卖人颁发的许可其从事拍卖业务的批准书或拍卖机构资格证书等；② 拍卖企业必须是经企业主管部门登记并持有营业执照的公司法人。这两个条件同时具备的企业，才能从事拍卖活动。

《拍卖法》第十四条规定，拍卖活动应当由拍卖师主持。据此可知，非拍卖师主持的拍卖活动无效。所谓拍卖师，依《拍卖法》第十六条规定，是指参加拍卖行业协会组织的统一考试合格并取得拍卖师资格证书的专业人员。

登记机构在办理因拍卖产生的不动产转移登记时,拍卖人的身份证明、拍卖主管部门许可拍卖人从事拍卖业务的批准书或拍卖机构资格证书复印件是应当收取的登记证据材料,以佐证作为不动产登记证据材料的拍卖成交确认书的效力。

2. 委托人

《拍卖法》第二十五条规定,委托人是指委托拍卖人拍卖物品或者财产权利的公民、法人或者其他组织。据此可知,委托人是对委托拍卖的标的物享有处分权的自然人、法人或非法人组织。按《民法典》第二百零八条规定,不动产物权的设立、变更、转让和消灭,应当依照法律规定登记。《不动产登记暂行条例》第十四条第一款规定,因买卖、设定抵押权等申请不动产登记的,应当由当事人双方共同申请。据此可知,登记机构在办理因拍卖申请的不动产转移登记时,委托人是不动产转移登记申请人中的转让方或卖方,其参与转移登记申请的目的,是申请注销属于自己的不动产物权,即使自己的不动产物权相对消灭,使受让人或买方在此基础上设立其通过拍卖取得的不动产物权。

3. 竞买人、买受人

《拍卖法》第三十二条规定,竞买人是指参加竞购拍卖标的的公民、法人或者其他组织。据此可知,竞买人是指参加拍卖活动的自然人、法人或非法人组织,但是,竞买人不一定是最后的买受人,因此,除买受人之外的竞买人与因拍卖产生的不动产转移登记无关。

买受人,即最终的买方。《拍卖法》第三十八条规定,买受人是指以最高应价购得拍卖标的的竞买人。据此可知,一般情形下,买受人即最高应价者。拍卖是一种特殊的民事行为,特别是不动产拍卖,因其价值量大,相关的经济、法律关系复杂,笔者据此认为,须有完全民事行为能人的自然人和行为能力不受限制的法人、非法人组织,才可以以买受人的身份参与不动产拍卖活动。在不动产登记实务中,最终的买方是因拍卖申请的转移登记的申请人,且是登记簿上记载的不动产物权的权利主体。

四、拍卖的程序

1. 拍卖的委托

《拍卖法》第六条规定，拍卖标的应当是委托人所有或者依法可以处分的物品或者财产权利。该法第四十一条规定，委托人委托拍卖物品或者财产权利，应当提供身份证明和拍卖人要求提供的拍卖标的的所有权证明或者依法可以处分拍卖标的的证明及其他资料。据此可知，如前所述，拍卖是一种买卖关系，是一种需要拍卖人参与才能形成的买卖关系。拍卖人的参与，以拍卖委托人的委托为前提，无拍卖委托人的委托，拍卖人不得介入拍卖活动。委托人委托拍卖人拍卖物品或财产权利时，应当向受托的拍卖人提供其身份证明及有关的代理文件和标的物权利证明资料等。如：某公司委托拍卖公司拍卖其旧办公楼，指定职员A具体办理拍卖事宜，则A应向拍卖公司提交拍卖委托书、某公司的营业执照、公司出具给A的代理书、A的身份证明、旧办公楼的不动产权属证书等。受托的拍卖人，对接收的委托拍卖的文件、材料要进行核实，核实后，决定接受委托的，则与委托人签订书面的委托拍卖合同以建立委托拍卖关系，拍卖人取得介入拍卖活动的资格。

2. 拍卖公告与拍卖标的展示

按《拍卖法》第四十五条、第四十六条规定，拍卖机构应当将举行拍卖的时间、地点、标的，标的展示的时间、地点，参与竞买应当办理的手续等以公告的方式告知社会公众，便于相关当事人知晓，抉择是否参与竞拍。

拍卖人举行拍卖标的物展示的，应当提供查看拍卖标的物的条件及相关材料。如：拍卖标的物是土地承包经营权及地上林木所有权的，拍卖人应当为竞买人实地查看土地及地上林木提供方便，并陪同查看，同时，向竞买人出示土地承包经营权及地上林木所有权的权属证明材料及委托拍卖文件等。

3. 拍卖的实施

拍卖活动应当按公告的时间，在公告的地点按时举行，并由拍卖师主持，主要程序是：① 拍卖师宣布拍卖规则和注意事项；② 拍卖师说明拍

第十一章 拍卖制度

卖标的物有无保留价（拍卖标的有保留价的，竞买人的最高应价未达到保留价时，该应价不发生效力，拍卖师将停止拍卖标的物的拍卖）；③ 实施拍卖，竞买人应价；④ 成交，买受人和拍卖人签订成交确认书；⑤ 整理拍卖笔录及相关资料归档。《拍卖法》第五十五条规定，拍卖标的需要依法办理证照变更、产权过户手续的，委托人、买受人应当持拍卖人出具的成交证明和有关材料，向有关行政管理机关办理手续。据此可知，登记机构办理因拍卖产生的不动产物权转移登记时，申请人提交的拍卖成交确认书是认定买卖行为客观、真实、合法及不动产物权来源的证据材料，是登记机构办理不动产登记时应当收取的当然的证据材料。

第十二章 仲裁制度

一、仲裁的概念

《仲裁法》第二条规定，平等主体的公民、法人和其他组织之间发生的合同纠纷和其他财产权益纠纷，可以仲裁。该法第四条规定，当事人采用仲裁方式解决纠纷，应当双方自愿，达成仲裁协议。没有仲裁协议，一方申请仲裁的，仲裁委员会不予受理。据此可知，仲裁，是指仲裁委员会基于平等主体的申请，根据他们达成的仲裁协议，对他们因合同和财产权益发生的纠纷，居中进行评判、裁决的一种法律制度。

1. 仲裁协议

《仲裁法》第十六条规定："仲裁协议包括合同中订立的仲裁条款和以其他书面方式在纠纷发生前或者纠纷发生后达成的请求仲裁的协议。仲裁协议应当具有下列内容：（一）请求仲裁的意思表示；（二）仲裁事项；（三）选定的仲裁委员会。"据此可知，仲裁协议，是指平等主体的自然人、法人、非法人组织就其合同或财产权益发生纠纷而自愿申请仲裁委员会评判、裁决的协议。仲裁协议的形式主要有两种：一是合同中的仲裁条款。如住房和城乡建设部推广使用的商品房买卖合同（预售）（GF—2014—0171）第二十七条将合同履行中出现的纠纷提交仲裁委员会仲裁作为争执解决的方式之一，供买卖双方选择使用。二是单独的仲裁协议，即独立于主合同之外的，在纠纷发生前或发生后，当事人经协商达成的以仲裁方式解决纠纷的协议。仲裁协议的主要内容有：民事主体申请仲裁的意思表示，明确、具体的仲裁事项，选定的仲裁委员会等。

2. 合同和财产权益产生的纠纷

《仲裁法》第三条规定："下列纠纷不能仲裁：（一）婚姻、收养、监护、扶养、继承纠纷；（二）依法应当由行政机关处理的行政争议。"据此可知，当事人可以申请仲裁解决的是合同和财产权益产生的纠纷，不包括身份关系、继承关系产生的纠纷和依照法律的规定应当由行政机关处理的行政争议。此类纠纷、争议，虽然不可以申请仲裁解决，但可以由当事人协商解决，或是申请行政复议、向人民法院起诉解决。其中，身份关系、继承关系产生的纠纷，如：与房屋所有权分割相关的婚姻纠纷；与宅基地使用权及地上房屋所有权继承相关的抚养争议等，当事人可以自行协商解决，也可以诉请人民法院解决。依法应当由行政机关处理的行政争议，是指行政机关与行政相对人间就相关的行政事项产生的争议，不是纯粹的民事上的合同或财产权益产生的争议，故不属于可以依法申请仲裁的事项。如：不动产登记申请人对登记机构作出的不予受理登记申请告知书产生争议时，登记申请人不能申请仲裁解决，只能以依法申请行政复议或提起行政诉讼的方式解决。

二、仲裁委员会

《仲裁法》第十条规定，仲裁委员会可以在直辖市和省、自治区人民政府所在地的市设立，也可以根据需要在其他设区的市设立，不按行政区划层层设立。仲裁委员会由前款规定的市的人民政府组织有关部门和商会统一组建。设立仲裁委员会，应当经省、自治区、直辖市的司法行政部门登记。据此可知，仲裁委员会，由设区的市的人民政府组织有关部门和商会统一组建，并经省级司法行政部门登记后成立。按《仲裁法》第十四条规定，仲裁委员会独立于行政机关，与行政机关没有隶属关系。按该法第八条规定，仲裁依法独立进行，不受行政机关、社会团体和个人的干涉。据此可知，依法设立的仲裁委员会不是行政机关，且与行政机关没有隶属关系。仲裁委员会独立开展仲裁活动，不受任何组织或个人的干涉。

三、仲裁的特点

仲裁作为平等主体的自然人、法人、非法人组织间因合同和财产权益产生纠纷的解决方式，目的在于保护当事人的合法权益，定纷止争，维护健康的市场秩序和社会的稳定。其特点主要有：

1. **仲裁活动的开展以当事人间达成的仲裁协议和申请为前提**

《仲裁法》第二十二条规定，当事人申请仲裁，应当向仲裁委员会递交仲裁协议、仲裁申请书及副本。该法第二十五条第一款规定，仲裁委员会受理仲裁申请后，应当在仲裁规则规定的期限内将仲裁规则和仲裁员名册送达申请人，并将仲裁申请书副本和仲裁规则、仲裁员名册送达被申请人。据此可知，当事人虽然有仲裁协议，但没有申请仲裁，则"不告不理"，即当事人不申请，仲裁委员会就不开展仲裁活动。当事人申请仲裁时，如果没有仲裁协议，"告了也不理"，即仲裁委员会对当事人提交的仲裁申请不予受理。当事人申请仲裁时有仲裁协议的，无论是当事人中的一方或双方申请的仲裁，仲裁委员会都将受理。

2. **仲裁不实行级别管辖和地域管辖**

《仲裁法》第六条规定，仲裁委员会应当由当事人协议选定。仲裁不实行级别管辖和地域管辖。按该法第十四条规定，仲裁委员会之间也没有隶属关系。按该法第十五条规定，中国仲裁协会是社会团体法人。仲裁委员会是中国仲裁协会的会员。中国仲裁协会的章程由全国会员大会制定。中国仲裁协会是仲裁委员会的自律性组织，根据章程对仲裁委员会及其组成人员、仲裁员的违纪行为进行监督。据此可知，在全国范围内，各仲裁委员会间没有隶属关系。中国仲裁协会是全国仲裁委员会的自律性组织，根据协会的章程对各仲裁委员会及其组成人员、仲裁员的违纪行为进行监督，是社会团体法人，不是行使行政管理职权的国家机关。仲裁也不实行地域管辖，因合同和财产权益产生纠纷的当事人，可以在全国范围内自愿选择仲裁委员会，任何被选择并受理仲裁的仲裁委员会依法作出的仲裁调解协议或仲裁裁决书均合法、有效。如：因房屋权利转让或房屋抵押合同产生的纠纷，成都的当事人有权选择北京的仲裁委员会仲裁，该仲裁委员会作出的仲裁调解协议或仲裁裁决书具有法律效力。《民法典》第二百二十九条规定，因人民法院、仲裁机构的法律文书或者人民政府的征收决定等，导致物权设立、变更、转让或者消灭的，自法律文书或者征收决定等生效时发生效力。据此可知，基于仲裁委员会作出的设立、变更、转移和消灭不动产物权的法律文书，自该法律文书生效时起，当事人无须登记，其设立、变更、转移和消灭的不动产物权产生法律上的效力。申言之，仲裁委员会出具的生效的设立、变更、转移和消灭不动产物权的法律文书，是登记机构办理不动产登记时应当收取的当然的证据材料。

3. 仲裁实行一裁终局的制度

按《仲裁法》第九条规定，仲裁实行一裁终局的制度。裁决作出后，当事人就同一纠纷再申请仲裁或者向人民法院起诉的，仲裁委员会或者人民法院不予受理。该法第五十七条规定，裁决书自作出之日起发生法律效力。据此可知，仲裁有别于民事诉讼的二审终审制，仲裁实行一裁终局制，即仲裁裁决一旦作出，即产生法律上的效力，当事人就同一纠纷再次申请仲裁或向人民法院起诉的，仲裁委员或人民法院将不再受理。如前所述，因仲裁委员会间没有隶属关系，当事人也不能提起"上诉"。在不动产登记实务中，登记机构在办理因仲裁产生的不动产登记时，仲裁委员会作出的裁决书可直接作为有效的证据材料使用，无须要求申请人另行提交仲裁委员会出具的裁决书已经生效的证明。

4. 仲裁裁决具有执行效力

按《仲裁法》第五十一条第二款规定，调解书与裁决书具有同等法律效力。该法第六十二条规定，当事人应当履行裁决。一方当事人不履行的，另一方当事人可以依照民事诉讼法的有关规定向人民法院申请执行。受申请的人民法院应当执行。据此可知，仲裁调解书和仲裁裁决作出后，义务人必须履行裁决义务，否则，对方当事人可以申请人民法院强制执行。在不动产登记实务中，登记机构在办理因仲裁产生的不动产登记时，若仲裁委员会作出的仲裁调解书或仲裁裁决书，是经当事人申请人民法院执行后才得以落实的，则人民法院送达的协助执行通知书和附随该协助执行通知书送达的仲裁委员会作出的仲裁调解书或仲裁裁决书,应当一并作为不动产登记的证据材料,不可缺失。

四、仲裁的程序

《仲裁法》第四章规定的仲裁程序为：申请和受理、仲裁庭的组成、开庭和裁决。

1. **申请和受理**

当事人在发生合同或财产权益纠纷时,依照达成的仲裁协议,向仲裁协议中选定的仲裁机构申请仲裁,并提交仲裁协议、仲裁申请书及附本、相关证据。仲裁申请书应当载明的事项主要有：① 当事人的姓名、性别、年龄、职业、工作单位和住所,法人或者非法人组织的名称、住所和法定代表人或者主要负责人的姓名、职务；② 仲裁请求事项和所根据的事实、理由；③ 证据和证据来源、证人姓名和住所。

仲裁机构在收到当事人的仲裁申请后,经审查,决定不受理的,将在规定的期限内书面通知申请人并说明不受理的理由。决定受理的,也要通知申请人,同时,将仲裁申请书副本、仲裁规则、仲裁员名册送达被申请人。被申请人在收到仲裁申请书副本后,可以在仲裁规则规定的期限内提交答辩状,不提交,也不影响仲裁程序的进行。

证据可能灭失或为了确保仲裁裁决的执行,当事人可以申请证据保全或财产保全,但证据保全或财产保全不由仲裁委员会执行,而是由仲裁委员会按照民事诉讼法的规定,提交人民法院执行。

2. **仲裁庭的组成**

《仲裁法》第三十条规定,仲裁庭可以由三名仲裁员或者一名仲裁员组成。由三名仲裁员组成的,设首席仲裁员。该法第三十一条规定,当事人约定由三名仲裁员组成仲裁庭的,应当各自选定或者各自委托仲裁委员会主任指定一名仲裁员,第三名仲裁员由当事人共同选定或者共同委托仲裁委员会主任指定。第三名仲裁员是首席仲裁员。当事人约定由一名仲裁员成立仲裁庭的,应当由当事人共同选定或者共同委托仲裁委员会主任指定仲裁员。据此可知,仲裁庭人员的数额,由当事人约定,如果当事人约定仲裁庭由 3 名仲裁员组成的,则各自选定或委托仲裁委员会主任选定 1 名,第 3 名由当事人共同选定或委托仲裁委员会主任指定,且该第 3 名仲裁员为首席仲裁员。如果仲裁庭由 1 名仲裁员组成的,则由当事人共同选定或共同委托仲裁委员会主任指定。

凡与申请仲裁的案件的当事人有近亲属关系、利害关系和可能影响案件公证裁决的仲裁员,仲裁员本人应当主动申请回避,当事人也有权申请其回避。

3. 开庭和裁决

仲裁庭在开庭前,应当将开庭的时间、地点书面通知当事人,仲裁申请人接到通知后,无正当理由或未经许可中途退庭的,视为撤回仲裁申请处理。如果被申请人无正当理由或未经许可中途退庭的,则按缺席裁决处理。

仲裁庭开庭后,本着谁主张谁举证的原则,组织当事人进行质证,围绕案件争议的焦点进行辩论,征询当事人的最后意见,制作庭审笔录。

仲裁庭在作出裁决前,如果当事人愿意,可以组织调解,调解达成协议的,仲裁庭应当制作调解书或根据达成协议的结果制作裁决书。调解书与裁决书具有同等的法律效力。若调解不成,则依法裁决,裁决书应当写明仲裁请求、争议事实、裁决理由、裁决结果、仲裁费用的负担和裁决日期。仲裁裁决书自作出之日起发生法律效力。但是,按《仲裁法》第五十二条第二款规定,调解书经双方当事人签收后,即发生法律效力。据此可知,载明调解协议的仲裁调解书须经当事人双方签收后才发生法律效力。在不动产登记实务中,申请人提交仲裁调解书作为登记申请材料的,应当同时提交当事人双方签收该仲裁调解书的凭证。

五、仲裁错误的补救

《仲裁法》第五十八条规定:"当事人提出证据证明裁决有下列情形之一的,可以向仲裁委员会所在地的中级人民法院申请撤销裁决:(一)没有仲裁协议的;(二)裁决的事项不属于仲裁协议的范围或者仲裁委员会无权仲裁的;(三)仲裁庭的组成或者仲裁的程序违反法定程序的;(四)裁决所根据的证据是伪造的;(五)对方当事人隐瞒了足以影响公正裁决的证据的;(六)仲裁员在仲裁该案时有索贿受贿,徇私舞弊,枉法裁决行为的。人民法院经组成合议庭审查核实裁决有前款规定情形之一的,应当裁定撤销。人民法院认定该裁决违背社会公共利益的,应当裁定撤销。"据此可知,当事人有证据证明仲裁机构作出的仲裁裁决具备法定的撤销情形的,有权向仲裁委员会所在地的中级人民法院申请撤销该仲裁裁决。中级人民法院受理后,将组成合议庭进行审查,并依法作出裁定。当然,人民法院经审查认定该仲裁裁决违背社会公共利益的,也应当裁定撤销该仲裁裁决。但仲裁调解书,当事人不可以申请人民法院撤销。

第十三章　几种司法文书

本章所称司法文书，是指人民法院制作的解决民事问题的法律文书。在不动产登记实务中，常见的司法文书主要有民事调解书、民事判决书、民事裁定书和协助执行通知书。

一、民事调解书

1. 民事调解书的概念

民事调解书，全称是人民法院民事调解书，是指以人民法院的名义制发的，记载诉讼当事人自愿达成纠纷解决协议的法律文书。

《民事诉讼法》第九十四条规定，人民法院进行调解，可以由审判员一人主持，也可以由合议庭主持，并尽可能就地进行。该法第九十六条规定，调解达成协议，必须双方自愿，不得强迫。调解协议的内容不得违反法律规定。据此可知，所谓纠纷解决协议，是指诉讼当事人，在审判员或合议庭的主持下，就如何解决纠纷进行平等、自愿、充分的协商后，达成的不违反法律规定的解决纠纷的协议。

按《民事诉讼法》第九十七条第一款规定，调解达成协议，人民法院应当制作调解书。调解书应当写明诉讼请求、案件的事实和调解结果。据此可知，所谓以人民法院的名义制发，是指人民法院经过审查，认为法律关系明确，事实清楚，经诉讼当事人同意后，对在其主持调解下达成解决纠纷的协议予以确认，换言之，人民法院以确认纠纷解决协议的方式对诉讼当事人的纠纷作出了权威性的决断，也是结束诉讼活动的一种方式，故民事调解书须以人民法院的名义制发。

2. 民事调解书的内容

《民事诉讼法》第九十七条第一款和第二款规定，调解达成协议，人民法院应当制作调解书。调解书应当写明诉讼请求、案件的事实和调解结果。调解书由审判人员、书记员署名，加盖人民法院印章，送达双方当事人。据此可知，民事调解书的内容主要有：诉讼当事人的基本情况，诉讼请求、案件的事实、调解结果，人民法院的确认意见，审判人员和书记员的署名、人民法院的印章等。

3. 民事调解书的生效

《民事诉讼法》第九十七条第三款规定，调解书经双方当事人签收后，即具有法律效力。该法第九十九条规定，调解未达成协议或者调解书送达前一方反悔的，人民法院应当及时判决。据此可知，民事调解书自双方当事人在人民法院的送达回证上签收后才发生法律效力。若当事人一方或双方反悔，拒绝签收民事调解书时，该民事调解书不发生法律效力，即调解不成立，人民法院应当以判决方式结案。在司法实务中，《最高人民法院关于人民法院民事调解工作若干问题的规定》（法释〔2004〕12号）第十三条规定，根据民事诉讼法第九十条第一款第（四）项规定，当事人各方同意在调解协议上签名或者盖章后生效，经人民法院审查确认后，应当记入笔录或者将协议附卷，并由当事人、审判人员、书记员签名或者盖章后即具有法律效力。当事人请求制作调解书的，人民法院应当制作调解书送交当事人。据此可知，在司法实务中，有当事人在庭审笔录上的调解协议上签名或者盖章后，人民法院才制作民事调解书的情形，但此民事调解书已经是生效的民事调解书。因此，在不动产登记实务中，如果民事调解书载明"本调解书自双方当事人签收后生效"的，则此调解书须与双方当事人签收民事调解书的人民法院的送达回证复印件组合后，登记机构方可用作办理不动产登记的证据材料；如果民事调解书载明"本调解书自双方当事人签名或者盖章时起生效"的，则此民事调解书已经生效，登记机构可以直接用作办理不动产登记的证据材料。

4. **民事调解书的效力**

（1）终了诉讼程序的效力。

人民法院制发的民事调解书，是对当事人经过诉讼程序达成的协议予以确认的方式，是诉讼上的调解。《民事诉讼法》第十条规定，人民法院审理民事案件，依照法律规定实行合议、回避、公开审判和两审终审制度。该法第一百六十四条规定，当事人不服地方人民法院第一审判决的，有权在判决书送达之日起十五日内向上一级人民法院提起上诉。当事人不服地方人民法院第一审裁定的，有权在裁定书送达之日起十日内向上一级人民法院提起上诉。据此可知，人民法院审理民事案件，实行二审终审制，当事人对一审人民法院作出的裁定、判决不服的，可以向上一级人民法院提起上诉。换言之，人民法院制作的民事调解书生效后，诉讼当事人不得再就同一事实和理由提起上诉，即诉讼程序终了。在不动产登记实务中，一般情形下，生效的民事调解书是当事人申请不动产登记的原因证明，由此产生的不动产登记由当事人共同申请。

但是，在司法实务中，按《物权法司法解释（一）》第七条规定，人民法院在分割共有不动产等案件中作出并依法生效的改变原有物权关系的民事调解书，应当认定为物权法第二十八条所称导致物权设立、变更、转让或者消灭的人民法院的法律文书。按该解释第二十二条规定，本解释自2016年3月1日起施行。本解释施行后人民法院新受理的一审案件，适用本解释。据此可知，最高人民法院根据法律赋予的权力对原《物权法》第二十八条规定（现《民法典》第二百二十九条规定）做了扩张解释，即人民法院在2016年3月1日起受理的分割共有不动产等案件中作出并依法生效的改变原有物权关系的民事调解书与相应的判决、裁定具有同等效力。因此，在不动产登记实务中，当事人持人民法院出具的处理2016年3月1日前受理的分割共有财产的民事调解书申请的不动产登记，由当事人共同申请，反之，可以由权利取得人单方申请。

按《民事诉讼法》第一百二十四条第（五）项规定和第一百九十八条第一款、第二款规定，已经生效的民事调解书，当事人或人民法院认为有错误的，当事人可以申请再审，人民法院也可以自行再审。因此，在不动产登记实务中，如果登记机构基于生效的民事调解书办理相关不动产登记后，作为登记证据材料的民事调解书被人民法院再审撤销的，登记机构根据人民法院的再审法律文书办理相关登记即可。

（2）确认当事人实体权利和义务的效力。

诉讼当事人在人民法院的主持下，自愿达成纠纷解决协议，以明确双方的权利和义务，人民法院以民事调解书的形式对此予以确认，是司法确认，是一种具有公信力的确认，可以排除当事人的争议，使明确了的权利义务关系固定下来，各自照此行使权利和履行义务。在不动产登记实务中，若民事调解书载明的协议对不动产物权的归属附条件的，申请人应当提交所附条件成就的证明材料，该材料与民事调解书组合后，一并作为登记机构办理不动产登记的证据材料。

（3）具有强制执行的效力。

《民事诉讼法》第二百三十六条第二款规定，调解书和其他应当由人民法院执行的法律文书，当事人必须履行。一方拒绝履行的，对方当事人可以向人民法院申请执行。据此可知，诉讼当事人一方不履行生效的民事调解书课以的义务时，对方当事人可以申请人民法院强制执行。在不动产登记实务中，若权利取得方已经履行完协议义务，而权利失去方（原权利人）不履行协助办理不动产转移登记的义务时，权利取得方可以申请人民法院执行。人民法院审查后，若决定执行，一般是向登记机构送达协助执行通知书，登记机构应当凭协助执行通知书及时办理相关登记。

二、民事判决书

1. 民事判决书的概念

民事判决书，是指记载人民法院对受理的民事、经济纠纷案件，经过审查，依据已查明并确认的事实，适用有关法律规定，对当事人之间的民事实体权利义务作出认定的法律文书。

所谓对当事人之间的民事实体权利义务作出认定，是指人民法院根据当事人的诉讼请求，经过审查，确认并制裁当事人间的民事违法行为，保护合法的民事权益，使其权利、义务纠纷得以解决的方式。

2. 民事判决书的内容

按《民事诉讼法》第一百五十二条规定："判决书应当写明判决结果和作出该判决的理由。判决书内容包括：（一）案由、诉讼请求、争议的事实和理由；（二）判决认定的事实和理由、适用的法律和理由；（三）判决结果和诉讼费用的负担；（四）上诉期间和上诉的法院。判决书由审判人员、书记员署名，加盖人民法院印章。"据此可知，民事判决书的内容主要有：诉讼当事人的基本情况，案由、诉讼请求、争议的事实和理由；人民法院认定的事实、理由和适用的法律依据；判决结果和诉讼费用的负担；上诉期间和上诉的人民法院；审判员、书记员的姓名；人民法院印章等。

3. 民事判决书的种类

在不动产登记实务中，用作登记证据材料的民事判决书，主要有以下几种。

（1）给付判决书。

给付判决书，是指记载确定当事人之间给付一定财物或履行某种行为的判决书。在不动产登记中的体现，主要是移交不动产和协助办理不动产登记手续。在司法实务中，河南省郑州市中级人民法院在"上诉人边某芳因与被上诉人张某荣、张某龙、原审第三人郑州某房地产营销策划有限公司房屋买卖合同纠纷一案"中判决维持一审人民法院关于"被告边某芳于本判决生效后十日内向原告张某荣、张某龙交付座落于郑州市××路北的房屋"的判决[①]。据此可知，人民法院的判决，强调的是边某芳向张某荣、张某龙履行交付房屋的义务。江苏省泰州市中级人民法院在"上诉人某市粮食储备库与被上诉人戴某珠及原审被告某市粮食局协助办理过户手续纠

[①] 郑州市中级人民法院："上诉人边某芳因与被上诉人张某荣、张某龙、原审第三人郑州某房地产营销策划有限公司房屋买卖合同纠纷一案"，https://www.tianyancha.com，访问日期：2019年12月27日。

纷一案"中判决维持一审人民法院关于"某市粮食储备库、某市粮食局于判决生效后10日内协助戴某珠办理将位于某市某街道某路15号102室房屋所有权转让给戴某珠的过户手续"的判决①。据此可知，人民法院的判决强调的是某市粮食储备库、某市粮食局履行协助办理房屋所有权转移登记的义务。

（2）确认判决书。

确认判决书，是指记载确认当事人之间的某种法律关系存在或者不存在的判决书，或者确认某种权利归属的判决书。在不动产登记中的体现，主要是用作登记证据材料的不动产转让合同、抵押合同等有无效力，不动产物权是否归当事人等。在司法实务中，河南省郑州市中级人民法院在"上诉人安某与被上诉人范某因房屋买卖合同纠纷一案"中判决维持一审人民法院关于"解除原告范某与被告安某在2016年10月6日签订的《房屋买卖合同》"的判决②。据此可知，人民法院的判决表明原告范某与被告安某间签订的房屋买卖合同被解除后，原告范某与被告安某间的房屋买卖关系不存在。福建省福州市中级人民法院在"上诉人王某磊因与被上诉人王某勋、陈某如，一审被告某房地产开发公司所有权确认纠纷一案"中判决"坐落于某市某区房屋所有权属王某勋、陈某如所有"③。据此可知，人民法院的判决直接确认了房屋所有权的归属。

（3）变更判决书。

变更判决书，是指变更当事人之间原有民事法律关系的判决书。如：甲和乙因感情破裂，经人民法院判决离婚，离婚时，甲、乙共有的房屋归乙。此判决变更了甲和乙原有的婚姻关系，也变更了甲基于婚姻关系与乙

---

① 泰州市中级人民法院："上诉人某市粮食储备库与被上诉人戴某珠及原审被告某市粮食局协助办理过户手续纠纷一案"，https://www.tianyancha.com，访问日期：2019年12月27日。

② 郑州市中级人民法院："上诉人安某与被上诉人范某因房屋买卖合同纠纷一案"，https://www.tianyancha.com，访问日期：2019年12月27日。

③ 福州市中级人民法院："上诉人王某磊因与被上诉人王某勋、陈某如，一审被告某房地产开发公司所有权确认纠纷一案"，https://www.tianyancha.com，访问日期：2019年12月27日。

共同对房屋享有的所有权。在司法实务中，北京市第二中级人民法院在"上诉人何某因与被上诉人李某离婚纠纷一案"中对一审人民法院查明的"李某、何某双方均认可夫妻共同财产系位于北京市某区某镇某小区 34 号楼 5 层 3-501 的房屋一套，该房屋所有权证载明涉案房屋属于李某与何某共同共有"的事实予以确认，判决维持一审人民法院关于"李某与何某离婚，……位于北京市某区某镇枣园小区 34 号楼 5 层 3-501 的房屋归李某所有……"的判决①。据此可知，人民法院的判决变更李某、何某对房屋的共有关系为李某单独所有。

4. 民事判决书的效力

（1）具有普遍约束力。

民事判决书一旦生效，不仅对当事人有约束力，其他自然人、法人或非法人组织也必须遵守判决书的内容，并有协助执行的义务。如：登记机构对确认不动产转让、抵押关系成立的判决书，不得对判决书的内容进行审查，也不得变更判决书的内容，而是必须按判决书记载的内容办理相关登记，即登记机构直接将生效的判决书作为办理不动产登记的证据材料。生效的民事判决书，是指超过上诉期限且没有上诉的一审判决书、终审判决书和最高人民法院作出的判决书。在不动产登记实务中，若申请人提交一审判决书作为登记申请材料的，还应当附一审人民法院出具的该判决书已生效力的证明。

（2）具有强制执行的效力。

《民事诉讼法》第二百三十六条第一款规定，发生法律效力的民事判决、裁定，当事人必须履行。一方拒绝履行的，对方当事人可以向人民法院申请执行，也可以由审判员移送执行员执行。据此可知，一方当事人不履行生效的民事判决书课以的义务时，另一方当事人可以向人民法院申请执行，即法律的规定赋予了生效的民事判决书有强制执行的效力。如：甲、乙因

---

① 北京市第二中级人民法院："上诉人何某因与被上诉人李某离婚纠纷一案"，https://www.tianyancha.com，访问日期：2019 年 12 月 27 日。

土地承包经营权及地上林木所有权转让合同产生争执，乙将转让方甲诉至人民法院，请求判决甲履行协助办理过户登记的义务，人民法院生效的判决支持了乙的诉讼请求，但甲仍然不履行协助乙办理过户登记的义务，此情形下，乙可以申请人民法院执行。若乙申请人民法院执行后，人民法院将向登记机构送达协助执行通知书，要求登记机构将登记在甲名下的土地承包经营权及地上林木所有权过户登记给乙。登记机构应当按人民法院送达的协助执行通知书要求，及时将土地承包经营权及地上林木所有权从甲名下转移登记到乙名下。

三、民事裁定书

1. 民事裁定书的概念

民事裁定书，是指记载有人民法院在审查民事、经济案件或案件执行过程中，对所发生的程序问题作出认定的法律文书。其目的是使诉讼或执行顺利进行。

所谓程序问题，是指人民法院在审查民事、经济案件或案件执行中发生在必经的过程、顺序或步骤等方面的问题，即影响诉讼或执行顺利进行的问题。

2. 民事裁定书的适用范围

《民事诉讼法》第一百五十四条第一款、第二款规定："裁定适用于下列范围：（一）不予受理；（二）对管辖权有异议的；（三）驳回起诉；（四）保全和先予执行；（五）准许或者不准许撤诉；（六）中止或者终结诉讼；（七）补正判决书中的笔误；（八）中止或者终结执行；（九）撤销或者不予执行仲裁裁决；（十）不予执行公证机关赋予强制执行效力的债权文书；（十一）其他需要裁定解决的事项。对前款第一项至第三项裁定，可以上诉。"在不动产登记实务中，常见的民事裁定书主要有：不予受理裁定，驳回起诉裁定，保全裁定，补正判决书中的笔误的裁定，中止或者终结执行裁定。

不予受理裁定，也称为不予立案裁定，是指人民法院对原告的起诉进行依法审查后，认为不符合法定的立案条件的，作出的不予受理或不予立案裁定。如：甲对登记簿上记载的乙的房地产权利有异议，申请异议登记后，以权属确认为由向人民法院起诉乙，人民法院审查甲的起诉后，作出不予受理裁定，此裁定可以作为乙申请注销甲的异议登记的证据材料。

驳回起诉裁定，是指人民法院对原告的起诉，立案后，经审查，认为其没有起诉的资格，依照法定程序对原告的起诉作出的予以驳回的裁定书。与不动产登记相关的驳回起诉的裁定主要有：① 原告主体不适格。如：甲、乙间发生房屋转让关系，丙以利害关系人名义以侵权为由提起民事诉讼，人民法院经审查，确认丙与甲、乙间发生的房屋转让关系无利益冲突，即丙作为诉讼主体不适格。② 起诉时间超过诉讼时效期间。如：B 对父亲 A 遗留的房屋享有继承权，但其弟 C 在办理因继承产生的房屋所有权转移登记时，B 明确知道 C 以其个人名义办理了转移登记手续而无异议。第 5 年，B 向登记机构申请异议登记，并以侵权为由将 C 诉至人民法院，此时，人民法院经审理以超过诉讼时效期间为由驳回 B 的起诉。在不动产登记实务中，因主体不适格或超过诉讼时效期间驳回起诉的裁定书，登记机构可以作为办理注销异议登记的证据材料。

保全裁定，是指人民法院在诉讼前或诉讼中，为了保护当事人的合法权益的实现，确保将来发生法律效力的法律文书能顺利执行，对争议的标的物或有关财产采取的一种限制处分的临时性保护措施的裁定书。与不动产登记相关的保全裁定主要是对不动产作扣押或查封的裁定。登记机构在接到扣押或查封不动产的裁定书和协助执行通知书后，应当立即在登记簿上做好扣押登记或查封登记，以限制处分不动产产生的登记、贬损不动产价值产生的登记（如：减少不动产面积产生的变更登记）和加重不动产负担产生的登记（如：增加被担保的主债权数额产生的抵押权变更登记）的办理，并以裁定书和协助执行通知书为证据材料对相关当事人做好解释。

补正判决书中的笔误的裁定，是指人民法院在不改变案件实体问题认定的前提下，对判决书中的局部失误等程序性问题予以纠正的裁定书。如：离婚判决书中，将原属于夫妻共有的房屋判决归其中的一方，但判决书误把房屋所有权归某方写成了房屋使用权归某方，或是将不动产权属证书号码写错，为了纠正这些失误，就要用裁定书的方式明确为房屋所有权归某方，或更正不动产权属证书号码。

中止执行裁定，是指执行程序开始后，出现了使执行无法继续进行的情形，人民法院裁定暂时停止执行程序，待该情形消失后，原执行继续进行的裁定书。如：某人因欠债败诉，对方当事人申请执行，将其房地产拍卖抵债，人民法院向登记机构送达拍卖成交裁定书和协助执行通知书，要求将登记在债务人名下的房地产过户登记给买受人。在登记机构将房地产转移登记到买受人名下前，人民法院又向登记机构送达中止执行裁定书和协助执行通知书，要求登记机构暂停已经启动的为买受人办理转移登记的程序。

终结执行裁定，是指在执行程序中，出现了使执行无法继续进行或没有必要继续进行的情形时，人民法院裁定停止执行，且以后不再恢复执行的裁定。如：甲以海域使用权及海域内的构筑物所有权向银行抵押贷款，逾期没有偿还，银行申请诉前财产保全，登记机构协助人民法院办理了查封登记手续。经过诉讼后，银行申请执行抵押物拍卖抵债，此时，甲的朋友代甲向银行还清贷款本息，银行撤回执行申请，人民法院遂裁定终结执行，登记机构接到终结执行裁定书和解除查封的协助执行通知书后，应当及时办理查封登记注销登记。

3. 民事裁定书的内容

民事裁定书的内容主要有：当事人的基本情况，裁定结果和作出该裁定的理由。如果是准予上诉的裁定，应写明上诉的期限和上诉的法院。如果是不得上诉的裁定，应写明"本裁定不得上诉"。如果是终审裁定，则应写明"本裁定为终审裁定。"审判人员（执行程序中产生的裁定书为执行员）和书记员的姓名，人民法院印章等。

4. 民事裁定书的效力

（1）对相关当事人有约束力。

由于民事裁定书只解决程序问题，不对民事实体权利、义务作认定，而是通过对诉讼权利、义务的分配，动态地落实、校正和调整实体权利和义务，因此，民事裁定书只对与程序相关的当事人有约束力。在执行程序中，人民法院以执行裁定书的方式确认被执行人的不动产归申请执行人，即是动态地落实、校正和调整实体权利和义务，以确保执行工作的顺利进行，解决的是执行程序中的问题。

（2）有强制执行效力。

《民事诉讼法》第二百三十六条第一款规定，发生法律效力的民事判决、裁定，当事人必须履行。一方拒绝履行的，对方当事人可以向人民法院申请执行，也可以由审判员移送执行员执行。据此可知，法律的规定赋予了生效的民事裁定书强制执行的效力。

四、协助执行通知书

1. 协助执行通知书的概念

协助执行通知书，是指实施执行措施的人民法院制作的，通知有关单位或者个人协助执行发生法律效力的法律文书确定的内容的一种法律文书。

2. 协助执行通知书的内容

协助执行通知书应当载明的内容主要有：协助执行单位或个人、执行依据、协助执行内容、人民法院印章等。

3. 协助执行通知书的效力

（1）只对协助个人或协助单位有约束力。

（2）有强制执行的效力。

《民事诉讼法》第二百五十一条规定，在执行中，需要办理有关财产权证照转移手续的，人民法院可以向有关单位发出协助执行通知书，有关单位必须办理。据此可知，人民法院送达的协助执行通知书，对受送达的单位或个人有强制执行效力。

在不动产登记实务中，登记机构协助人民法院执行案件时，需要办理的不动产物权未经首次登记的，如果协助执行通知书只要求将某不动产登记在某人或某单位名下的，登记构可以凭协助执行通知书、权籍调查成果报告等材料，直接将不动产首次登记给权利人。需要办理的不动产物权未经首次登记的，如果协助执行通知书要求将某不动产过户登记给某人或某单位的，登记机构凭协助执行通知书、权籍调查成果报告等材料先行将不动产首次登记在被执行人名下后，再转移登记给权利人。如果已办理了权利登记并须提交权利证书而权利证书无法提交的，登记机构凭协助执行通知书直接将不动产转移登记给权利人，尔后，在登记机构的门户网站或当地公开发行的报刊上公告该无法收回的权利证书作废。

主要参考书目

[1] 梅仲协. 民法要义[M]. 北京：中国政法大学出版社，2004.

[2] 彭万林. 民法学[M]. 北京：中国政法大学出版社，2002.

[3] 王国征. 中国民法原理[M]. 济南：山东人民出版社，2004.

[4] 梁慧星. 中国民法典草案建议稿附理由：总则编[M]. 北京：法律出版社，2004.

[5] 梁慧星. 中国民法典草案建议稿附理由：物权编[M]. 北京：法律出版社，2004.

[6] 梁慧星. 中国民法典草案建议稿附理由：债权总则编[M]. 北京：法律出版社，2006.

[7] 梁慧星. 中国民法典草案建议稿附理由：侵权行为编·继承编[M]. 北京：法律出版社，2004.

[8] 梁慧星. 民法总论[M]. 北京：法律出版社，2001.

[9] 崔建远. 合同法[M]. 北京：法律出版社，2001.

[10] 魏振瀛. 民法[M]. 北京：北京大学出版社，高等教育出版社，2000.

[11] 王利民. 民法学[M]. 上海：复旦大学出版社，2004年.

[12] 王利民. 民法学[M]. 北京：中央广播电视大学出版社，2002.

[13] 王利民. 物权法教程[M]. 北京：中国政法大学出版社，2003.

[14] 王利民，尹飞，程啸. 中国物权法教程[M]. 北京：人民法院出版社，2007.

[15] 谢怀栻. 民法总则讲要[M]. 北京：北京大学出版社，2007.

[16] 陈华杰. 房地产纠纷典型案例评述[M]. 北京：人民法院出版社，2004.

[17] 孙宪忠. 中国物权法原理[M]. 北京：法律出版社，2004.

[18] 曹建明. 人民陪审员培训教程[M]. 北京：人民法院出版社，2005.

[19] 陈华彬. 物权法[M]. 北京：法律出版社，2004.

[20] 史尚宽. 物权法论[M]. 北京：中国政法大学出版社，2000.

[21] 王泽鉴. 民法物权（通则·所有权）[M]. 北京：中国政法大学出版社，2001.

[22] 王泽鉴. 民法物权（用益物权）[M]. 北京：中国政法大学出版社，2001.

[23] 王泽鉴. 民法概要[M]. 北京：中国政法大学出版社，2003.

[24] 王达. 房屋所有权、抵押权登记行政诉讼理论与实务[M]. 北京：知识产权出版社，2006.

后　记

《不动产登记中的民法原理与实务》是"刘守君不动产登记实务系列丛书"的第四辑，却是本套丛书中最后出版的一辑。按理说，《不动产登记中的民法原理与实务》应当先于作为丛书第五辑的《不动产登记典型判例解析》出版，在《不动产登记典型判例解析》出版前，笔者也完成了《不动产登记中的民法原理与实务》的撰写，具备了出版条件，但媒体报道：国家立法层面上，《民法典》即将颁布实施。笔者不想《不动产登记中的民法原理与实务》出版不久后，又因《民法典》的颁布实施而修订，若如此，是对自己和读者的不负责任，故在《民法典》颁布实施后，根据《民法典》的相关规定对书稿作修订、完善后才出版。

不动产登记是一项法律性、政策性和技术性很强的工作，国外的大学专门开设了地政类专业，系统培养不动产登记人员，目前国内没有大学开设此类专业。为此，笔者编撰本套丛书的初衷，是想让不动产登记实务人员能够在不长的时间内系统学习不动产登记的基础理论和操作技能，尽快熟悉不动产登记实务，以满足工作需要。现在，本套丛书已经全部出版了，如能达到笔者的初衷，对笔者而言是莫大的欣慰。若未能达到笔者的初衷，则敬请读者朋友多多包涵。

我呼吁大家把自己从事不动产登记实务的经验、体会写出来，把自己研习不动产登记的思考、感悟写出来，共同分享，推动我们共同的不动产登记事业的发展。

刘守君

二〇二〇年六月，犍为